U0164026

# 《上海博物館藏戰國楚竹書（三）》讀本

李旭昇　主編

陳惠玲　連德榮　李綉玲　合撰

萬卷樓圖書股份有限公司

# 自　序

　　《上海博物館藏戰國楚竹書（三）》出版，內有〈周易〉，為目前看到最早的《周易》板本；〈仲弓〉，為孔子學生出任季桓子家相時請教孔子從政之要的對話，相關的內容可見《論語·子路篇》；〈恆先〉，為目前可以見到最早而最完整的道家本體論的敘述；〈彭祖〉，為狗老請教彭祖養生的對話。這四篇的內容，不言可喻，必然廣為各方所重視。但戰國文字識字的困難，也一如往昔，常常在一篇文本之中，因為有幾個關鍵字未能識出，因而影響了對全篇的詮釋。為此，我們仍然承續《上海博物館藏戰國楚竹書（一）讀本》以來的做法，從文字考釋下手，希望能透過文字考釋提供各界一個便於參考的讀本。

　　本書的編成，仍然是由研究生進行基本材料的蒐集，並進行初步的撰寫，然後由我訂改。凡是屬於我個人的看法，都會加「旭昇案」以標明。全書之末也附上我的摹字及隸定，以供讀者參考。

　　本書撰寫時間較長，初稿完成，或經由讀書會討論，與會諸君常有高見，〈周易〉部分受惠尤多，朱賜麟、陳美蘭、董妍希、徐筱婷、陳嘉凌、鄒濬智、鄭玉姍、許文獻、高佑仁、陳思婷、張繼凌、金俊秀、陳頡旦、顏至君、徐懋慧等諸君，熱心參與，積極討論，均極感謝。

　　本書出版之時，適逢上博　馬館長逝世一周年。　馬館長對上博之貢獻，世所共譽；對上博楚簡的貢獻，尤其令人感佩。僅以此書表達我們對　馬館長最高的敬意。

　　戰國楚文字在這十年已成為新的熱門學科，全世界都有學者投入研究，所以參考文獻非常多，搜集起來非常辛苦，也不容易齊全。本書先由研究生進行基本材料的蒐集，筆者再加以補充，由於編纂時間較長，有些比較晚出的資料難免會有漏失。《上海博物館藏戰國楚竹書（一）讀本》中我們有兩個比較大的漏失，一是我們把〈緇衣〉篇「章好章惡」的「好、惡」釋為「喜好、厭惡」，但是沒有注意到池田知久先生所編《郭店楚簡儒教研究》（東京都：汲古書院，平成十五年（2003））已有類似的說法；一是我們把〈性情論〉的「所善所不善，埶也」的「埶」釋為「藝」，也沒有注意到周鳳五先生〈郭店竹簡文字補釋〉（香港：國際炎黃文化出版社，2003.11）已有類似的說法。雖然這兩本書在台灣都不容易看到，但這樣的漏失，畢竟是一個缺點，《上博一讀本》及我另外以此寫成的兩篇小文已無法補注說明，只好於此補注。本書已盡力搜集相關資料，但類似的疏失可能還是難以避免，要請讀者多諒解並指正。

乙酉孟秋季旭昇序於台北

# 凡　　例

一. 本書以《上海博物館藏戰國楚竹書（三）》爲釋讀範圍，內容包括〈周易〉、
〈仲弓〉、〈恆先〉、〈彭祖〉四篇。〈周易〉由陳惠玲撰寫初稿；〈仲弓〉由連
德榮撰寫初稿；〈彭祖〉由李綉玲撰寫初稿；然後由季旭昇訂改。〈恆先〉則
由季旭昇撰寫。

二. 撰寫方式包括題解、原文、語譯、注釋四部分。題解簡要敘述本篇內容及學
術價值等相關事項。隸定、編連、分段爲本書作者斟酌考訂的結果，與《上
博》考釋不盡相同。原文採寬式隸定，難字後括號注明今字、通假字等，不
能隸定者則直接用原簡圖形植入。語譯力求明白通暢，如有殘缺太甚、或語
義不明、無法語譯的，則逕用原文，不勉強語譯。注釋力求簡明扼要，凡是
括號中已注出今字、通假字的，詞義淺白易解的，儘量不注。

三. 簡與簡的排列，依文義爲主。文義相連的，簡簡相連，視需要分段。文義不
能相連的，則另段書寫。同一簡文字而分屬兩段，則於前段簡末加「～」號，
表示本簡下半還有文字。

四. 有關竹簡出土、形制、編連、字數等外圍說明，除有更正者外，一律依照《上
博三》原書，不另加注。其餘參考各家之說，則必注明出處。

五. 本書採用新式標點，其餘符號大體依照古文字界習慣。□表示缺一字，☑表
示缺若干字。若□中有字，則表示是根據其它條件補的。……表示本簡前後
文義未完，應該還有字。（ ）標示今字、通假字，（？）表示括號前一字的隸
定有疑問，〔 〕標示依文義應該有的字。

六. 簡號用【 】來注明，標在每簡的最末。

七. 參考著作多用簡稱，其全稱見書末所附參考書目。

八. 為方便讀者閱讀，本書最後附《上博三》摹字，由季旭昇摹寫原形，旁注隸定，以利讀者對照觀覽。字形不清楚的，由摹者根據相關條件摹出，不能肯定的則加注「？」號。圖版及摹字係直行書寫，故依傳統方式左行，自全書最後往回編排，圖版頁次由右向左依次用「頁一、頁二、頁三」排列；同時也依全書體例由左向右用「1、2、3」編總頁碼，二式並行，以利讀者，兼顧傳統。

九. 本書由多人合著，各篇文責由撰寫人自負。

# 目　錄

自序………………………………………………………… I

凡例………………………………………………………… III

目錄………………………………………………………… V

〈周易譯釋〉…………………………………………… 001

01 尨（蒙）卦 002　　02 孨（需）卦 005　　03 訟卦 010

04 帀（師）卦 018　　05 比卦 024　　　　06 大有卦 030

07 壐（謙）卦 034　　08 余（豫）卦 039　　09 陵（隨）卦 044

10 盅（蠱）卦 049　　11 逷（復）卦 052　　12 亡忘（无妄）卦 054

13 大壵（畜）卦 060　　14 頤卦 066　　　　15 欽（咸）卦 070

16 死（恆）卦 075　　17 脉（遯）卦 078　　18 樧（暌）卦 083

19 訐（蹇）卦 091　　20 繲（解）卦 094　　21 夬卦 098

22 敂（姤）卦 103　　23 啐（萃）卦 109　　24 困卦 116

25 汖（井）卦 123　　26 革卦 131　　　　27 艮卦 135

28 灞（漸）卦 140　　29 豐卦 146　　　　30 遬（旅）卦 153

31 葬（渙）卦 157　　32 小過卦 161　　　33 既濟卦 165

34 未濟卦 *169*

〈仲弓譯釋〉 …………………………………………………… 175

〈恆先譯釋〉 …………………………………………………… 197

〈彭祖譯釋〉 …………………………………………………… 245

**參考書目及簡稱** ……………………………………………… 273

〈彭祖〉隸定及摹字 …………………………………… 頁三三 281

〈恆先〉隸定及摹字 …………………………………… 頁二九 285

〈仲弓〉隸定及摹字 …………………………………… 頁二三 291

〈周易〉隸定及摹字 …………………………………… 頁一 313

# 〈周易〉譯釋

陳惠玲 撰寫

季旭昇 訂改

## 【題解】

　　《上海博物館藏戰國楚竹書（三）‧周易》（以下省稱「簡本」），全部共有五十八支簡，整簡長 44 釐米，牽涉到三十四個卦，每卦獨立起行，不與前卦連寫，所以無法得知原來的卦序，原考釋者濮茅左先生依今本《周易》為序。但，原簡每卦首尾有由紅黑兩色組成的六種標示符號：■、▨、▦、▨、▨、匚（紅色以網狀表示），應與卦序有關，但目前尚無定論，本文姑不深入討論。內容與今本《周易》大體相同，僅有用字之別，少數句子也偶有不同，有些文字及句子顯然應該是屬於比較早的傳本。全篇僅有卦畫（由一與八組成）、卦辭、爻辭，不見十翼。

　　本譯釋先列簡本全篇原文窄式隸定，後加括號注明（寬式通讀／今本文字），寬式通讀與今本文字相同者，則括弧中僅標一字；如窄式隸定與寬式通讀相同，而與今本文字無假借關係者，則以（／▲）標示。其後以卦為單位，分段譯注。每段先列卦名，卦名以窄式加寬式表示，前標其在《上博三‧周易》中之卦次，後括號注明其在傳本六十四卦中之卦次。其後為簡文原文，簡文殘斷，依今本補入者，則外加□號；缺簡則另加【】號。簡號亦以【】標示。注解號則以①②……表示。

　　《周易》文簡義深，歷來說法很多，本文以台北：藝文印書館《十三經注疏‧周易》本王弼注、孔穎達正義為主，孔說與王注如同義而文字較詳細者，為省篇幅，本文逕參考孔疏而改以白話敘述，不另加注。阮元《校勘記》可信者則直接引用，亦不另加注。舊說紛紜，限於篇幅，除較有參考價值者外，本

文一概不引（其詳可參拙作《上博三周易研究》）。簡本文字與今本不同，文字罕見、有關經義者，則詳加討論。

簡本原文之後附馬王堆帛書本（簡稱帛書本）、今本《周易》（簡稱今本）以供互參。阜陽漢簡本與今本相去不大，視需要在考釋中酌予引錄。帛書本釋文取自馬王堆漢墓帛書整理小組〈馬王堆帛書《六十四卦》釋文〉，《文物》1984年第三期，文中不另加注。今本原文及注疏用藝文印書館十三經注疏本，文中亦不另加注。

本書所標上古音，均直接以括號（聲／韻）來表示，古聲韻理論及通轉條件，主要參陳師新雄《古音學發微》，文中不再多加說明。

文中引用《周易集解》所引〈子夏傳〉、孟喜、京房、馬融、鄭玄、荀爽、《九家易》、王肅、虞翻、韓康伯、干寶、崔覲……等漢魏諸家說法，均出自《周易集解》，不另注明。

## 【譯釋】

### 一、尨（蒙）卦(04)

尨　蒙：亨。匪我求童蒙，童蒙求我。初筮告，再三瀆，瀆則不告。利貞①。初六：發蒙，利用刑人，用說桎梏，以往吝②。九二：包蒙，吉。**納婦吉，子克家③**。六晶（三）：勿用取女，見金夫，不又（有）躳（躬），亡（无）卣（攸）利④。六四：困尨（蒙），吝⑤。六五：僮（童）尨（蒙），吉⑥。上九：擊（擊）尨（蒙），不利爲寇（寇），利迎（禦）寇（寇）⑦▨。【一】

帛書本作「䷃　蒙：亨。匪我求童蒙，童蒙求我。初筮吉（或隸作「告」），再參（三）擯（瀆），擯（瀆）即（則）不吉（或隸作「告」），利貞。初六：廢（發）蒙，利用刑人，用說桎梏，已（以）往閵（吝）。九二：枹（包）蒙吉，入（納）婦吉，子克家。六三：勿用取女，見金夫，不有躳（躬），无攸利。六四：困蒙，閵（吝）。六五：童蒙吉。上九：擊蒙，不利爲寇，利所寇。」

今本作「䷃　蒙：亨。匪我求童蒙，童蒙求我。初筮告，再三瀆，瀆則不告。利貞。初六：發蒙，利用刑人，用說桎梏，以往吝。九二：包蒙，吉，納

婦吉，子克家。六三：勿用取女，見金夫，不有躬，无攸利。六四：困蒙，吝。
六五：童蒙吉。上九：擊蒙，不利爲寇，利禦寇。」

【注釋】

① 蒙：亨。匪我求童蒙，童蒙求我。初筮告，再三瀆，瀆則不告。利貞：蒙卦
有亨通的德性。不是我去求童蒙，而是童蒙來求教於我。初筮會告訴他，如
果再三占筮就是褻瀆，褻瀆就不告訴他。這是有利於貞正的。

　　《說文》：「蒙，王女也。」本義爲植物名，童蒙、覆蓋義爲假借義。《蒙》
卦下坎水，上艮山，山下出泉，即能出蒙而流長。君子觀此卦象，來完成自
己的行爲，作爲養育德性的方法。

　　王弼注：「筮，筮者決疑之物也。童蒙之來求我，欲決所惑也。決之不一，
不知所從，則復惑也。故初筮則告，再三則瀆，瀆蒙也，能爲初筮，其唯二
乎！以剛處中，能斷夫疑者也。蒙之所利，乃利正也。夫明莫若聖，昧莫若
蒙，蒙以養正，乃聖功也，然則養正以明，失其道矣。」蒙卦強調筮以決疑，
初筮指第二爻。據此，今本卦辭的意思是：「蒙卦有亨通的德性。不是我去求
童蒙，而是童蒙來求教於我。初筮會告訴他，再三占筮就是褻瀆，褻瀆就不
告訴他。這是有利於貞正的。」

② 初六：發蒙，利用刑人，用說桎梏，以往吝：初六爻象啓發蒙昧，利於用刑
罰來糾正他人，但如一直用刑卻是憂吝的。

　　王弼注：「處蒙之初，二照其上，故蒙發也。蒙發、疑明、刑說，當也。
以往吝，刑不可長。」孔穎達正義：「發蒙者，以初近於九二，二以陽處中，
而明能照闇，故初六以能發去其蒙也。利用刑人，用說桎梏者，蒙既發去，
无所疑滯，故利用刑戮于人，又利用說去罪人桎梏，以蒙既發去、疑事顯明、
刑人說桎梏，皆得當。在足曰桎，在手曰梏。……以往吝者，若以正道而往，
即其事益善矣。若以刑人之道出往，往之即有鄙吝。」據此，今本初六爻的
意思是說「初六近於九二，九二以陽爻處中，象光明能照暗，因此初六爻有
啓發蒙昧的象徵，利於用刑罰來糾正他人，但如一直用刑卻是憂吝的。」

③ 九二：包蒙，吉。納婦吉，子克家：九二爻象能包納蒙昧者，是吉的。娶妻
亦吉，而且有子能繼承家業的象徵。

王弼注：「以剛居中，童蒙所歸，包而不距，則遠近咸至，故包蒙吉也。婦者配己而成德者也。體陽而能包蒙，以剛而能居中，以此納配物莫不應，故納婦吉也。處于卦內，以剛接柔，親而得中，能幹其任，施之於子克家之義。」據此，九二爻陽剛居中，能與陰爻互相交接，不拒童蒙，故包蒙吉、納婦吉。以剛接柔，有子繼承家業的現象。可從。

④ **六晶（三）：勿用取女，見金夫，不又（有）躳（躬），亡（无）卤（攸）利：** 六三爻象不可娶女，女子看見陽剛之夫，就身不由己去追求，娶此女是不會有好結果的。

戰國文字常假「參」爲「三」，「參」又省作「晶」。「勿」作「⚡」，原考釋指出右旁多一小圈爲飾筆。「⚡」，原考釋隸作「卤」，以爲「卣」之古文，通「攸」字。均可從。卤、攸二字上古音同爲喻紐幽部韻，可通假。

今本「勿用取女，見金夫，不有躬，无攸利」，王弼注：「童蒙之時，陰求於陽，晦求於明，各求發其昧者也。六三在下卦之上，上九在上卦之上，男女之義也。上不求三而三求上，女先求男者也，女之爲體正，行以待命者也。見剛夫而求之，故曰不有躬也，施之於女，行在不順，故勿用取女而无攸利。」孔穎達正義：「勿用取女者，女謂六三，言勿用取此六三之女，所以不須取者，此童蒙之世，陰求於陽，是女求男之時也。見金夫者，謂上九，以其剛陽，故稱金夫，此六三之女自往求見金夫。女之爲禮，正行以待命而嫁，今先求於夫，是爲女不能自保其躬，固守貞信，乃非禮而動。行既不順，若欲取之，无所利益，故云不有躬，无攸利也。」據此，今本六三爻辭的意思是說「六三有不可娶女的現象。六三象女子，看見上九陽剛之夫，就身不由己去追求，娶此女是不會有好結果的。」

⑤ **六四：困尨（蒙），各：** 六四爻象受困於蒙昧，鄙吝而不通。

原考釋指出「尨」通「蒙」，可從，二字上古音同爲明紐東部韻，可通假。「尨」爲本卦卦名，今本作「蒙」。

今本「困蒙，吝」，王弼注：「獨遠於陽，處兩陰之中，闇莫之發，故曰困蒙也。困於蒙昧，不能比賢以發其志，亦以鄙矣。故吝也。」孔穎達正義：「六四在兩陰之中，去九二既遠，无人發去其童蒙，故曰困于蒙昧，而有鄙吝。」據此，今本六四爻辭的意思是說：六四爻處在兩陰之中，離九二陽

爻較遠，無人發蒙，有受困於蒙昧的現象，鄙吝而不通。

⑥ **六五：僮（童）尨（蒙），吉：**六五爻象童稚之人，有委事代勞者，這是吉利的。

今本「童蒙，吉」，王弼注：「以夫陰質居於尊位，不自任察而委於二，付物以能，不勞聰明，功斯克矣，故曰童蒙吉。」孔穎達正義：「言六五以陰居於尊位，其應在二，二剛而得中，五則以事委任於二，不勞己之聰明，猶若童稚蒙昧之人，故所以得吉也。」惠玲案：王、孔之說謂六五爻以陰爻，而居尊位，像童稚之人，但是與五爻相應的九二爻剛而得中，因此可以六五爻可以不必自己辛勞而委任九二爻，因此有「童蒙吉」之象。

⑦ **上九：墼（擊）尨（蒙），不利爲寇（寇），利迎（禦）寇（寇）：**上九爻象能擊去蒙昧，它不利於侵寇他人，但有利於防禦侵寇。

「墼」，原考釋迆隸作「斀」，釋爲「擊」字。惠玲案：「𣀈」字可分析爲從土從斀，即「墼」字，假爲「擊」。《上博二·容成氏》簡二十二有「𦘔」字，陳劍博士〈上博楚簡《容成氏》與古史傳說〉、裘錫圭先生〈讀上博簡《容成氏》札記二則〉皆以爲讀作「擊」，裘先生並分析此字當釋「墼」，所從「斀」字漢印左旁作「東」下加「凵」之形，後來訛爲「晝」。其說可從。本簡「擊」字所從「東」旁中間的「田」形又進一步訛成「目」形。

今本「擊蒙，不利爲寇，利禦寇」，王弼注：「處蒙之終，以剛居上，能擊去童蒙，以發其昧者也，故曰擊蒙也。童蒙願發而已能擊去之，合上下之願，故莫不順也。爲之扞禦，則物咸附之，若欲取之則物咸叛矣，故不利爲寇，利禦寇也。」孔穎達正義：「處蒙之終，以剛居上，能擊去眾陰之蒙，合上下之願，故莫不順從。若物從外來，爲之扞禦，物咸附之，故利用禦寇也。」據此，今本上九爻辭的意思是說：能擊去蒙昧。它不利於侵寇他人，如侵寇他人，則人民都會叛離；但如爲之防禦，則人民都會歸附，因此利於防禦侵寇。

# 二、孠（嗣／需）卦(05)

☰☰ 孕（嗣／需）▨：又（有）孚，光鄉（亨），貞吉，利涉大川①。初九：孕（嗣／需）于萬（郊），利用丞（恆），亡（无）咎②。九二：孕（嗣／需）于壐（沙），少（小）又（有）言，冬（終）吉③。九晶（三）：孕（嗣／需）于坦（坭／泥），至（致）寇（寇）至④。六四：孕（嗣／需）于血，出【二】自穴⑤。九五：需于酒食，貞吉⑥。上六：入于穴，有不速之客三人來，敬之終吉▨⑦【三】。

帛書本作「☰☰ 襦（需）：有復（孚），光亨，貞吉，利涉大川。初九：襦（需）于茭（郊），利用恆，无咎。九二：襦（需）于沙，少（小）有言，冬（終）吉。九三：襦（需）于泥，致寇至。六四：襦（需）于血，出自穴。六〈九〉五：襦（需）于酒食，貞吉。尙（上）六：人〈入〉于穴，有不楚（速）客三人來，敬之終吉。」

今本「☰☰ 需：有孚，光亨，貞吉，利涉大川。初九：需于郊，利用恆，无咎。九二：需于沙，小有言，終吉。九三：需于泥，致寇至。六四：需于血，出自穴。九五：需于酒食，貞吉。上六：入于穴，有不速之客三人來，敬之終吉。」

【注釋】

① 孕（嗣／需）：又孚，光鄉（亨），貞吉，利涉大川：需卦，有誠信，光明又亨通，但要貞正自守才會有吉兆。利於涉水過大川。

《說文》：「需，䇓也。遇雨不進止䇓也。」金文作𩓣（孟簋），從雨從天，「天」象人形，全字會人遇雨不進之意。《需》卦上坎水，下乾天，有遇水不宜前行有所待的意思，符合「需」字字義。朱熹云：「剛遇險，而不遽進以陷於險，待之義也。」以卦象釋「待」之義，十分清楚。

孕，字作「𡥉」，原考釋謂此形疑從子、從而省，即「孺」字，讀爲「需」。或從子，從包省，釋「包」；廖名春先生〈校釋記一〉認爲此字從勹從子，讀爲「俟」，和「需」韻同、義同；徐在國先生〈周易補正〉認爲此字上爲「夗」聲，下從子；季師旭昇〈需卦說〉，何琳儀先生、程燕先生〈周易選釋〉均認爲此字從子、司省聲，應釋爲「孕（嗣）」，讀爲「需」；陳爻先生〈需卦卦名〉認爲是「乳」字異體；黃錫全先生〈劄記六則〉認爲有可能就

是「俛」字，或者「挽」字；楊澤生先生〈上博三零釋〉認爲是「字」，表乳子之義，爲「孺」字的表意初文。

　　以上諸說中，從形音義的相關條件來考量，只有從「而」、從「包」、從「夗」、從「司」四說最有可能。季師從《上博三‧周易》三十四卦的卦名分析，認爲這些卦名都是同字、同音、音近字構成，沒有用同義不同音的卦名，因此諸說中只有釋爲「孚（嗣）」最合理。「司」（心／之），「需」（心／侯），二字聲紐相同，韻爲之侯旁轉。

　　「鄉」，原考釋隸爲「卿」，通「亨」。惠玲案：此字於甲骨文作「（圖）」，會兩人相對於簋前相向而食之形，即「鄉（饗）」字，假借爲「卿」。於本簡可以直接隸定作「鄉」，假爲「亨」，不必隸爲「卿」。「鄉」、「亨」二字上古音同屬曉紐陽部，可通假。

　　今本「需：有孚，光亨，貞吉，利涉大川」，孔穎達正義：「此需卦繫辭也。需者，待也。物初蒙稚，待養而成，无信即不立，所待唯信也，故云『需有孚』……。『光亨，貞吉』者，若能有信即需道光明，物得亨通于正則吉，故云『光亨，貞吉』也。『利涉大川』者，以剛健而進即不患於險，乾德乃亨，故云『利涉大川』。」據此，卦辭意思是說「需卦，有誠信的現象。光明又亨通，但要貞正自守才會有吉兆。有利於涉水過大川」。

② **初九：孚（嗣／需）于蒿（郊），利用丞（恆），亡咎**：初九爻象處於距離危險最遠的郊區，利於守常鎮定，如此才能沒有災咎。

　　「蒿」，原考釋讀爲「郊」，引《周禮‧地官‧載師》鄭玄注：「郊或爲蒿。」惠玲案：「蒿」，上古音曉紐宵部，「郊」上古音見紐宵部，二字韻同，聲近，可相通假。旭昇案：甲骨文有「蒿」字，李學勤先生〈釋郊〉已釋爲「郊」。

　　今本「初九：需于郊，利用恆，无咎」，王弼注：「居需之時，最遠於難，能抑其進，以遠險待時，雖不應幾，可以保常也。」惠玲案：需卦上坎水，代表險，初九離險最遠，據此，初九爻的意思是說「初九陽爻，像是處於距離危險最遠的郊區。利於守常鎮定，如此才能沒有災咎。」

③ **九二：孚（嗣／需）于壏（沙），少又言，多（終）吉**：九二爻象靠近坎險，在水邊流沙等待。雖然小有言語之傷，但未有大礙，終究是吉祥的。

「堲」，原考釋謂从土、从尾，少聲，讀爲「沙」。「少有言」謂「以相責讓」，或「言」讀爲「愆」，意爲稍有過。惠玲案：「堲」從土、屖聲。「屖」，胡厚宣釋「屎」、李家浩先生釋「徙」，參《說文新證（上）》卷二下頁 112。古文字多用爲「徙」、「選」、「沙」等意義，簡文用爲「沙」，加「土」爲義符。

今本九二「需于沙，小有言，終吉」，王弼注：「將近於難，故曰需於沙也。不至致寇，故曰小有言也。近不逼難，遠不後時，履健居中以待其會，雖小有言以吉終也。」高亨《周易古經今注》頁 23 以爲此處「言」字疑當作「訡」，乃訶譴之義。

惠玲案：初九在郊，九二在沙，已漸近險，但還未有大災，僅爲「小言」，終吉。高亨以爲「言」字疑當作「訡」，釋爲「訶譴」。似亦可通。甲骨文「訡」字用作「辛」，意思爲「災咎」（參《甲骨文字詁林》2499、2450 號），「小有訡」意謂「小有災咎」。不過，各本都作「言」，依字解亦可通，本文依舊說，九二爻的意思是說「九二爻已較靠近坎險，在水邊的流沙等待。雖然小有言語之傷，但未有大礙，終究是吉祥的。」

④ **九晶（三）：㝢（嗣／需）于㘴（坭／泥），至寇（寇）至**：九三象身陷泥濘裡，容易招致寇盜到來。

「㘴」，原考釋依形隸爲「坭」，謂即「坭」，但字形未作分析。惠玲案：此字從「㔾」，即「耳」之變形。楚系文字從此偏旁者又見：《郭店・尊德義》簡 17、《上博二・從政（甲編）》簡 13、《上博二・民之父母》簡 7、《上博三・中弓》簡 8：、《上博三・周易》簡 40。張光裕先生在《上博二・從政（甲編）》的考釋中認爲「尼」字其實應是從尸耳聲，秦陶文「⿱尸人」字下所從的「人」形，即是「耳」形之訛，而今所見「尼」字則更爲一訛再訛所致。季師認爲：從甲骨資料看來，「尼」本從尸從人，後來至戰國才訛爲耳形，應是聲化（《上博二讀本》頁 12）。「尼」上古音娘紐脂部，「耳」上古音日紐之部，娘日古歸泥，可通。故簡文「㘴」字應隸定作「㘴」，和今本《周易》作「泥」相通假。

黃錫全先生〈劄記六則〉則認爲楚簡「㔾」應從「㔾（讀與徯同）」、內中有物點，從㔾的字，均應釋從「尼」。惠玲案：「徯」與「尼」讀音有別，

不能讀爲「尼」，另外，「匸」形和簡文「圮」字的右偏旁也有差別。

今本「九三：需于泥，致寇至。」王弼注：「以剛逼難欲進其道，所以招寇而致敵也，猶有須焉，不陷其剛。寇之來也，自我所招，敬慎防備，可以不敗。」孔穎達《正義》云：「泥者水傍之地，泥溺之處，逼近於難，欲進其道，難必害已，故致寇至，猶且遲疑而需待時，雖即有寇至，亦未爲禍敗也。」據此，九三爻的意思是說「身陷泥濘裡，容易招致寇盜到來。」

⑤ **六四：需（嗣／需）于血，出自穴**：六四象待於血光之災中，（如能不遽進），則有可能自險穴中出（離開凶險）。

《說卦傳》：「坎爲穴。」王弼注：「凡稱血者，陰陽相傷者也。陰陽相近而不相得，陽欲進而陰塞之，則相害也。穴者陰之路也，處坎之始，居穴者也。九三剛進，四不能距，見侵則辟，順以聽命者也，故曰『需于血，出自穴』也。」孔穎達正義：「需于血者，謂陰陽相傷，故有血也。九三之陽而欲上進，此六四之陰而塞其路，兩相妨害，故稱血。言待時于血，猶待時於難中。」血，吳汝綸《易說卷一》讀爲「洫」，高亨《周易古經今注》讀爲爲「閾（門限）」或「洫」。惠玲案：「血」依字解仍可通，六四爻下與九三剛相傷，象在血光之災中等待，如果能需待不遽進，則有可能自險穴中出（離開凶險）。

⑥ **九五：需于酒食，貞吉**：九五陽爻居外卦之中，已得天位，所以得正，無所復需，只要等著以酒食相宴樂，而得貞吉。

王弼注：「需之所須，以待達也。已得天位，暢其中正，无所復須，故酒食而已，獲貞吉也。」

⑦ **上六：入于穴，有不速之客三人來，敬之終吉**：上六象已進入險穴之中，且有三個不召自來的客人，上六要恭恭敬敬地接納、對待，最終才能得吉。

王弼注：「六四所以出自穴者，以不與三相得而塞其路，不辟則害，故不得不出自穴而辟之也。至於上六處卦之終，非塞路者也，與三爲應，三來之已，乃爲己援，故无畏害之辟，而乃有入穴之固也。三陽所以不敢進者，須難之終也，難終則至，不待召也，己居難終，故自來也。處无位之地，以一陰而爲三陽之主，故必敬之而後終吉」。

惠玲案：學者多以爲上六處險之極。初九、九二、九三陽爻，本來畏於險

難不能前進，今難既通，三陽俱進，故有「不速之客」的象徵。上六以一陰之柔對三陽之剛，只有相敬相待，才能有自保之吉。因此，上六爻的意思是說「已進入險穴之中，且有三個不召自來的客人，上六要恭敬敬地接納、對待，最終才能得吉。」

## 三、訟卦(06)

**䷅ 訟▨：又（有）孚懥（窒），悆（惕），中吉，冬（終）凶。利用見大人，不利涉大川①。初六：不出迎（御）事，少（小）又（有）言，冬（終）吉②。九二：不克訟，遈（歸）肤（逋），亓（其）邑人晶（三）【四】四戶，亡（无）禬（眚）③。六晶（三）：飤（食）舊悳（德），貞礪（厲），冬（終）吉。或從王事，亡（无）成④。九四：不克訟，遉（復）即命愈（渝），安貞，吉⑤。九五：訟，元吉⑥。上九：或賜絬（鞶）縪（帶），冬（終）【五】朝晶（三）褫（褫）之▨⑦。【六】**

帛書本作「䷅ 訟：有復（孚），洫（窒）寧（惕），克〈中〉吉，冬（終）兇。利用見大人，不利涉大川。初六：不永所事，少（小）有言，冬（終）吉。九二：不克訟，歸而逋，其邑人三百戶，无省（眚）。六三：食舊德，貞厲。或從王事，无成。九四：不克訟，復即命俞（渝），安貞，吉。九五：訟，元吉。尙（上）九：或賜之般（鞶）帶，終朝三搋（褫）之。」

今本作「䷅ 訟：有孚窒，惕中吉，終凶。利見大人，不利涉大川。初六：不永所事，小有言，終吉。九二：不克訟，歸而逋，其邑人三百戶，无眚。六三：食舊德，貞厲，終吉，或從王事，无成。九四：不克訟，復即命渝，安貞，吉。九五：訟，元吉。上九：或錫之鞶帶，終朝三褫之。」

**【注釋】**

① **訟：又（有）孚懥（窒），悆（惕），中吉，冬（終）凶。利用見大人，不利涉大川**：訟卦有孚信被窒塞的象徵，隨時須要警惕自己，雖然中間也有小吉，結果終是凶的。它有利於見大人。不利於涉水過大川的現象。

　　《說文》：「訟，爭也。」本卦指訴訟之事。《訟》卦上乾健，下坎水，乾天健壯，坎水陰險，因此易發於外，與人爭執。天在上，水在下，互相違背，不能相容，因此具有爭訟的現象。

　　「𡘊」原考釋隸爲「懥」，讀爲「窒」。何琳儀先生、程燕先生〈周易選釋〉釋爲「𢛶」，《說文》：「𢛶，怒也。從心，豈聲。」𢛶（透紐月部）、窒（端紐質部）。端、透均屬舌音，月、質旁轉。楊澤生先生〈劄記四則〉以爲此字與中山王𧊒壺「𪟛」字同從「𡕢」，應釋爲「涉」。

　　此字從「心」、從「𡕢」，朱賜麟學長贊成釋「懥」。旭昇案：「𡕢」字或從「𡕢」旁的字見於：《說文》「古文陟、古文遠」、《三體石經‧君奭》「遠」、《汗簡》中之一 42 頁「陟」、下之二 77 頁「陟」、上之一 8 頁「涉、步、遠」、中山王方壺「𪟛」、《包山》簡 25、105、116、151、167、194「𡘊」、《古陶文彙編》3.1291「𢛶」（類似字形又見《古陶文彙編》3.292、3.1293、叕錄附 30），因爲從「𡕢」諸字舊多釋爲「步」、「陟」、「袁」（或以此得聲的字）。現在《上博三‧周易》出來，釋爲「涉、步、遠」，和今本「窒」、帛書本「洫」都難以相通；釋爲「𡝰」，則怡然理順。從字音上來看，簡本的「𡝰」（知／質）和今本「窒」（知／質）完全同音，和馬王堆本「洫」（曉／職），聲同韻近，可以通假。從字形上來看，「𡝰」，甲骨文作🐛（《前》2.39.8），西周金文作🐛（𧊒簋）、西周晚期金文作🐛（楚簋）、🐛（《睡》116）。看得出，「𡝰」字從甲骨文到戰國古文，上部的「屮」形或變成「止」形（如楚簋），中間的「🐛」形或省成「田」形，於是就成了「𡕢」。據此，原考釋隸「𡘊」爲「懥」，可從（參拙作〈懥三四戶〉）。

　　「𢛶」原考釋隸爲「𢞆」，讀爲「惕」。惠玲案：𢞆從心、啻聲。啻（端紐錫部）、惕（透紐錫部），二字韻同聲近，可通假。「惕」之本義爲「警惕」、「戒慎」。

　　「利用見大人」，廖名春先生〈校釋記一〉以爲楚簡本「用」字爲衍文，但自有淵源，帛書《易經》本同，皆多一“用”字，足見這一衍文由來已久，淵源有自，決非楚簡本、帛書《易經》本的抄手一時筆誤。

　　今本「訟：有孚窒，惕，中吉，終凶。利見大人，不利涉大川」，王弼注：「窒謂窒塞也，皆惕然後可以獲中吉。」孔穎達正義：「窒、塞也；惕、

懼也。凡訟者，物有不和，情相乖爭而致其訟。凡訟之體不可妄興，必有信實被物止塞，而能惕懼中道而止乃得吉也。終凶者，訟不可長。若終竟訟事，雖復窒惕亦有凶也。利見大人者，物既有訟，須大人決之，故利見大人也。不利涉大川者，以訟不可長，若以訟而往涉，危難必有禍患，故不利涉大川。」

　　本卦辭歷來有四種讀法：

1.「訟：有孚窒，惕，中吉，終凶。利見大人，不利涉大川。」王弼、孔穎達等主之，「窒」作「塞止」義，謂「訟卦，有孚信被窒塞的象徵，隨時須要警惕自己，雖然中間也有小吉，結果終是凶的。」

2.「訟：有孚，窒，惕，中吉，終凶。利見大人，不利涉大川。」《釋文》引馬融、鄭玄「窒」作「至」，屈萬里先生《讀易三種》亦從之，謂「訟至而惕懼也」。

3.「訟：有孚窒惕，中吉，終凶。利見大人，不利涉大川。」于省吾《易經新證》「窒惕」作「至易」，即「有孚甚易」。

4.「訟：有孚，窒惕，中吉，終凶。利見大人，不利涉大川。」黃慶萱先生《周易讀本》以爲「窒」假借爲「恎」，「恐懼」也。廖名春先生〈校釋記一〉以爲「窒」、「惕」二字皆有「止」義。

惠玲案：第1說最爲平正，與楚簡本可以相符。故從之。今本卦辭的意思是：「訟卦有孚信被窒塞的象徵，隨時須要警惕自己，雖然中間也有小吉，結果終是凶的。它有利於見大人。不利於涉水過大川的現象。」簡本意同。

② **初六：不出迎（迮）事，少（小）又（有）言，多（終）吉**：初六爻象不要與人產生衝突之事，雖然中間小有責讓之言，但最終是吉的。

　　「不出迎事」，原考釋以爲「出」讀爲「黜」，「迎事」即「治事」，謂「有不廢除治理的事」。惠玲案：此說和帛書、今本《周易》作「不永所事」，出入甚大。

　　廖名春先生〈校釋記一〉以爲「出迎事」即「作迮事」，意爲「作逆事」。「迎」，帛書本、今本作「所」，《詩‧小雅‧伐木》「伐木許許」，《說文‧斤部》「所」下引「許」作「所」。「所」古音爲魚部生母，「迎（禦）」爲魚部疑母，音近通用。《周易‧漸卦》九三「利禦寇」之「禦」，帛書《易經》本就作「所」。疑「迎」即「迮」，釋爲逆；「出」釋爲「生、作」；「出迮事」，

即作逆事，也就是「訟」。今本《周易》「永所事」爲「久纏忤逆之事」。惠玲案：廖名春先生之說可從，本句可理解爲「不要與人產生衝突之事」。

今本「不永所事，小有言，終吉」，王弼注：「處訟之始，訟不可終，故不永所事，然後乃吉。凡陽唱而陰和，陰非先唱者也，四召而應見犯，乃訟處訟之始，不爲訟先，雖不能不訟，而了訟必辯明矣。」孔穎達正義：「不永所事者，永長也。不可長久爲訟之事，以訟不可終也。小有言，終吉者，言終吉者，言初六應于九四，然九四剛陽先來，非理犯己。初六陰柔見犯乃訟，雖不能不訟，是不獲己而訟也，故小有言以處訟之始，不爲訟先，故終吉。」高亨以爲「言」當爲「奇」，有訶譴義，亦通，見《需》卦九二爻辭釋讀。「初六」爻的意思是說「不要長久的處理訴訟之事，雖然中間小有責讓之言，但最終是吉的。」簡本作「初六：不出迎（迋）事，少（小）又（有）言，夂（終）吉。」「初六」爻的意思是說「不要與人產生衝突之事，雖然中間小有責讓之言，但最終是吉的。」

③ 九二：**不克訟，遝（歸）肤（逋），丌（其）邑人晶（三）四戶，亡禟（眚）：**
九二爻象訴訟失敗，歸竄回自己的邑，雖然只有十二戶人家，但也可以免災。

「遝」，原考釋以爲古「歸」字。可從。「肤」，原考釋以爲「肤」讀作「逋」，亡也，「欠負官物亡匿不還者」；又謂「或疑『逋』讀爲『賦』」。廖名春先生〈校釋記一〉則以爲「歸而逋」是「逋而歸」的倒裝。「逋」和「戶」有押韻關係，不能讀爲「賦」。

惠玲案：楚簡本作「肤」，上古音爲非紐魚部，今本《周易》作「逋」，上古音爲幫紐魚部，同爲唇音魚部，是可以通假的。原考釋者疑「逋」讀爲「賦」，有「賦稅」義，不可從。廖名春先生提出因倒裝押韻關係，「逋而歸」成「歸而逋」，因爲訟事不能得勝，而逃亡歸回自己的都邑。在《周易》中甚少有因求韻而倒裝句子，故恐不可從。《說文》：「逋，亡也。」歸逋即歸亡。

楚簡本作「遝肤」，帛書、今本《周易》作「歸而逋」，《象傳》作「歸逋」與楚簡「遝肤」同，亦無「而」字。故不能斷定楚簡本爲漏字。

「其邑三四戶」，今本作「其邑三百戶」，原考釋引《周禮‧地官‧小司徒》「九夫爲井，四井爲邑，四邑爲丘」，認爲如根據《周禮‧地官‧小司徒》

「九夫爲井，四井爲邑」，或《國語·齊語》「三十家爲邑」解，則作「百」者似有誤，如根據《左傳·莊公二十八年》「凡邑，有宗廟先君之主曰都，無曰邑」作「都城」解，則作「四」亦順。

廖名春先生〈校釋記一〉則引鄭注《禮記》三百戶爲「小國下大夫之制」，認爲簡文「四」是「百」的形訛。

惠玲案：「邑」的大小有以下三種說法：

1.「邑」作爲「封邑」。《禮記》鄭注釋「三百戶」云：「小國下大夫之制。」可知封邑的戶數約三百戶。

2.「邑」作爲「里」。《周禮·里宰》：「掌比其邑之眾寡。」注：「猶里也。」《周禮·地官·遂人》：「五家爲鄰，五鄰爲里。」《管子·小匡》：「制五家爲軌，軌有長；十軌爲里，里有司。」這樣算起來，「邑」如果解釋爲「里」，大約爲二十五～五十戶左右。

3.「四井爲邑」。《周禮·地官·小司徒》：「九夫爲井，四井爲邑，四邑爲丘」，賈公彥疏：「井方一里，邑方二里。」此說法「邑」的範圍更小了，只有三十六夫的人數而已。

作爲「二十五～五十戶左右」「里」單位的邑，因數字不符合簡本「四」，以及今本、帛書本「百」形，故亦不可採。「三十六夫」的邑，如果一家五口人計算，男夫大約二至三人，三十六夫則約當十二～十八戶人家，此數目與「四」或「百」之字形不類。《乾鑿度》：「初爲元士，二爲士大夫，三爲三公，四爲諸侯，五爲天子，上爲宗廟。」《禮記·雜記》：「大夫之喪，其升正柩也，執引者三百人。」鄭玄注：「諸侯之大夫，邑有三百戶之制。」從卦象九二爻爲士大夫看來，楚簡本、帛書、今本《周易》所指稱的「邑」，可能就是士大夫的「封邑」，大約有三百戶左右。即是帛書、今本《周易》所說的「其邑人三百戶」。

以上可知「邑」的大小，文獻記載並不限定只有一種，很可能楚簡本作「四」形也是正確的。或許本爲四戶之家，因人口不斷增生，而成百戶。因此，「邑」之大小不能拘泥於文獻記載。季師旭昇〈懷三四戶〉引金鶚《求古錄禮說·邑考》之說，以爲邑有大有小，十室之邑，此至小者。因而贊成楚簡本「四」形並非「百」之訛，並以爲楚簡本作「丌邑人晶四戶」爲較古

之本。楚簡本作「晶四戶」，即是三乘四等於十二戶。先秦已有二數字相乘之例，如《左傳・襄公十一年》：「凡兵車百乘，歌鍾二肆及其鎛、磬，女樂二八。」其中女樂二八就是女樂十六人。《論語・公冶長》篇云：「子曰：『十室之邑，必有忠信如丘者焉，不如丘之好學也。』」足見十室之邑，並非不可能。《穀梁傳・莊公九年》也說：「十室之邑，可以逃難；百室之邑，可以隱死。」與《易經・訟卦》合。本文從季師旭昇之說，以爲楚簡本作「亓邑人晶四戶」爲較古之本。

今本「不克訟，歸而逋，其邑人三百戶，无眚」，王弼注：「以剛處訟，不能下物，自下訟上，宜其不克，若能以懼歸竄其邑，乃可以免災。邑過三百，非爲竄也，竄而據強，災未免也。」孔穎達正義：「不克訟者，克、勝也。以剛處訟，不能下物，自下訟上與五相敵，不勝其訟，言訟不得勝也。歸而逋其邑者，訟既不勝，怖懼還歸，逋竄其邑，若其邑強大，則大都偶國非逋竄之道。人三百戶无眚者，若其邑少，唯三百戶乃可也。三百戶者，鄭注禮記云，小國下大夫之制，又鄭注《周禮・小司徒》云：方十里爲成，九百夫之地，溝渠城郭道路，三分去其一，餘六百夫。又以田有不易、有一易、有再易，定受田三百家，即此三百戶者，一成之地也。鄭注云：不易之田，歲種之；一易之田，休一歲乃種；再易之地，休二歲乃種，言至薄也。苟自藏隱，不敢與五相敵，則无眚災。……若能以懼歸竄其邑，乃可免災者，如此注意，則經稱『其邑』二字連上爲句，『人三百戶』合下爲句。」

舊說謂「訟事不能得勝，若能以懼歸竄其邑，雖然只有三百戶，但也可以免災」。後世學者或釋爲「訟事不能得勝，若能以懼歸竄，其邑人三百戶因而得以免災」。後說主角落在「邑人」，似非卜卦重點。簡本作「九二：不克訟，逑（歸）肤（逋）亓（其）邑人晶（三）四戶，亡（无）禧（眚）。」意思是：「九二爻有訴訟失敗的現象，歸竄回自己的邑，雖然只有十二戶人家，但也可以逃難免災。」

④ **六晶（三）：猷（食）舊悳（德），貞礪（厲），夂（終）吉。或從王事，亡成**：六三爻象保全已有的舊德，是貞正的，雖有危厲，但終有吉象。可能從事王事，但不要功成自居。

「礪」，原考釋以爲「礪」，從石，從厲省。惠玲案：字實從石從萬，隸

爲「礪」，與「厲」當爲同字（參《說文新證》頁 84）。

今本「食舊德，貞厲，終吉。或從王事，无成」，王弼注：「體夫柔弱以順於上，不爲九二，自下訟上，不見侵奪，保全其有，故得食其舊德而不失也。居爭訟之時，處兩剛之閒而皆近不相得，故曰貞厲，柔體不爭，繫應在上，眾莫能傾，故曰終吉。上壯爭勝，難可忤也，故或從王事，不敢成也。」

惠玲案：六三陰柔，順從上九。不肯爲九二自下訟上，因此可以保全舊有的德業；但不敢與上九爭，因此無成。據此，今本六三爻的意思爲：「六三能保全已有的舊德，是貞正的，雖有危厲，但終有吉象。可能從事王事，但不要功成自居。」簡本同。

⑤ **九四：不克訟，遉（復）即命愈（渝），安貞，吉**：九四爻象不能克勝訟事，只有返就原來的正理，更變好訟的初衷，安於貞正，才會有吉象。

今本「不克訟，復即命渝，安貞，吉」，王弼注：「初辯明也，上訟下，可以改變者也，故其咎不大，若能反從本理，變前之命，安貞不犯，不失其道，爲仁由已，故吉從之。」孔穎達正義：「九四既非理，陵犯於初，初能分辯道理，故九四訟不勝也。復即命渝者，復、反也，即、就也。九四訟既不勝，若能反就本理，變前與初爭訟之命，能自渝變休息、不與初訟，故云『復即命渝，安貞，吉』者，既能反從本理，渝變往前爭之命，即得安居貞。」據此，今本九四爻的意思是說「不能克勝訟事，只有返就原來的正命，更變初衷，安於貞正，才會有吉象。」簡本同。

⑥ **九五：訟，元吉**：九五爻象處於至尊之正位，能公平、合理判訴，是大吉的象徵。

今本「訟，元吉」，王弼注：「處得尊位，爲訟之主。用其中正，以斷枉直。中則不過，正則不邪，剛无所溺，公无所偏，故訟元吉。」孔穎達正義：「處得尊位，中而且正，以斷獄訟，故得元吉也。」惠玲案：王弼、孔穎達以爲九五陽爻居尊，處於中正之位，故斷訟能公而正。據此，今本九五爻的意思是說「處於至尊之正位，能公平、合理判訴，是大吉的象徵。」簡本同。

⑦ **上九：或賜緒（鞶）繻（帶），冬（終）朝晶（三）襄（褫）之**：上九爻象即使會賜給他大帶官服，但在一天之內卻遭到三次剝奪！

「緒」，原考釋隸作「緍」，以爲與「鞶」相通假。字从糸、从田，𠁥聲。

「牟」，即「半」之古文。此字帛書本作「般」，今本作「鞶」，上古音近可通假。周波〈竹書《周易》考釋三則〉認爲「縏」是「鞶」字異體，頗有可能。鞶，大帶也，見《說文》。

「𡀗」，原考釋以爲從鹿從衣，可隸作「䛱」，《集韻》：「䛱，同襦。」《說文‧衣部》：「襦，古文表，從麃。」爲「表」之古文，有「明確」之義，「三表之」即「再三明確此事」。廖名春先生認爲簡文此字爲訛字。此字在帛書本作「攎」，王弼本作「褫」，書寫者誤把二字的「虍」與「麻」弄混，而誤寫成「𡀗」。又「褫」《經典釋文》引鄭本作「拕」，《周易集解》引虞翻、荀爽說也皆作「拕」。「褫」、「拕」音近義通。「褫」爲支部透母，「拕」爲歌部透母。義均爲「奪」。何琳儀先生、程燕先生《包山竹簡選釋》以爲此字從鹿從衣，包山簡246 "熊鹿" 讀 "熊麗"，故此字可讀爲「襹」，與「褫」、「攎」音近可通。楊澤生先生認爲此字從「衣」從「刀」、「鹿」聲，「鹿」、「彔」同音，故此字可能是「剝」的異文，意爲剝奪。

惠玲案：濮、廖、何三家均不處理「𠂇」形，楊不處理「衣」形，均有可商。季師旭昇〈朝三褫之〉認爲可隸定作「襄」，讀爲「裒」或「䮘」，皆能與今本作「褫」相通假：

> 此字上從「鹿」形，下從爪從衣，下所從即「裒」，裒於楚簡多讀爲「衣」，但亦讀「裼」、「狄」（參何琳儀《戰國古文字典》756頁）。裒所從「爪」形一般均向左，此字「爪」形向右。而且「爪」形簡寫爲「刀」形。……。裒於此當讀同「裼」、「狄」，作爲聲符用。「裼」、「狄」上古音均爲定紐支部。如此，襄可逕通讀爲今本《周易》之「褫（徹紐支部）」。

> 另一考慮則可視「襄」爲「䮘」之異體字。……襄字從「鹿」形、「裒（裼、狄）」聲，即「䮘」字異體，「䮘」字上古音屬澄紐支部，與「裒（裼、狄）」韻同屬支部，聲同爲舌頭音。「䮘」又與「褫」音近，「褫」字上古音屬徹紐支部，是《上博三‧周易》簡6襄字實當讀「褫」。釋義與今本《周易》並無不同。「終朝三褫之」意思是：一個早上被拿掉三次。

惠玲案：季師之說，形音義皆可通，可從。「襄」不論讀爲「裒」，或作「䮘」之異體，均與今本《周易》「褫」音近相通。

今本「或錫之鞶帶，終朝三褫之」，王弼注：「處訟之極，以剛居上，

訟而得勝者也。以訟受錫，榮何可保，故終朝之閒，褫帶者三也。」孔穎達正義：「或錫之鞶帶者，上九以剛居上，是訟而得勝者也。若以謙讓蒙錫則可長保有，若因訟而得勝，雖或錫與鞶帶，不可長久，終一朝之閒，三被褫脫，故云終朝三褫之。」

惠玲案：王弼本、馬融注作「褫」，鄭、荀、虞注作「扡」。「褫」上古音爲透紐支部，「扡」上古音爲透紐歌部，二字聲同，韻支歌旁轉，楚方言常見。《說文》：「褫，奪衣也。」《淮南子・人間訓》：「秦牛缺徑於山中而遇盜，……扡其衣被。」高注：「扡，奪也。」「褫」、「扡」二字義亦同。據此，今本上九爻辭的意思是說「即使會賜給他大帶官服，但在一天之內卻遭到三次剝奪！」簡本同。

# 四、帀（師）卦(07)

☰ 帀（師）▨：貞，丈人，吉，亡（无）咎①。初六：帀（師）出以聿（律），不偪（臧）凶②。九二：才（在）帀（師）审（中）吉，亡（无）咎，王晶（三）賜命③。六晶（三）：帀（師）或轝（輿）殞（尸），凶④。六四：帀（師）左朿（次），亡（无）咎⑤。六【七】五：畋（田）又（有）酓（禽），利執言，亡（无）咎。長子衒（率／帥）帀（師），弟子轝（輿）殞（尸），貞凶⑥。上六：大君子又（有）命，啓邦丞（承）豪（家），父＝（小人）勿用⑦▨。【八】

帛書本作「☰ 師：貞，丈人，吉，无咎。初六：師出以律，不（否）臧兇。九二：在師中，吉，无咎，王三湯（錫）命。六三：師或與（輿）屛（尸），兇。六四：師左次，无咎。六五：田有禽，利執言，无咎。長子率師，弟子輿屛（尸），貞凶。尙（上）六：大人君有命，啓國承家，小人勿用。」

今本作「☰ 師：貞，丈人，吉，无咎。初六：師出以律，否臧凶。九二：在師中，吉，无咎，王三錫命。六三：師或輿尸，凶。六四：師左次，无咎。六五：田有禽，利執言，无咎。長子帥師，弟子輿尸，貞凶。上六：大君有命，開國承家，小人勿用。」

## 【注釋】

① **帀（師）：貞，丈人吉，亡咎**：師卦有貞正的象徵。任用莊嚴又受人尊敬有地位的人來作統帥，這是吉利的，能免於災咎。

《說文》：「師，二千五百人為師。」引伸為眾也，《師》卦上坤地，下坎水，地有包容萬水之雅量，王者有此德便能容納民眾、畜養群眾，因而統領大眾，起而興師除險，這便是《師》卦的象徵。

今本「師：貞，丈人吉，无咎」，王弼注：「丈人，嚴莊之稱也，為師之正，丈人乃吉也。興役動眾，无功則罪，故吉，乃无咎也。」意思是：《師》卦是貞正的，只有嚴莊丈人監臨主領，才能吉而無咎。

今本《周易》「丈人」二字，李鼎祚《周易集解》以為當從《子夏傳》作「大人」：「《子夏傳》作『大人』是也。今王氏（弼）曲解大人為丈人，臆云『嚴莊之稱』，學不師古，匪說攸聞。既誤違於經旨，輒改正作大人，明矣。」後世從之者不乏其人。今由楚簡本作「丈人」二字得知，作「丈人」者為是。

② **初六：帀（師）出以聿（律），不（否）臧（臧），凶**：初六爻象以陰居陽，不得其正。出師要有嚴明的紀律，如果紀律不明，則無論出師破敗或有功，都是凶。

「聿」，原考釋以為「聿」，通「律」；「不」，通「否」；「臧」，從言、爿聲，讀為「臧」。

今本「師出以律，否臧凶」，王弼注：「為師之始，齊師者也。齊眾以律，失律則散，故師出以律，律不可失，失律而臧，何異於否？失令有功，法所不赦，故師出不以律，否臧皆凶。」孔穎達正義：「初六師出以律者，律、法也。初六為師之始，是整齊師眾者也。既齊整師眾，使師出之時，當須以其法制整齊之，故云師出以律也。否臧凶者，若其失律，行師无問否之與臧，皆為凶也。否謂破敗，臧謂有功，然否為破敗，即是凶也，何須更云否臧凶者，本意所明，雖臧亦凶。臧文既單，故以否配之，欲盛言臧凶，不可單言，故云否之與臧皆為凶也。」

惠玲案：「律」字，即「律法」、「紀律」之義。「否臧凶」有三說，一為「否」與「臧」皆凶，王弼、孔穎達主之。其說以為如果軍隊失律，「行師

无問否之與臧，皆爲凶也。」二爲「否臧」即「不善」，朱熹〈易本義〉主
之，謂師行不善則凶。三爲「不壯凶」，臧讀爲壯，高亨《周易古經今注》，
其說以爲行軍必須有節律，「不然其師雖壯亦凶」。本文從王、孔之說，李鼎
祚《周易集解·師》案云：「初六以陰居陽，履失其位。位既匪正，雖令不
從，以斯行師，失律者也。」據此，「否臧凶」當釋爲「行師无問否之與臧，
皆爲凶也」。今本初六爻的意思是說「初六以陰居陽，不得其正。出師要有
嚴明的紀律，如果紀律不明，則無論出師破敗或有功，都是凶。」簡本同。

③ **九二：才（在）币（師）申（中）吉，亡咎，王晶（三）賜命**：九二爻象在
軍隊中能得吉利，沒有災咎，而且還得到王者三次賜予榮命。

今本「在師中，吉，无咎，王三錫命」，王弼注：「以剛居中而應於五，
在師而得其中者也。承上之寵，爲師之主，任大役重，无功則凶，故吉乃无
咎也。行師得吉，莫善懷邦，邦懷无服，錫莫重焉，故乃得成命。」孔穎達
正義：「在師中吉者，以剛居中而應於五，是在師中吉也。无咎者，承上之
寵，爲師之主，任大役重，无功則凶，故吉乃无咎。王三錫命者，以其有功，
故王三加錫命。」

惠玲案：九二以剛居中而應於上，因此有「吉，无咎」之象。今本九二
爻辭的意思是說「九二爻以陽爻居中，能上應六五，因此有「承上之寵，爲
師之主」的吉象，沒有災咎，而且還得到王者三次賜予榮命。」簡本同。

④ **六晶（三）：币（師）或鷽（輿）殔（尸），凶**：六三爻象出師作戰，有用車
子運載屍體的情形，是凶象。

原考釋謂「鷽」讀爲「輿」；「殔」，從歹、屍聲，疑「屍」字，通「尸」。
惠玲案：「殔」當從「歺」，以表示死亡的意思，今本《周易》作「尸」，可
通。

今本「師或輿尸，凶」，王弼注：「以陰處陽，以柔乘剛，進則无應，退
无所守，以此用師，宜獲輿尸之凶。」惠玲案：六三爻以陰爻處在陽位，「進
則无應，退无所守」，可從。今本六三爻的意思是說「出師作戰，有用車子
運載屍體的情形，是凶象。」簡本同。

⑤ **六四：币（師）左弟（次），亡咎**：六四爻象軍隊能駐紮在比較安全的左邊，
沒有災咎。

「🦅」，原考釋隸定作「宋」，讀爲「次」；徐在國先生〈周易補正〉隸爲「宋」，讀爲「次」。惠玲案：「𣎴」，甲骨文作𣎴（《類纂》2921）、金文作𣎴（智鼎秫）、𣎴（季宮父𣎴姊），秦文字作𣎴（《貨系》292 布空）、𣎴（《東亞》2.98）。「次」，《汗簡》作𣎴，《古文四聲韻》作𣎴，實爲「𣎴」字之假借。簡文此字下半部的字形和甲骨、金文的「𣎴」字及《汗簡》、《古文四聲韻》「次」字形均類似，甲骨文「𣎴（精／脂）」多讀爲「次（清／支）」，二字音近可通（參于省吾〈釋𣎴、肵〉，《甲骨文字釋林》，頁 417）。簡文此字原考釋隸爲「宋」，讀同今本《周易》「次」，可從。

今本「師左次，无咎」，《象》曰：「左次无咎，未失常也。」馬王堆帛書《易傳‧昭力》云：「《易》曰：『師左次，无咎。』師也者，人之聚也。次也者，君之立（位）也。見事而能左（佐）其主，何咎之又（有）？」荀爽以爲「『左』謂二也，陽稱『左』。次，舍也。『二與四同功』，四承五，五无陽，故呼二舍于五，四得承之，故无咎。」崔憬以爲「偏將軍居左。左次，常備師也。師順用柔，與險无應，進取不可，次舍无咎，得位故也。」（《周易集解》頁 159-160）王弼注：「得位而无應，无應不可以行，得位則可以處，故左次之而无咎也。行師之法欲右背高，故左次之。」孔穎達正義：「六四得位而无應，无應不可以行，得位則可以處，故云師左次无咎，故師在高險之左，以次止則无凶咎也。注行師之法至故左次之。」

惠玲案：綜合以上諸說，「左次」，約有以下幾種解釋：

1. 以軍隊佐護其主。《昭力》說。

2. 常備軍。崔憬說。

3. 軍隊右背高險，故駐紮在左邊。王弼、孔穎達說。

4. 退而駐紮。朱熹說。屈萬里先生《讀易三種》以爲：「兵家當右，故以退爲左。」

以上四說中，《昭力》說時代最早，也可通，但是把「次」釋爲「君之位」，較無文獻佐證，廖名春先生〈校釋記一〉認爲帛書《易傳‧昭力》篇說近古，當可取信，其云：

　　甲骨文有"咸𣎴"，有"大甲肵"，于省吾認爲"指巫咸被祭的神主位次言之"，"指大甲的神主位次言之"。《國語‧楚語下》："是使

制神之處位次主。"韋昭注："次主，以其尊卑先後。"因此，爻辭是說，軍隊能佐護君位，沒有咎責。《大象傳》曰："'左次，无咎'，未失常也。""佐護君位"，使君臣尊卑先後有序，也就是不違背倫理綱常。可見《大象傳》的解釋與帛書易傳《昭力》說是一致的。

依于說，「次」指「位次」，〈師卦〉的「師左次」即使採用此義，也無法確指「次」當指「君位」。故〈昭力〉之解僅可備一說。王、孔說謂「得位則可以處，故左次之而无咎也。行師之法欲右背高，故左次之」，《史記·淮陰侯列傳》：「兵法右倍（背）山陵，前左水澤。」所以軍隊應該駐紮在山陵的左邊，這就是「師左次」，這是「得位」。今本六四爻的意思是說「軍隊能駐紮在比較安全的左邊，沒有災咎。」簡本同。

⑥ 六五：畋（田）又畲（禽），利執言，亡咎。長子銜（率）帀（師），弟子塈（輿）𡰥（尸），貞凶：六五爻象田獵有擒獲，比喻利於執獲俘虜，這是沒有災咎的。以長子率領軍隊，六三爻的弟子不能任用，否則便會有用車運載屍體的現象。六五爻的作法雖然貞正，但還是有危險。

原考釋以爲「畋」通「田」；「畲」當是「禽」字，從今、從凶；「銜」即「達」字，通「帥」。惠玲案：釋「禽」，可從，但下所從「凶」形，當爲「罕」之省（參《說文新證下冊》頁268）。

今本「田有禽，利執言，无咎」，王弼注：「處師之時，柔得尊位，陰不先唱，柔不犯物，犯而後應，往必得直，故田有禽也。物先犯己，故可以執言而无咎也。」孔穎達正義：「田有禽，利執言者，柔得尊位，陰不先唱，柔不犯物，犯而後應，往必得直，故往即有功，猶如田中有禽，而來犯苗，若往獵之則无咎過也。人之修田，非禽之所犯，王者守國，非叛者所亂，禽之犯苗，則可獵取；叛人亂國，則可誅之，此假他象以喻人事，故利執言，无咎。己不直則有咎，己今得直，故可以執此言往問之，而无咎也。」朱熹《易本義》：「言，語辭也。」高亨謂「利執言」句之「言」當作「訔」，通「訐」，義爲「辜」字，亦通。

惠玲案：「禽」字義爲「擒獲」，從王弼說；孔穎達以爲「田有禽」比喻敵來犯我，有利於我執之。旭昇案：「執言」之「言」，朱子釋爲「語辭」，可從，猶云「焉」。

「長子帥師，弟子輿尸，貞凶」，《象》曰：「長子帥師，以中行也。弟子輿尸，使不當也。」王弼注：「柔非軍帥，陰非剛武，故不躬行，必以授也，授不得主，則不從，故長子帥師，可也。弟子之凶，固其宜也。」孔穎達正義：「長子帥師，弟子輿尸，貞凶者，以己是柔不可為軍帥，己又是陰，身非剛武，不可以親行，故須役任長子、弟子之等，若任役長子則可以帥師，若任用弟子則軍必破敗，而輿尸是為正之凶。莊氏云長子謂九二，德長於人，弟子謂六三，德劣於物。今案：象辭云長子帥師以中行也，是九二居中也，弟子輿尸，使不當也，謂六三失位也……往必得直者，見犯乃得欲往，征之則於理正直，故云往必得直。」

惠玲案：　王弼、孔穎達以為六五陰柔，不能親自統率，於是任命九二爻的長子來帥領軍隊，如果任用六三爻的弟子，則有凶象。據此，今本六五爻的意思是說「田獵有擒獲，比喻利於執獲俘虜，這是沒有災咎的。以長子率領軍隊，六三爻的弟子不能任用，否則便會有用車運載屍體的現象。六五爻的作法雖然貞正，但還是有危險。」簡本同。

⑦ 上六：**大君子又（有）命，啓邦丞（承）豪（家），父＝（小人）勿用**：上六爻象戰爭結束，君王有命令，分封立大功的人，以建立諸侯國；賞賜建小功的人，可以承受卿大夫的封邑。但是絕對不可任用小人。

廖名春先生〈校釋記一〉以為王弼本作「大君有命」、帛書作「大人君」、《小象傳》引文、今傳各本皆作「大君」，阜陽漢簡本亦作「大君」。因此疑「子」為衍文。惠玲案：「大人君」、「大君子」雖僅見，但意義與「大君」相同，「子」是否為衍詞，姑保留。

原考釋以為「啓邦」即「開國」，漢避諱乃改「開國」；「丞」同「承」。惠玲案：「丞」，帛書、今本《周易》皆作「承」。二字上古音同為禪紐蒸部，可通假。「丞」本義為拯救，「承」本義為奉承，二字並不同義，釋「丞」為「承」，實因假借。豪，即楚系「家」字特有之寫法。

今本「大君有命，開國承家，小人勿用」，《象》曰：「大君有命，以正功也。小人勿用，必亂邦也。」王弼注：「處師之極，師之終也。大君之命，不失功也。開國承家，以寧邦也。小人勿用，非其道也。」孔穎達正義：「大君有命者，上六處師之極，是師之終竟也。大君謂天子也，言天子爵命，此

上六若其功大，使之開國爲諸侯；若其功小，使之承家爲卿大夫。小人勿用者，言開國承家須用君子，勿用小人也。」

　　今本上六爻辭的意思是說「戰爭結束，君王有命令，分封立大功的人，以建立諸侯國；賞賜建小功的人，可以承受卿大夫的封邑。但是絕對不可任用小人。」簡本同。

# 五、比卦(08)

　　☷ 比▨：备（邊）筶（筮），元兼（永）貞，吉，亡（无）咎。不盗（寧）方逨（來），逡（後）夫凶①。初六：又（有）孚比之，亡（无）咎。又（有）孚汥（盈）缶，冬（終）逨（來），又（有）它吉②。六二：比之自內，吉③。六晶（三）：比之【九】非（匪）人④。六四：外敀（比）之，亡（无）不利⑤。九五：顯比，王晶（三）驅，遊（失／佚）前禽（禽）。邑人不戒，吉⑥。上六：比亡（无）首，凶⑦▨。【十】

　　帛書本作「☷ 比：吉。原筮，元永貞，无咎。不寧方來，後夫兇。初六：有復（孚）比之，无咎。有復（孚）盈缶，冬（終）來或（有）池（它）吉。六二：比之自內，貞吉。六三：比之非人。六四：外比之，貞吉。九五：顯比，王用三驅，失前禽。邑人不戒（誡），吉。尙（上）六：比无首，兇。」

　　今本作「☷ 比：吉。原筮，元永貞，无咎。不寧方來，後夫凶。初六：有孚比之，无咎。有孚盈缶，終來，有它吉。六二：比之自內，貞吉。六三：比之匪人。六四：外比之，貞吉。九五：顯比，王用三驅，失前禽。邑人不誡，吉。上六：比之无首，凶。」

【注釋】

① 比：备（邊）筶（筮），元兼（永）貞，吉，亡（无）咎。不盗（寧）方逨（來），逡（後）夫凶：比卦能原窮真情而筮決之，因此有元大、永長、貞正的德性，這是吉象，是沒有災咎的。未親比而有所不安的國家，自然會前來，遲來者不受感化，即有凶險。

《說文》:「比,密也。二人爲从,反从爲比。」《比》卦上坎水,下坤地,地上有水,水親附地而流,因此有「親比」之義。

帛書本、今本「比」卦名之下有「吉」字,可能比較合理。

「备」,邊之省體。甲骨文作 ❦(存 5.51),金文從彳作 ❦(且甲罍),戰國文字作 ❦(晉‧古泉匯)、❦《上博一‧孔子詩論》),至戰國「邊」已省作「备」形(季師旭昇《說文新證上冊》114 頁)。簹,即笼之繁體,下加「口」形爲飾符。

备簹,原考釋僅作隸定及單字考釋,未釋詞義。歷代說法頗多,干寶以爲「卜筮」(《集解》頁 168)孔穎達《正義》曰:「原謂原窮比者根本,筮謂筮決求比之情。」蘇軾以爲「原,再也。再筮,慎之至也。」(《東坡易傳》)屈萬里先生引俞樾《群經平議‧卷一》釋爲「初筮」(《讀易三種》頁 71)尚秉和曰:「原筮,猶言野筮也。」(《周易尚氏學》頁 62)南懷瑾、徐芹庭《今註今譯》釋爲「原兆和卜筮」。廖名春先生〈校釋記一〉云:「今本《老子》二十五章的"大曰逝","逝"字帛書甲、乙本都寫作"筮",其實本字當作"折",義爲折敗。」因解爲「恕免他人折敗」。惠玲案:以上諸說,大多缺乏確證。茲取孔穎達《正義》,「邊」讀爲「原」,意爲探原。

「羕(喻/陽)」,從永、羊聲,《說文》「水長也」,文獻多借爲「永(爲/陽)」,如《毛詩‧漢廣》「江之永矣」,《韓詩》作「江之羕矣」。楚系文字「羕」多作 ❦(《包》2.40)、❦(《帛書甲》2),簡文「❦」字下部和「永」形有些出入。

吉,帛書本、今本俱無此字,廖名春先生〈校讀記一〉以爲衍文,但又提出《周易》有「吉」、「无咎」連用的例子,實難斷定確爲衍文。惠玲案:帛書本、今本卦名下有「吉」字,而簡本無,也有可能簡本漏抄,補在「元永貞」下。待考。高亨《易經今注》以爲今本《周易》「元下疑當有亨字,轉寫挽去。」周振甫《周易譯注》亦認爲「元」當作「元亨」,引《左傳‧昭公七年》:「遇《屯》之《比》,以示史朝。史朝曰:『元亨,又何疑焉?』是作『元亨』」。對照楚簡本作「元羕貞」,帛書《周易》作「元永貞」,故知高亨、周振甫之說不確。

今本「吉。原筮,元永貞,无咎。不寧方來,後夫凶」,孔穎達以爲「比

吉者，謂能相親比而得其吉。原筮，元永貞，无咎者，欲相親比必能原窮其情，筮決其意，唯有元大永長貞正，乃得无咎。元永貞者，謂兩相親比皆須永貞。不寧方來者，此是寧樂之時，若能與人親比，則不寧之方皆悉歸來。後夫凶者，夫語辭也，親比貴速，若及早而來，人皆親己，故在先者吉；若在後而至者，人或疏己，親比不成，故後夫凶。或以夫為丈夫，謂後來之人也。」惠玲案：「後夫凶」之「夫」釋為語詞較佳。于省吾《易經新證》以為「後夫凶」為「後大凶」之訛，無據，不可從。今本「比：吉。原筮，元永貞，无咎。不寧方來，後夫凶」，意思是說「比卦是吉象的。原窮真情而筮決之，因此有元大、永長、貞正的德性，是沒有災咎的。未親比而有所不安的國家，自然會前來，遲來者不受感化，即有凶險。」簡本除卦名下「吉」字移至「元兼貞」後外，其餘均同。

② **初六：又（有）孚比之，亡（无）咎。又（有）孚汅（盈）缶，多（終）逨（來），又（有）它吉**：初六爻有誠信，相親比，無災咎。誠信充滿，如盈滿之缶，則終會有其他人來而得吉。

「汅」，簡文作「」，原考釋隸定為「海」，但於字形未作分析；廖名春先生〈校釋記一〉從之：「《玉篇·水部》："海，大也。" "海"有大、富義，故能與 "盈" 義近互用。」何琳儀先生、程燕先生〈周易選釋〉以為從水、企聲，音轉為「盈」。楊澤生先生〈二個異文〉讀為「竭」，以為右旁疑從「歺」。黃錫全先生〈札記數則〉隸作「浸」字，讀為「盈」或「罌」，「浸」通「瀯」、「盈」；「罌缶」則指腹大口小的瓶子。

旭昇案：各家所說都有字形學上的依據，但是用來解釋《周易》，都不是很貼切。其實，簡本此字就是「水滿」義的「盈」的本字，字從水從夃。「盈」字石鼓文作「」（《戰國文字編》頁 318）、《睡簡·效》21 作「」（《睡虎地秦簡文字編》頁 72）、《銀雀山》702 作「」（《銀雀山漢簡文字編》頁 178）、《馬王堆·老甲》6 作「」（《馬王堆簡帛文字編》頁 199）。睡虎地簡、銀雀山二形「皿」上所從，與楚簡「汅」字右旁所從極為類似。從石鼓文來看，「夃」字似應從「人（繁化為「千」）」從「夂（與「止」同義）」，會「人至」之義，引伸為「至」。楚簡本「汅」字從水從夃，會水至盈滿之義，故為「水盈」之本字（「盈」可視為從皿、汅省

聲；也可視為從皿及會意）；「人」形繁化為「ㄨ」、「夂（止）」形訛為「女」形，為楚系文字常見的現象。據此，楚簡本「汯」當釋為「水盈」之「盈」，與今本作「盈」同字。

今本「有孚比之，无咎」，《象》曰：「比之初六，有它吉也。」孔穎達正義：「有孚比之，无咎者，處比之始，為比之首。若无誠信，禍莫大焉。必有誠信而相親比，終始如一，為之誠信，乃得无咎。」惠玲案：初六為《比》卦之始，位不高，故應有誠信，相親比，始能無災咎。

「有孚盈缶，終來，有它吉」，王弼注以為「處比之首，應不在一，心无私吝，則莫不比之。著信立誠，盈溢乎質素之器，則物終來无衰竭也，親乎天下，著信盈缶，應者豈一道而來，故必有他吉也。」孔穎達以為「有孚盈缶，終來有他吉者，身處比之首，應不在一，心无私吝，莫不比之。有此孚信，盈溢質素之缶，以此待物，物皆歸向，從始至終，尋常恒來，非唯一人而已，更有他人並來而得吉，故云終來有他吉也，此假外象喻人事也。」于省吾《易經新證》以為「終來有它吉」句，「來」是「未」字之譌。惠玲案：「來」字，楚系文字作 𡷻（《包》2.132）、 𡸆《天卜》，「未」字，楚系文字作 𣏄（《望》1.5）、 𣏄（《包》2.3），二字字形差異較大，且《上博三·周易》「來」字加「辵」形，加強往來的意思，寫錯的機會不大，帛書《周易》此亦作「來」字。故于省吾之說恐非。

③ **六二：比之自內，吉**：六二爻居中，能自內親比，則吉。

今本「六二：比之自內，貞吉」，王弼注：「處比之時，居中得位，而繫應在五，不能來它，故得其自內，貞吉而已。」孔穎達正義：「比之自內，貞吉者，居中得位，係應在五，不能使它悉來，唯親比之道，自在其內，同。」惠玲案：六二為陰爻，故謂之居中。能自內親比，則吉。「吉」，帛書本、今本俱作「貞吉」；簡本作「吉」，義已完足。

④ **六晶（三）：比之非（匪）人**：六三爻為陽位而作陰爻，象所比的人都不是己親。

今本「六三：比之匪人」，王弼注：「四自外比，二為五應，近不相得，遠則无應，所與比者皆非己親，故曰比之匪人。」孔穎達正義：「比之匪人，不亦傷乎者，言六三所比皆非己親之人。四自外比，二為五應，近不相得，

遠又无應，是所欲親比皆非其親，是以悲傷也。」惠玲案：孔意說六三爻之下為六二，六二與九五應；其上為六四，六四又自外比，孤立無親比，所以悲傷。

⑤ **六四：外敓（比）之，亡（无）不利**：六四爻能向外親附賢者，就沒有不吉利之事。

「敓」，原考釋以為「敓」讀為「比」，可從。字最早見斁鐘「敓者馨磬」，李家浩先生〈斁鐘銘文考釋〉謂義當為「批」。不過在本簡當讀為「比」。

今本「外比之，貞吉」，王弼注：「外比於五，復得其位，比不失賢，處不失位，故貞吉也。」孔穎達正義：「六四上比於五，欲外比也，居得其位，比不失賢，所以貞吉。凡下體為內，上體為外，六四比五，故云外比也。」

惠玲案：六四爻在《比》卦外卦，故曰「外」。陰得正位，承九五爻之賢，故曰「貞吉」。九五陽爻有天、君、賢之象。簡本作「无不利」，義同。

⑥ **九五：顯比，王晶（三）驅，遊（失／佚）前禽（禽）。邑人不戒，吉**：九五爻處中正之位，他人皆來比附。王者施政如打獵，用三驅之禮，禽向己者則捨之，背己者則射之（用如此仁德之心對待自己的邑人），邑人不用時時警戒，這自然是吉象。

遊，楚系文字「失」的特殊寫法，參《說文新證（下）》頁183，本簡讀為「佚」，放佚也。

「王三驅」，帛書本《易經》、帛書本《繆和》、阜陽本《易經》、今本都作「王用三驅」。廖名春先生〈校釋記一〉以為帛書本《昭力》三引本卦都作「王三驅」，可見簡本無「用」字，是有來源的，而不是抄手偶然漏脫。

今本「顯比，王用三驅，失前禽」，王弼注：「為比之主而有應在二，顯比者也。比而顯之，則所親者狹矣。夫无私於物，唯賢是與，則去之與來，皆无失也。夫三驅之禮，禽逆來趣己則舍之，背己而走則射之，愛於來而惡於去也。故其所施，常失前禽也。以顯比而居王位，用三驅之道者也，故曰王用三驅，失前禽也。」孔穎達正義：「五應於二，顯明比道，不能普徧相親，是比道狹也。王用三驅，失前禽者，此假田獵之道以喻顯比之事。凡三驅之禮，禽向己者則舍之，背己者則射之，是失於前禽也。顯比之道，與己相應者則親之，與己不相應者則疏之，與三驅田獵，愛來惡去相似，故云王

用三驅，失前禽也，言顯比之道，似於此也。」朱熹以爲「一陽居尊，剛健
中正，卦之群陰皆來比。已顯其比而无私，如天子不合圍，開一面之網，來
者不拒，去者不追，故爲用三驅失前禽而邑人不誡之象。」

惠玲案：「顯比」，王弼、孔穎達以爲九五爲比之主，且應在二，故曰「顯
比」。朱熹以爲「處中正之位，卦之群陰皆來比附」，《比》卦有五陰順一陽
之卦，二說皆可從。「王用三驅，失前禽」，馬王堆漢墓帛書《繆和》第十五
章釋云：

　　湯之輶（巡）守東北，又（有）火，曰：「彼何火也？」又（有）
司對曰：「漁者也。」湯遂 見張網 ，又（有）司歆之曰：「古者蛛螯作網，
今之人緣序，左者、右者、尚（上）者、下者、衝（衝）突乎土者，皆
來吾網。」湯曰：「不可！我教子歆之曰：古者蛛螯作網，今之人緣序，
左者使左，右者使右，尚（上）者使尚（上），下者使下，吾取元犯命
者。」諸侯聞之曰：「湯之德及禽獸魚鼈矣。」故共皮敝以進者卌又餘
國。《易》卦元義曰：「顯比，王用參（三）毆（驅），失前禽，邑人不
戒，吉。」

《繆和》第十五章引湯治國之德，以捕捉動物爲喻，以爲湯能順乎民情，
僅取犯命者。故能使諸侯不誡、各國前來進貢。綜合以上諸說，「王用三驅，
失前禽」共有三種說法。一爲帛書《繆和》之說：取其向己犯命者。二爲王、
孔之說：以「田獵之事」喻「顯比之事」，向己者捨之，背己者三次驅而射
之。上位者愛來惡去，此爲仁德之道。三爲朱熹之說：天子不合圍，開一面
之網，來者不拒，去者不追。本文從王、孔之說。帛書《繆和》很有參考價
值，但未明確說明「王用三驅，失前禽」之義。朱熹以爲九五有「來者不拒，
去者不追的宏量」，但來者爲網中物，總不及王、孔之說較具仁者之德。

「邑人不誡，吉」，王弼注：「用其中正，征討有常，伐不加邑，動必討
叛，邑人无虞，故不誡也。雖不得乎大人之吉，是顯比之吉也，此可以爲上
之使，非爲上之道也。」孔穎達正義：「邑人不誡吉者，雖不能廣普親比於
自己相親之處，不妄加討罰，所以己邑之人不須防誡，而有吉也。至于邑人
不誡而爲吉，非是大人弘闊之道，不可爲大人之道，但可爲大人之使。」據
此，九五征討是有常道，不妄自討罰，所以邑人不須時時提戒，這是吉象。

可從。

⑦ 　上六：比亡首，凶：上六爻爲陰柔不能爲首，爲凶象。

　　　王弼注：「无首後已，處卦之終，是後夫也。親道已成，无所與終，爲時所棄，宜其凶也。」孔穎達正義：「无首凶者，謂无能爲頭首，它人皆比，己獨在後，是親比於人，无能爲頭首也。它人皆比，親道已成，己獨在後，眾人所棄，宜其凶也。」據此，本爻謂上六因无首而無法親比。

# 六、大有卦(14)

【☲☰ 　大有：元亨①。初九：无交害，匪咎。艱則无咎②。九二：大車以載，有攸往，无咎③。九三：公用亨于天子，小人弗克④。九四：匪其彭】亡（无）咎⑤。六五：乎（厥）孚沒（交）女（如）、㥯（威）女（如），吉⑥。上九：自天右（祐）之，吉，亡（无）不利⑦■。【十一】

　　帛書本作「☲☰ 　大有：元亨。初九：无交禽（害），非咎。根（艱）則无咎。九二：泰（大）車以載，有攸往，无咎。九三：公用芳（亨）于天子，小人弗克。九四：匪其彭，无咎。六五：闕（厥）復（孚）交如，委（威）如，終吉。尚（上）九：自天右（祐）之，吉无不利。」

　　今本作：「☲☰ 　大有：元亨。初九：无交害，匪咎。艱則无咎。九二：大車以載，有攸往，无咎。九三：公用亨于天子，小人弗克。九四：匪其彭，无咎。六五：厥孚交如、威如，吉。上九：自天祐之，吉，无不利。」

## 【注釋】

① 　大有：元亨：大有卦，具有大得亨通的德性。

　　「大有」是盛大豐有的意思。《彖》曰：「大有，柔得尊位，大中而上下應之，曰大有。其德剛健而文明，應乎天而時行，是以元亨。」《大有》卦六五陰爻居中位，五陽皆應，故曰「柔得尊位，大中而上下應之。」《大有》卦，上離火，下乾天，火在天上，因此有「大有」的意義。

　　王弼注：「不大通，何由得大有乎？大有則必元亨矣。」孔穎達正義：「柔

處尊位，群陽並應，大能所有，故稱大有。既能大有，則其物大得亨通。」
惠玲案：「大有」，王弼、孔穎達都從《彖》「柔得尊位大中，而上下應之」
闡釋，以爲六五爲陰居尊而得中，五陽應之，故稱大有，可從。

② 初九：无交害，匪咎。艱則无咎：初九爻象目前沒有交切之害，還不是災咎。
要艱難其志才能无災咎。

　　王弼注：「以夫剛健爲大有之始，不能履中、滿而不溢，術（循）斯以
往，後害必至，其欲匪咎，艱則无咎也。」孔穎達正義：「以夫剛健爲大有
之始，不能履中謙退，雖无交切之害，久必有凶，其欲匪咎。能自艱難其志，
則得无咎，故云无交害，匪咎，艱則无咎也。……不能履中，滿而不溢者，
初不在二位，是不能履中，在大有之初，是盈滿身，行剛健，是溢也。」據
此，初九爻的意思是說「目前沒有交切之害，還不是災咎。要艱難其志才能
无災咎。」

③ 九二：大車以載，有攸往，无咎：九二爻象大車能任重負載，利於前往，沒
有災咎。

　　王弼注：「任重而不危，健不違中，爲五所任。任重不危，致遠不泥，
故可以往而无咎也。」孔穎達正義：「大車以載者，體是剛健而又居中，身
被委任，其任重也。能堪受其任，不有傾危，猶若大車以載物也。此假外象
以喻人事。……大車謂牛車也，載物既多，故云任重；車材彊壯，故不有傾
危也；堪當重任，故有所往。无咎者，以居失其位，嫌有凶咎，故云无咎也。」

　　惠玲案：「大車以載」之「大車」，《子夏傳》、《周易集解》、虞翻注作「大
轝」。「車」、「轝」二字皆爲車輿之義。今本九二爻的意思是說「大車能任重
負載，利於前往，沒有災咎。」

④ 九三：公用亨于天子，小人弗克：九三象公能通於天子，無德的小人是不能
居於此位的。

　　王弼注：「處大有之時，居下體之極，乘剛健之上，而履得其位，與五
同功，威權之盛，莫此過焉。公用斯位，乃得通乎天子之道也。小人不克，
害可待也。」孔穎達正義：「公用亨于天子者，九三處大有之時，居下體之
極，乘剛健之上，履得其位，與五同功。五爲王位，三既與之同功，則威權
之盛，莫盛於此，乃得通乎天子之道，故云公用亨于天子。小人弗克者，小

人德劣，不能勝其位，必致禍害，故云小人不克也。注與五同功，至莫此過焉。正義曰與五同功者，繫辭云三與五同功，此云與五同功，謂五爲王位，三既能與五同功，則威權與五相似，故云威權之盛，莫此過焉。」

惠玲案：九三爻「公用亨于天子，小人弗克。」「亨」字說法有四種：

1. 同饗，享用。如虞翻以爲卦有「鼎」象，爲享用之義。

2. 宴享。有上位者宴享下位者之義。如《釋文》引干寶云：「享，宴也。」

3. 亨通。如王弼作「公用斯位，乃得通乎天子之道也。」孔穎達作「五爲王位，三既與之同功，則威權之盛，莫盛於此，乃得通乎天子之道。」

4. 獻。如《釋文》引京房曰：「亨，獻也。」

《易緯乾鑿度》：「三爲公，五爲天子。九三以陽剛居三九之位，當大有之時，亦屬六五所擁有，且三與五同功，此公用亨于天子也。」說與王、孔同。《左傳·僖公·二十五年》：「狐偃言於晉侯曰：『求諸侯莫如勤王。』公曰：『筮之。』筮之遇大有䷍之睽䷥。曰：『吉，遇「公用享於天子」之卦。戰克而王饗，吉孰大焉。』」說與虞翻、干寶同。然《左傳》釋義與引《詩》類似，未必爲《易》之本義。本文從王、孔之說，九三爻辭的意思是說「九三象公能通於天子，無德的小人是不能居於此位的。」

⑤ 九四：匪其彭，亡咎：九四爻象不要分心於旁物，就能沒有災害。

王弼注：「既失其位而上近至尊之威，下比分權之臣，其爲懼也，可謂危矣。唯夫有聖知者，乃能免斯咎也。三雖至盛，五不可舍，能辯斯數，專心承五，常匪其旁，則无咎矣，旁謂三也。」孔穎達正義：「匪其彭，无咎者。匪，非也。彭，旁也。謂九三在九四之旁，九四若能專心承五，非取其旁，言不用三也，如此乃得无咎也。既失其位，上近至尊之威，下比分權之臣，可謂危矣，能棄三歸五，得无咎也。」

惠玲案：帛書、今本《周易》作「匪其彭」。熹平石經作「匪其旁」。《周易集解》、虞翻注作「匪其尪」。諸字音近。「匪其彭」之「彭」歷來有三種說法：

1.「足尪」。如虞翻釋「體行不正。」高亨釋「哾其尪」，並云：「古者跛男作巫稱尪」。

2.「旁」。王弼、孔穎達。

3.「同伴」。南懷瑾、徐芹庭。

4.作「盛」義。干寶云：「彭亨，驕盛貌。」黃慶萱先生釋「豐盛」。

《象傳》曰：「匪其彭，无咎，明辨晢也。」意思是說：「要專一心意，不要分心於其旁之物，就能无咎，但要明白辨別清楚所專一對象。」據此，「彭」義以王、孔釋「旁」最佳，故從之。今本九四爻辭的意思是說「不要分心於旁物，就能沒有災害。」

⑥ **六五：孚（厥）孚洨（皎）女（如）、悥（威）女（如），吉**：六五爻象其誠信是光明的、有威望的，這是吉利的。

原考釋以爲「孚」是「厥」之古文；「洨」，讀爲「皎」；「悥」，讀爲「趨」或讀爲「威」、「委」。惠玲案：據今本當讀「威」。

今本「厥孚交如、威如，吉」，王弼注：「君尊以柔，處大以中，无私於物。上下應之，信以發志，故其孚交如也。夫不私於物，物亦公焉，不疑於物，物亦誠焉，既公且信，何難何備，不言而教，行何爲而不威如，爲大有之主而不以此道，吉可得乎？」孔穎達正義：「厥，其也。孚，信也。交謂交接也。如，語辭也。六五居尊以柔，處大以中，无私於物，上下應之，故其誠信，物來交接，故云厥孚交如也。『威如，吉』者，威、畏也，既誠且信，不言而教，行所爲之處，人皆畏敬，故云威如。以用此道，故得吉也。」

惠玲案：「孚」字，《象傳》釋「信」，可從。「交」字，孔穎達謂「交接」，不如釋爲「皎」。馬王堆漢墓帛書《二三子》對應作：「《卦》曰：『絞如委如，吉』孔子曰：『絞，日也；委，老也。老、日之行……故曰：吉』」。廖名春先生〈校讀記一〉以爲「絞，日也；委，老也」應釋爲「其誠信像太陽一樣明亮，象父老一樣有威望」，正可證明簡本「洨」、帛書、今本《周易》「交」，均應讀作「皎」；楚簡本作「悥」、帛書《周易》「委」應從今本《周易》讀作「威」。

今本六五爻辭的意思是說「其誠信是光明的、有威望的，這是吉利的。」簡本同。

⑦ **上九：自天右（祐）之，吉，亡不利**：上九象獲得自上天的護祐，是吉的，沒有什麼不利。

今本「自天祐之，吉，无不利」，《象》曰：「大有上吉，自天祐也。」《繫

辭·上·十二章》闡述《大有》上九爻之辭曰：

> 易曰：「自天祐之，吉，无不利。」子曰：「祐者助也，天之所助者
> 順也。人之所助者信也。履信思乎順，又以尚賢也。是以自天祐之，吉，
> 无不利也。」

王弼注：「大有，豐富之世也。處大有之上而不累於位，志尚乎賢者也。餘
爻皆乘剛而已，獨乘柔順也。五爲信德而已，履焉履信之謂也，雖不能體柔，
而以剛乘柔，思順之義也。居豐有之世，而不以物累其心，高尚其志，尚賢
者也。爻有三德，盡夫助道，故繫辭具焉。」孔穎達正義：「釋所以大有，
上九而得吉者，以有三德從天，已下悉皆祐之，故云自天祐之。」又：「不
累於位，志尚乎賢者，既居豐富之時，應須以富有爲累也，既居无位之地，
不以富有縈心，是不繫累於位。既能清靜高絜，是慕尚賢人行也。爻有三德
者，五爲信德而已。履焉履信之謂是一也；以剛乘柔，思順之義是二也；不
以物累於心，高尚其志，尚賢者是三也。爻有三德，盡夫助道者，天尚祐之，
則无物不祐，故云盡夫助道也。」據此，今本上九爻辭的意思是說「獲得自
上天的護祐，是吉的，沒有什麼不利。」簡本同。

# 七、壓（謙）卦(15)

≡≡ 壓（謙）■：鄉（亨），君子又（有）怠（終）①。初六：壓（謙）君
子，甬（用）涉大川，吉②。六二：鳴壓（謙），貞吉③。九三：勞謙君子，有
終吉④。六四：亡（无）不利，貧（撝）壓（謙）⑤。六五：不賹（富）吕（以）
【十二】丌（其）箸（鄰），利用戠（侵）伐，亡（无）不利⑥。上六：鳴壓（謙），
可用行帀（師），征邦⑦■。【十三】

　　帛書本作「≡≡ 嗛（謙）：亨，君子有終。初六：嗛（謙）嗛（謙）君子，
用涉大川，吉。六二：鳴嗛（謙），貞吉。九三：勞嗛（謙）君子有終，吉。六
四：无不利，譌（撝）嗛（謙）。六五：不富以其鄰，利用侵伐，无不利。尚（上）
六：鳴謙，利用行師，征邑國。」

　　今本作「≡≡ 謙：亨，君子有終。初六：謙謙君子，用涉大川，吉。六二：

鳴謙，貞吉。九三：勞謙君子，有終吉。六四：无不利，撝謙。六五：不富以其鄰，利用侵伐，无不利。上六：鳴謙，利用行師，征邑國。」

## 【注釋】

① 𡐄（謙）：鄉（亨），君子又（有）㚅（終）：謙卦具有亨通的德性，君子自始至終都能保持謙卑以待人行事。

《說文》：「謙，敬也。」《彖》曰：「謙，亨。天道下濟而光明，地道卑而上行。天道虧盈而益謙，地道變盈而流謙，鬼神害盈而福謙，人道惡盈而好謙。謙尊而光，卑而不可踰，君子之終也。」《彖》釋《謙》卦以爲天、地、鬼、神、人有損盈益謙的現象，這也是君子自始至終保持謙卑，而能亨通的道理。《謙》卦，上坤地，下艮山，地能容山，這是謙的現象。南懷瑾、徐芹庭《今註今譯》以爲：「《周易》所述六十四卦，吉凶都互有消長，從無全凶或全吉的卦象。比較起來，惟有謙卦，纔是六爻皆吉的卦。由此可見古聖先賢們強調謙德的重要，同時亦可瞭解謙的爲用，的確无所不利。」

「𡐄」，從土、廉聲，原考釋隸定「𡐄」，讀爲「謙」，同「嗛」。

今本「謙：亨，君子有終」，孔穎達正義：「謙者，屈躬下物，先人後己，以此待物，則所在皆通，故曰亨也。小人行謙則不能長久，唯君子有終也。然案謙卦之象，謙爲諸行之善，是善之最極，而不言元與利貞及吉者，元是物首也，利貞是幹正也，於人既爲謙退，何可爲之首也，以謙下人，何以幹正於物，故不云元與利貞也。謙必獲吉，其吉可知，故不言之。」

惠玲案：今本謙卦卦辭的意思是：「謙卦具有亨通的德性，君子自始至終都能保持謙卑以待人行事。」簡本同。

② 初六：𡐄（謙）君子，甬（用）涉大川，吉：初六爻象謙卑自牧的君子，能用此謙德渡過大川一樣的災難，這是吉的。

「𡐄君子」，廖名春先生〈校釋記一〉以爲「𡐄」字下脫一重文符。可從。

今本「謙謙君子，用涉大川，吉」，王弼注：「處謙之下，謙之謙者也。能體謙謙，其唯君子，用涉大難，物无害也。」孔穎達正義：「謙謙君子者，能體謙謙，唯君子者能之以此涉難，其吉宜也。用涉大川，假象言也。」

　　惠玲案：王弼以爲初六爻「處謙之下，謙之謙者也」，象君子能以謙卑的德行來自我約束。因此能渡過災難而得吉。馬王堆漢墓帛書《繆和》對此段有敘述：

　　　莊但問於先生曰：……今《易·嗛（謙）之初六》亓辭曰：「嗛嗛（謙謙）君子，用涉大川，吉。」將何以此論也？子曰：「夫務尊顯者，亓心又（有）不足者也。君子不然。畛焉不自明也，耵（聖）也不自尊，□□世□。《嗛（謙）》之初六，《嗛（謙）》之《明夷》也。耵（聖）人不敢又（有）立也，以又（有）知爲无知也，以又（有）能爲无能也，以又（有）見爲无見也。動焉无取盈（盈）也，以使亓下，所以治人請。牧，群臣之偽也。□君子者，天□□□然以不□□于天下，故奢多廣大，荌樂之鄉不敢渝亓身焉。是以而下驊然歸之而弗猒也。『用涉大川，吉』者，夫《明夷》，《離》下而《川（坤）》上。川（坤）者，順也。君子之所以折亓身者，明察所以 用晦 ，是以能既致天下之人而又（有）之。且夫《川（坤）》者，下之爲也。故曰：『用涉大川，吉。』」子曰：「能下人若此，亓吉也，不亦宜乎？舜取天下也，當此卦也。」子曰：「芯（蔥／聰）明叡知守以愚，博聞強識守以淺，尊祿貴官守以卑。若此，故能君人。非舜亓孰能當之？」

這段話說明孔子認爲能當君人者，是聰明睿智而能守以愚、博聞強識而能守以淺、尊祿貴官而能守以卑的人，「聖人不敢又立也，以又知爲無知也，以又能爲無能也，以又見爲無見也」，和《論語·泰伯》：「曾子曰『以能問于不能，以多問于寡，有若無，實若虛，犯而不校，昔者吾友，嘗從事于斯矣』。」意思相近。能謙而下人爲君子之德。今本初六爻的意思是說「謙卑自牧的君子，能用此謙德渡過大川一樣的災難，這是吉的。」簡本同。

③ 六二：鳴壓（謙），貞吉 ：六二爻象因謙卑而名聲初起，能貞正自守，這是吉象。

　　今本「鳴謙，貞吉」，王弼注：「鳴者，聲名聞之謂也，得位居中，謙而正焉。」孔穎達正義：「鳴謙者，謂聲名也。處正得中，行謙廣遠，故曰鳴謙，正而得吉也。」

　　惠玲案：六二爻和上六爻同作「鳴謙」，從上六爻辭觀之，「因謙卑而有

名聲，此時利於行師用兵，征討不服的邑國。」上六爻聲名已備，足以服眾。六二爻與上六爻同，強調「因謙而有名聲」，鳴，謂發聲而聞遠。今本六二爻的意思是說「因謙卑而名聲初起，能貞正自守，這便是吉象。」簡本同。

④ 九三：**勞謙君子，有終吉**：九三爻象勤勞不懈又謙遜的君子，能以謙保持至終而得吉。

今本「勞謙君子，有終吉」，王弼注：「處下體之極，履得其位，上下无陽，以分其民。眾陰所宗，尊莫先焉，居謙之世，何可安尊，上承下接，勞謙匪解，是以吉也。」孔穎達正義：「勞謙君子者，處下體之極，履得其位，上下无陽以分其民，上承下接，勞倦於謙也。唯君子能終而得吉也。」朱熹以為「卦唯一陽，居下之上，剛而得正。上下所歸，有功勞而能謙，尤人所難，故有終而吉。占者如是，則如其應矣。」

惠玲案：九三爻有二種斷句方式，一為「勞謙君子，有終吉。」如《象傳》、孔穎達；二為「勞謙，君子有終，吉。」如屈萬里先生（《讀易三種》頁117）。二種斷句皆可通讀，本文以《象傳》較早，故從之。「勞謙」，王弼釋作「上承下接，勞謙匪解（懈）」，孔穎達釋作「上承下接，勞倦於謙也」。朱熹「勞謙」作「有功勞而能謙」。義皆可通。唯九三為《謙》卦下卦之終，陽爻得位，上下無陽爻以分勞，又是眾陰所歸，所以勤勞不懈，又能謙遜。據此，今本九三爻的意思是說「因謙而勞的君子，能以謙保持至終而得吉。」

⑤ 六四：亡不利，𢿱（撝）壨（謙）：六四爻象無有不利，秉承上命、指揮屬下，均能謙遜。

「𢿱」，原考釋以為「𢿱」讀為「撝」。今本「无不利，撝謙」，王弼注：「處三之上而用謙焉，則是自上下下之義也。承五而用謙順，則是上行之道也。盡乎奉上下下之道，故无不利，指撝皆謙，不違則也。」

惠玲案：六四爻在九三陽上之上，而能謙遜，這是領導部屬之道（下下之義）；上承六五而能謙順，這是服從長上之道（上行之道），因此無不利。據此，今本六四爻的意思是說「六四爻象無有不利，秉承上命、指揮屬下，均能謙遜」，簡本同。

⑥ 六五：不膊（富）呂（以）丌（其）䈝（鄰）。利用戠（侵）伐，亡不利：六五爻象並不富裕而能領導鄰里（鄰邦）。利於以此出兵侵伐，沒有不利。

「賻」，原考釋疑「富」之或體。「𨜒」，原考釋逕讀爲「鄰」。惠玲案：「厸」，甲骨文作「□□」（《類》2183），何琳儀先生《戰國古文字典》頁1149以爲會二城相鄰之意，鄰之初文。加「各」爲疊加聲符，「各」上古音來紐文部，「鄰」上古音來紐真部，二字聲紐同，韻爲旁轉。故「𨜒」爲兩聲字。「戜」，原考釋以爲從戈，侵省聲，疑爲「侵伐」之「侵」本字。

今本「不富以其鄰。利用侵伐，无不利」，王弼注：「居於尊位，用謙與順，故能不富而用其鄰也。以謙順而侵伐，所伐皆驕逆也。」孔穎達正義：「不富以其鄰者，以，用也。凡人必將財物周贍鄰里，乃能用之，六五居於尊位，用謙與順，鄰自歸之。故不待豐富，能用其鄰也。『利用侵伐，无不利』者，居謙履順，必不濫罰无罪，若有驕逆不服，則須伐之以謙得，故『利用侵伐，无不利』者也。」

惠玲案：六五爻象居於尊位而能謙順，因此雖然不富裕，但是其鄰里（比喻鄰邦）都能歸從，因此能領導鄰里（鄰邦）。以此征討不服從的叛逆者，也沒有什麼不利。

⑦ 上六：鳴壆（謙），可用行帀（師），征邦：上六爻因謙卑而名聲至極，此時可以行師用兵、征討邦國。。

「可用行帀」，今本作「利用行師」，《象傳》作「可用行師」。廖名春先生〈校釋記一〉以爲今本《周易》改「可用行師」爲「利用行師」：

> "'可'者可以用，可以不必用之意也。德教以化之爲主，不得已則'可用行師'，毫無立威好武之見存也。"都以爲《小象傳》是改爻辭"利用"爲"可用"。今從楚簡本亦作"可用"來看，《小象傳》之"可"是有來源的，疑其所本如楚簡本一樣，是"可"而非"利"。除此例外，王弼本"利用"十一見，"可用"三見。疑後人"利用"多見，遂改爻辭"可用"爲"利用"。因此，楚簡本"可用"當爲故書原貌。

惠玲案：《象傳》作「可用行師」。歷代注疏者多以爲《象傳》改「利用」爲「可用」，有「可用則用，不可用則已」之義。楚簡本出，作「可用行帀」，故知《象傳》有所本。唯廖名春先生以爲楚簡本「可用行師」是原貌，因「利用」二字多見，故今本《周易》改爲「利用行師」，恐有未必。「可用行師」、「利用行師」，實無不同。今本《周易》中「利用」多見，共十一處。「可用」

僅以上三見，何獨《謙》卦上六爻辭改「可用」爲「利用」，他處卻不改？二爲《謙》卦初六爻楚簡本、帛書、今本《周易》皆作「用涉大川」，其他處皆作「利涉大川」，如果今本《周易》以多見改少見，爲何此處不改？本文以爲楚簡本、《象傳》作「可用行币」，今本《周易》卻作「利用行師」，或許是傳本不同吧。

「征邦」，原考釋云「後世改邦爲國」。廖名春先生〈校釋記一〉以爲當從楚簡本作「征邦」，王弼本作「征邑國」爲避劉邦諱改「邦」爲「國」，「邑」字則從「邦」字偏旁而來。可從。

今本「鳴謙，利用行師征邑國」，王弼注：「最處於外，不與內政，故有名而已，志功未得也。處外而履謙順，可以邑一國而已。」孔穎達正義：「鳴謙者，上六最處於外，不與內政，不能於實事而謙，但有虛名聲聞之謙，故云鳴謙。志欲立功，未能遂事，其志未得，既在外而行謙順，唯利用行師，征伐外旁國邑而已，不能立功在內也。」

惠玲案：今本上六爻辭誤作「利用行師征邑國」，因此王弼、孔穎達以爲上六只有虛名聲聞，利於行師征外旁國邑，而不能在國內立功。不妥。簡本作「可用行師、征邦」，謂本爻居於上卦最外，因謙卑而名聲至極，此時可以行師用兵、征討邦國。

## 八、余（豫）卦(16)

☷☳ 余（豫）■：利建厌（侯）行币（師）①。初六：鳴余（豫），凶②。六二：豩（介）于石，不冬（終）日，貞吉③。六晶（三）：可（盱）余（豫），惥（悔）；迟（遲），又（有）惥（悔）④。九四：猷（由）余（豫），大又（有）旻（得）。母（毋）頪（疑），坓（朋）攼（盍）疌（捷／簪）⑤。六五：【十四】貞疾，丞（恆）不死⑥。上六：椺（冥）余（豫）成，又（有）愈（／渝），亡（无）咎⑦■。【十五】

帛書本作「☷☳ 餘（豫）：利建侯，行師。初六：鳴餘（豫），凶。六二：疥（介）于石，不終日，貞吉。六三：杅（盱）餘（豫），悔，遲有悔。九四：

允〈尤〉餘（豫），大有得，勿疑，倗（朋）甲（盍）讒（簪）。六五：貞疾，恆不死。尙（上）六：冥餘（豫）成，或（有）諭（渝），无咎。」

今本作「䷏ 豫：利建侯行師。初六：鳴豫，凶。六二：介于石，不終日，貞吉。六三：盱豫，悔，遲有悔。九四：由豫，大有得。勿疑，朋盍簪。六五：貞疾，恆不死。上六：冥豫成，有渝，无咎。」

## 【注釋】

① **余（豫）：利建厌（侯）、行帀（師）：** 豫卦象雷從地出，有利於建侯、聚眾行師。

《說文》：「豫，象之大者。」《爾雅》：「豫，樂也。」爲假借義。《豫》卦上震雷，下坤地，雷出地，因此有奮豫之意。

「余」，原考釋以爲字同「余」，讀爲「豫」或借作「娛」。惠玲案：「余」、「豫」上古音同爲喻紐魚部，可通假。「豫」有「喜悅」、「安樂」義，不需再借爲「娛」字。

今本「豫：利建侯行師」，孔穎達正義：「謂之豫者，取逸豫之義，以和順而動，動不違，皆說豫，故謂之豫也。動而眾說，故可利建侯也。以順而動，不加无罪，故可以行師也。无四德者，以逸豫之事，不可以常行，時有所爲也。縱恣寬暇之事，不可長行，以經邦訓俗，故无元亨也。逸豫非幹正之道，故不云利貞也。于省吾以爲「宋李過《西谿易說》引《歸藏》有《夜》卦。黃宗炎謂《夜》當屬《明夷》。然《歸藏》已有《明㠯》㠯古夷字，黃說非也。西谿引《歸藏·無豫》卦，《夜》卦即《豫》卦，夜、豫並喻母字，音近字通。」

惠玲案：《豫》卦上震雷，下坤地，雷出地下，有震動喜悅之象。順而動之，則利於建侯、行師。于省吾以爲「夜」、「豫」相通假，《歸藏》之《夜》卦即《周易》之《豫》卦，當可從。又《豫》卦內卦爲震，震爲長子，有侯象，因此利於建立王侯；外卦爲坤，坤爲長子，有師象，因此利於行師。卦辭的意思是說「豫卦象雷從地出，有利於建侯、聚眾行師。」簡本同。

② **初六：鳴余（豫），凶：** 初六爻象豫樂過度，自鳴得意，凶。

今本「鳴豫，凶」，王弼注：「處豫之初，而特得志於上，樂過則淫，志

窮則凶，豫何可鳴。」意思是：初六處《豫》卦之初，上應九四，九四爻爲《豫》卦之唯一陽爻，故初六得志，但樂過則有凶象。簡本同。

③ 六二：夰（介）于石，不冬（終）日，貞吉：其操守耿介如石，一日之內能去惡修善，故貞正而得吉。

　　「夰」，原考釋讀爲「介」。可從。

　　今本「介于石，不終日，貞吉」，王弼注：「處豫之時，得位履中，安夫貞正，不求苟豫者也。順不苟從，豫不違中，是以上交不諂，下交不瀆，明禍福之所生，故不苟說辯必然之理，故不改其操，介如石焉，不終日明矣。」意思是：六二得位履中，安於貞正，不求苟豫，耿介得像石頭一樣。不到一天的時間就可以去惡修善，遠離逸樂，因此得正吉。「介」字，說者多家，以釋「耿介」爲是。《荀子・修身》：「介然必以自好也」，「介然」，楊倞注：「堅固貌」。《字林》：「矼、堅也。」簡本同。

④ 六晶（三）：可（／盰）夅（豫），悬（悔）；逞（遲），又悬（悔）：六三爻不得位，如果只知求取安樂，則將後悔；遲於注意一味求取安樂的缺失，也有悔。

　　「可」，原考釋讀爲「阿」，以爲與「盰」義同，有曲從、迎合之意。惠玲案：「可」（溪／魚），今本作「盰」（曉／魚），二字聲近韻同，可通假。「逞」，原考釋以爲「遲」之或體。

　　今本「盰豫，悔；遲，有悔」，王弼注：「居下體之極，處兩卦之際，履非其位，承動豫之主，若其睢盰而豫，悔亦生焉，遲而不從豫之所疾，位非所據而以從豫，進退離悔，宜其然矣。」意思是：六三爻以陰而居陽位，所以是「履非其位」；上承外卦震，「震，動也」（見《說卦傳》），所以是「承動之主」，如果這時過於求取安樂，就會有悔吝。如果遲於注意過分求取安樂的缺失，也會有悔。簡本同。

⑤ 九四：猷（由）夅（豫），大又（有）叏（得）。母（勿）頧（疑），朋（朋）欻（盍）疌（捷／簪）：眾陰能歸從九四，由之以得豫，因此大有所得。不需猜疑，以信待之，自然朋友會合聚而速來。

　　「猷」，今本作「由」，上古音皆喻紐幽部，可通假。「頧」，原考釋讀爲「疑」。「𫔎」，原考釋隸作「欲」，謂與今本《周易》「盍」通。惠玲案：此

字從「去」不從「谷」，陳偉〈周易試釋〉、季師旭昇〈周易七則〉均謂字當釋「欦」。「欦」（溪／魚），與「盍」字聲近，韻爲旁對轉（「怯」字從去聲，上古音爲溪紐盍部，可知魚、盍二韻相通），故可通假。

「」，原考釋隸作「罤」，同「適」字。惠玲案：楚簡本此字，帛書《周易》作「讒」，今本《周易》作「簪」。與此字類似有《郭店·緇衣》簡十六作、《上博一·緇衣》簡九作，李零《上博楚簡三篇校讀記》頁53疑爲從「甬」得聲。周鳳五〈郭店楚簡識字札記〉認爲《郭店·緇衣》此字是古文「倉」字的繁構寫法，通「從」。劉桓〈讀郭店楚墓竹簡札記〉、張桂光〈郭店楚墓竹簡釋註續商榷〉皆以爲《郭店·緇衣》此字與《說文》「夏」字古文相近，只是繁簡不同。李家浩先生〈戰國竹簡《緇衣》中的「逐」〉則以爲與今本「從」字相應的《郭店·緇衣》、《上博一·緇衣》此字右旁，和楚簡「商」、「彔」、「巫」等偏旁接近，但從字音上考慮，還是隸定成從「逐」，讀同今本「從」字較好。劉樂賢〈讀楚簡劄記二則〉認爲簡文此字可能是「疌」，相關字形如下：

A《郭店·緇衣》簡16：「衣備（服）不改，頌（容）又（有）裳（常）。」《葛陵楚簡》零189：「☐思坪夜君城（）瘳速瘥（瘥）。」零300：「☐城瘳速瘥（瘥）。」──劉氏釋爲「寁」字。

B《上博一·緇衣》簡9：「衣備（服）不改，容又（有）裳（常）。」──劉氏釋爲「健」字。

C《上博三·周易》簡14：「九四：猷余，大又旻。母頯，塱欦。」──劉氏釋爲「疌」字。

D《郭店·尊德義》簡24：「爲邦而不以豊（禮），猶匹人之亡也。」──劉氏釋爲「逮」字。

劉氏指出《郭店·緇衣》A字、《上博·緇衣》B字，今本《緇衣》作「從」（從／東）；《上博·周易》C字，帛書《周易》作「讒」（牀／談），今本《周易》作「簪」（精／侵）；「疌」（從／葉）。從、讒、簪、疌四字聲皆爲齒音，韻部互有旁轉的關係。劉樂賢認爲C是A、B的異構，皆從「疌」聲，葛陵楚簡依文義應有「速」的意思，C釋爲「疌」，和今本《周易·豫卦》「簪」字古訓「疾」、「速」，恰可相連。《易》朋盍簪，王肅謂「簪」或

作「辵」。

　　劉文又指出：「應當承認，這裏所謂“辵”的上部，寫法與“辵”的篆體不甚接近，可能是楚文字的特色。可惜的是，我們迄今尚不知道楚文字中“辵”字或以“辵”作偏旁時的確切寫法，因而無法從字形上驗證上述推測是否可信。希望以後能有機會見到更多新的出土資料，並能為解決上述問題提供確切證據。」劉氏釋形雖還有待驗證，但釋義頗為貼切，姑從之。

　　今本「由豫，大有得。勿疑，朋盍簪」，王弼注：「處豫之時，居動之始，獨體陽爻，眾陰所從，莫不由之以得其豫，故曰由豫，大有得也。夫不信於物，物亦疑焉，故勿疑則朋合疾也。盍、合也，簪、疾也。」意思是：九四爻處豫之時，居動（外卦震為動）之始，獨體陽爻為眾陰所從，因此莫不由此以得其豫。眾陰皆歸，所以是大有所得。簡本義同。

　　「朋盍簪」之「簪」字，京房作「撍」，馬融作「臧」或作「宣」，荀爽作「宗」，虞翻作「哉」，王肅作「貸」，帛書《周易》作「讒」，楚簡本作「辵」、讀為「捷」。王、孔釋「簪」字有「疾」義，與「捷」同意，「朋盍簪」即「朋合疾」，謂「群朋合聚而疾來」。

⑥ **六五：貞疾，丞（恆）不死**：貞卜有疾象，因居中處尊，故恆不死。

　　今本「貞疾，恆不死」，王弼注：「四以剛動，為豫之主，專權執制，非己所乘，故不敢與四爭權，而又居中處尊，未可得亡，是以必常至于貞疾，恆不死而已。」意思是：九四爻剛動，為豫之主，六五爻以柔居中，不敢與四爭權，是以必常至于貞疾。但是處於尊位，恆不死而已。簡本同。

⑦ **上六：槙（冥）佘（豫）成，又（有）愈，亡（无）咎**：上六爻處豫卦之極，極豫盡樂而使冥昧之豫形成，如果自思改變，就能沒有災咎。

　　「栞」，原考釋疑為「杲」字；陳偉〈周易試釋〉疑為「某」字的異體。徐在國先生〈周易補正〉釋此字為「槙」：

　　　　D（惠玲案：栞）當分析為從“木”、“冥”聲，釋為“槙”。此字“木”上所從並非是“日”，右部有一小部分塗黑，當是有意為之，這很自然地使我們想到上博竹書（二）《容成氏》37 簡中“皮”後之字，一半明一半黑，與 D 上半所從同，當釋為“冥”字。說詳另文。“槙”字又見於信陽簡、包山簡、曾侯乙墓簡，李零先生早已釋為“槙”（《讀

　　　　楚系簡帛文字編》,《出土文獻研究》第五集 147 頁, 科學出版社 1999),

　　　　頗具卓識。簡文 "槇" 當讀爲 "冥"。

　　惠玲案：徐說是。從此偏旁者又見《包》2.143 𥄗、《曾》65 𥄗、《曾》201 𥄗,

滕壬生編《楚系簡帛文字編》頁 550 隸作「𨛬」,李零〈讀《楚系簡帛文字編》

頁 147 以爲「所从 𥄗 乃 "槇" 字。"槇" 即 "槇楮" 之 "槇"。《上博二·

容成氏》簡 37 ⬤ 字, 原考釋以爲似相當上文的「𡪢」, 但字形難以隸定。何

琳儀先生〈滬簡二冊〉以爲原篆以黑白相間表示迷惑之意, 疑爲「幻」異體。

劉釗〈容成氏釋讀一則（二）〉以爲此字是個會意字, 即「眇」字的本字。

徐在國先生〈周易補正〉以爲「冥」字。季師旭昇以爲即「瞑」的本字, 以

塗黑一邊表示目瞑看不清楚的意思, 而「瞑」字是後起的形聲字（未刊稿）。

故簡文此字隸爲「槇」, 讀爲「冥」, 與今本《周易》作「冥」同。

　　＿　今本「冥豫成, 有渝, 无咎」, 王弼注：「處動豫之極, 極豫盡樂, 故至

于冥豫成也。過豫不已, 何可長乎？故必渝變, 然後无咎。」意思是：上六

爻處在豫卦的最頂爻, 極豫盡樂而使冥昧之豫形成, 如果自思改變, 就能沒

有災咎。」簡本同。

# 九、陸（隨）卦(17)

　　䷐　陸（隨/隨）▉：元鄉（亨）利貞, 亡（无）咎①。初九：官又（有）

愈（渝）, 貞吉。出門交又（有）工（功）②。六二：係少（小）子, 遊（失）

丈夫③。六晶（三）：係丈夫, 遊（失）少（小）子。陸（隨/隨）求又（有）

旻（得）, 利尻（居）貞④。九四：陸（隨/隨）又（有）【十六】䕮（獲）, 貞

工（功）。又（有）孚才（在）道, 已明, 可（何）咎⑤。九五：孚于嘉, 吉⑥。

上六：係而敏（扣）之, 從乃䍸（攜/維）之。王用亨于西山 ⑦▉。【十七】

　　帛書本作「䷐　隋（隨）：元亨, 利貞, 无咎。初九：官或（有）諭（渝）,

貞吉。出門交有功。六二：係小子, 失丈夫。六三：係丈夫, 失小子。隋（隨）

有求, 得。利居貞。九四：隋（隨）有獲, 貞凶。有復（孚）在道已（以）明,

何咎。九五：復（孚）于嘉, 吉。尙（上）九〈六〉：枸（拘）係之, 乃從䍸（維）

之。王用芳（亨）于西山。」

今本作「☰ 隨：元亨利貞，无咎。初九：官有渝，貞吉。出門交有功。
六二：係小子，失丈夫。六三：係丈夫，失小子。隨有求得，利居貞。九四：
隨有獲，貞凶。有孚在道，以明，何咎。九五：孚于嘉，吉。上六：拘係之，
乃從維之。王用亨于西山。」

【注釋】

① 陵（陸／隨）：元鄉（亨）利貞，亡（无）咎：隨卦，有本元、亨通、適宜、
貞正的象徵，因此沒有災咎。

《說文》：「隨，從也。」《隨》卦上兌澤，下震雷，《象》曰：「澤中有
雷，隨。君子以嚮晦入宴息。」有隨天時而自然運作之規律。

「陵」原考釋「陵」、「陸」讀爲「隨」。季師旭昇《說文新證下冊》頁
262 以爲「陵」爲「陸」之繁體，「陸」之初文爲「坴」。西漢文字才改從土、
隋聲。

今本「隨：元亨利貞，无咎」，孔穎達正義：「元亨者，於相隨之世，必
大得亨通，若其不大亨通，則无以相隨，逆於時也。利貞者，相隨之體，須
利在得正，隨而不正，則邪僻之道，必須利貞也。无咎者，有此四德乃无咎。
以苟相從，涉於朋黨，故必須四德，乃无咎也。」據此，卦辭的意思是說「隨
卦，有本元、亨通、適宜、貞正的象徵，因此沒有災咎。」

② 初九：官又（有）愈（渝），貞吉。出門交又（有）工：主管人之心官能隨
時變化，因其正而從之，如此則可貞正得吉。出門則能交往得功。

今本「官有渝，貞吉。出門交有功」，《象》曰：「官有渝，從正吉也。」
王弼注：「居隨之始，上无其應，无所偏係，動能隨時，意无所主者也。隨
不以欲，以欲隨宜者也，故官有渝變，隨不失正也，出門无違，何所失哉！」
其意謂初九爻上與九四爻不相應，因此無所牽繫，所執之志可以靈活變化，
可隨則隨，只要唯正是從，就會貞正而得吉。出門在外，與人交往，則可以
有功。官，謂主管，人心主宰人全身，因此也是官。

③ 六二：係少子，遊（失）丈夫：六二爻柔弱，有係隨初九的小子，而失去九
五丈夫的象徵。

「遊」，楚系「失」字之特有寫法，《上博》多見。今本「係小子，失丈夫」，王弼注：「陰之爲物，以處隨世，不能獨立，必有係也。居隨之時，體於柔弱，而以乘夫剛動，豈能秉志違於所近，隨此失彼，弗能兼與。五處已上，初處己下，故曰係小子，失丈夫也。」其意謂六二爻陰柔不能獨立，因此追隨較近的初九爻（初九爻在下，故爲小子），不能上應九五（九五爻在上，故爲丈夫）。

④ **六晶：係丈夫，遊（失）少子。陸（陸／隨）求又旻（得），利尻（居）貞：** 六三爻有係隨於丈夫，而失小子之象。雖然往隨有所得，但是此時更利於居處守正。

廖名春先生〈校釋記二〉以爲楚簡本「陸（隨）求（有）又旻（得）」比帛書、今本「隨有求得」要好，因爲「隨求有得」即「隨，求有得」，是說隨從，則要求會有所實現。「隨有求得」是說隨從，「有求而皆得」。惠玲案：簡本「隨求有得」當讀爲「隨，求有得」；今本「隨有求得」亦可讀爲「隨有『求得』」，與簡本相去不大。不一定非讀爲「隨，有求必得」不可。

「尻」，原考釋以爲同「居」。季師旭昇《說文新證下冊》頁 251 指出「尻」、「居」同源，故「尻」亦可讀「居」。

今本「係丈夫，失小子」，王弼注：「陰之爲物，以處隨世不能獨立，必有係也，雖體下卦，二已據，初將何所附，故舍初係四，志在丈夫。」其意謂六三爻陰柔，近於九四（在上，故爲丈夫）；初九爻已被六二所據，六三爻不可再往隨（初九在下，故爲小子）。

「隨有求得，利居貞」，王弼以爲「四俱无應，亦欲於己隨之，則得其所求矣，故曰隨有求得也。應非其正，以係於人，何可以妄，曰利居貞也。」孔穎達以爲「隨有求得者，三從往隨於四，四亦更无他應，己往隨於四，四不能逆，已是三之所隨，有求而皆得也。利居貞者，己非其正，以係於人，不可妄動，唯利在俱處守正，故云利居貞也。」意思是：六三往隨於九四爻，所以隨有所得；但是第三爻以作陽爻爲正，六三爻不正，與上六又不應，所以雖然往隨有所得，但是此時更利於居處守正。簡本同。

⑤ **九四：陸（陸／隨）又（有）腹（獲），貞工（凶）。又（有）孚才（在）道，已（以）明，可（何）咎：** 九四能不拒而有所獲，但過於陽剛貞正，擅有其

民，所以是凶。若能誠信於正道，以昌明之，如何會有災咎？

　　「𤤑」，原考釋隸「𤤑」釋「𡆥」，謂「獲」之初文；或釋為「𤤑」讀為「獲」。黃錫全先生〈劄記六則〉以為此字從「隻（獲之初文）」，從「丹」，「丹」與「隻」共筆。惠玲案：楚系曾出現過的「𤤑」字，如：𤤑（《隨縣》91）、𤤑（《包》2.94）、𤤑（《包》2.193）等，其字形和簡文此字同。黃說可從。

　　「工」，原考釋以為與帛書、今本「凶」韻同可通；廖名春先生以為從楚簡本「貞工」讀為「貞功」較佳，就是說隨從有收穫，一直貞正不二，就會進而有功。惠玲案：九四陽剛之爻，逼近九五尊位，容易功高震主，所以於此爻應是要誠信在心，不離正道，以明事理，才不會得咎。「貞凶」可釋為「貞卜有凶象」或是「雖堅貞卻也得凶象」，如此一來較能符合卦象的意思。舊說可從。「工」、「凶」韻同聲近，可通。

　　今本「隨有獲，貞凶。有孚在道，以明，何咎」，王弼注：「處說之初，下據二陰，三求係己，不距則獲，故曰隨有獲也。居於臣地，履非其位，以擅其民，失於臣道，違正者也，故曰貞凶。體剛居說而得民心，能幹其事而成其功者也，雖違常義，志在濟物，心有公誠，著信在道，以明其功，何咎之有。」

　　惠玲案：王弼以為隨卦的上卦為「兌」卦，九四爻在「兌（說）」卦的第一爻，下據六二、六三兩陰爻，六三求係隨九四，只要不距絕，就會有所獲。但是第四是臣位，本應作陰爻，九四為陽爻，過於陽剛貞正，擅有其民，所以是凶。不過，九四爻為陽爻，體剛而得民，只要志在濟民救世，在正道方面有誠信，有功而讓正道著明，那就沒有災咎。據此今本九四爻辭的意思是說「九四能不拒而有所獲，但過於陽剛貞正，擅有其民，所以是凶。若能誠信於正道，以昌明之，如何會有災咎？」簡本同。

⑥ **九五：孚于嘉，吉**：九五爻，其孚信有嘉美之誠，能有吉象。

　　王弼注：「履正居中而處隨世，盡隨時之宜，得物之誠，故嘉吉也。」今本九五爻辭的意思是說「九五爻履正居中，其孚信有嘉美之誠，能有吉象。」簡本同。

⑦ **上六：係而敏（拘）之，從乃矖（攜／維）之。王用亯于西山**：拘束繫縛不從者，從而攜維之，王因此要通於西山險阻之地。

「係而敂之」，原考釋讀「敂」爲「扣」。廖名春先生〈校釋記二〉以爲「敂」當爲「拘」之異文。可從。「從乃矔之」，原考釋讀爲「矔」爲「纏」或「維」。廖名春先生〈校釋記二〉以爲應讀爲「縱乃懬之」，懬、有二心也，意爲「釋放文王，文王因而有背離商紂的二心」。惠玲案：矔釋懬二，可以不必。

今本上六爻辭，王、孔讀爲「上六，拘係之，乃從。維之，王用亨于西山」，王弼注：「隨之爲體，陰順陽者也。最處上極，不從者也，隨道已成，而特不從，故拘係之乃從也。率土之濱，莫非王臣，而爲不從，王之所討也，故維之。王用亨于西山也，兌爲西方，山者途之險隔也，處西方而爲不從，故王用通于西山。」其意謂上六處於卦之最上，不從九五，必需拘繫才肯聽從，因此王者必需用兵通於西山險難之處。

朱熹《易本義》謂「居隨之極，隨之固結而不可解者也。誠意之極，可通神明。故其占爲王用亨于西山。亨，亦當作祭享之享。自周而言，岐山在西，凡筮祭山川者得之，其誠意如是，則吉也。」

惠玲案：王、孔釋「維」爲「拘繫」，依簡本「係而敂之，從乃矔之」來看，王、孔之讀恐怕不可從，「維」當釋「維繫」。九五陽剛，處於尊位。但是上六陰柔，不肯隨九五，因此九五要拘繫上六，從而攜維之。因此「維」與簡本「矔」字當採同一解釋，似當釋爲維繫、提攜。「矔」從田、嶲（匣／支）聲，與「維」（喻／微），聲韻不算近，「矔」當讀爲「攜」，與「維」義近互用。

原考釋以爲「王」指文王，隸「亨」爲「言」，謂爲「祭言」之「言」。「西山」即岐山。廖名春先生〈校釋記二〉承舊說以爲本爻辭「當文王與紂之事」，當作：「係而拘之，縱乃矔之，王用亨于西山」。是說周文王被商紂王「係而拘之」，關押在羑里，「縱乃矔之」，設計逃脫後產生背異之心，因而用享于西山，在岐山設祭出師討紂。

旭昇案：學者釋「王用亨于西山」之「王」爲「文王」，或受《易緯乾鑿度》之影響：「譬猶文王，至崇之德，顯中和之美，拘民以禮，係民以義，當此之時，仁恩所加，靡不隨從，咸悅其德，得用道之正，故言『王用亨于西山』。」對於這樣的說法，顧頡剛評之爲「沒有確實的根據」（《參顧頡剛

〈周易卦爻辭中的故事〉》。則王既未必是文王，西山亦未必是岐山，「亨」（與享古本一字）從王弼、孔穎達釋「通」，舊說仍可通。據王弼說，本卦上卦為兌，屬西方；山代表險阻，九五既要拘係兌卦最上爻的上六，因此王要通于西山。據此，今本上六爻辭的意思是說「拘束繫縛不從者，從而攜維之，王因此要通於西山險阻之地。」簡本同。

## 十、蠱（蠱）卦(18)

☶☴ 蠱（蠱）■：元鄉（亨），利涉大川。选（先）甲晶（三）日，逡（後）甲晶（三）日①。初六：榦（幹）父之蠱（蠱），又（有）子，攷（考）亡（无）咎，礪（厲）夂（終）吉②。九二：榦（幹）母之蠱（蠱），不可貞③。九晶（三）：榦（幹）父之蠱（蠱），少又（有）【十八】【悔，无大咎④。六四：裕父之蠱，往見吝⑤。六五：幹父之蠱，用譽⑥。上九：不事王侯，高尙其事⑦。】

帛書本作「☷☴ 箇（蠱）：元吉，亨。利涉大川。先甲三日，後甲三日。初六：榦父之箇（蠱），有子，巧（考）无咎，厲終吉。九二，榦母之箇（蠱），不可貞。九三：榦父之箇（蠱），少（小）有悔，无大咎。六四：浴（裕）父之箇（蠱），往見閵（吝）。六五：榦父之箇（蠱），用輿（譽）。尙（上）九：不事王矣，高尙其德。兊。」

今本作「☶☴ 蠱：元亨，利涉大川。先甲三日，後甲三日。初六：幹父之蠱，有子，考无咎，厲終吉。九二：幹母之蠱，不可貞。九三：幹父之蠱，小有晦，无大咎。六四：裕父之蠱，往見吝。六五：幹父之蠱，用譽。上九：不事王侯，高尙其事。」

## 【注釋】

① 蠱（蠱）：元鄉（亨），利涉大川。选（先）甲晶（三）日，逡（後）甲晶（三）日：蠱卦是大而亨通的，有利於涉渡大川的現象。在先甲三日的辛日，頒佈新政令進行革新，在後甲三日的丁日，對人民反復叮嚀，才能徹底整頓。

《說文》：「蠱，腹中蟲也。《春秋傳》曰：『皿蟲爲蠱，晦淫之所生也，

梟磔死之鬼亦爲蠱。』」《蠱》卦上艮山，下巽風，山下有風，風聚集於此，因而生事。君子效法它的精神，用以振興民生，培育德業。

「选」，原考釋以爲「先」之繁文。今本「蠱：元亨，利涉大川」，孔穎達正義：「蠱者事也。有事營爲，則大得通，有爲之時，在拯難，利涉大川也。」

「蠱」字，先秦典籍所見，多有不正之義，王、孔雖未明言，但應該也有類似的意思。通考經傳，「蠱」字約有四義：一、《說文》：「蠱，腹中蟲也。」二、《爾雅‧釋詁》：「蠱，疑也。」三、《周易‧雜卦傳》：「蠱則飭也。」四、《周易‧序卦傳》：「蠱者事也。」

以上四義，前三義皆有不正之義，第四義雖未明言不正，然恐怕其事也不免有疑惑、不正之處。本文雖從王弼、孔穎達釋「事」，然應有疑惑、不正之義。不正，所以需要革正。

今本「先甲三日，後甲三日」，孔穎達正義：「先甲三日，後甲三日者，甲者創制之令，既在有爲之時，不可因仍舊令，今用創制之令，以治於人，人若犯者，未可即加刑罰，以民未習，故先此宣令之前三日，殷勤而語之，又如此宣令之後三日，更丁寧而語之，其人不從乃加刑罰也。……鄭義以爲甲者造作新令之日，甲前三日取改過自新，故用辛也，甲後三日取丁寧之義，故用丁也。」據此今本卦辭的意思是說「蠱卦是大而亨通的，有利於涉渡大川的現象。在先甲三日的辛日，頒佈新政令進行革新，在後甲三日的丁日，對人民反復叮嚀，才能徹底整頓。」簡本同。

② 初六：榦（幹）父之蛊（蠱），又（有）子，攷（考）亡咎，礪（厲）冬（終）吉：初六有能繼承並導正父親的事業的現象，所以亡父沒有災咎。剛開始可能會有危厲，但最後是吉祥的。

「榦」，原考釋讀爲「幹」。今本「幹父之蠱，有子，考无咎，厲終吉」，《象》曰：「幹父之蠱，意承考也。」虞翻以爲「幹，正；蠱，事也。」王弼注：「處事之首，始見任者也。以柔巽之質，幹父之事，能承先軌，堪其任者也，故曰有子也。任爲事首，能堪其事，考乃无咎也，故曰有子考无咎也。當事之首，是以危也。能堪其事，故終吉。」

惠玲案：虞翻釋「幹」爲「正」，王弼則釋爲「任」，二義應不衝突。今

本初六爻謂初六以陰爻柔順之質，如有子繼承導正亡父的事業，所以亡父無咎。雖然剛開始有點危險，但是能以柔順處之，所以最後是吉祥的。簡本同。

③ **九二：榦（幹）母之盅（蠱），不可貞**：九二爻象可以繼承並導正母親的事業，但不可以過於堅貞剛正。

　　今本「幹母之蠱，不可貞」，王弼注：「居於內中，宜幹母事，故曰幹母之蠱也。婦人之性，難可全正，宜屈己剛，既幹且順，故曰不可貞也。幹不失中，得中道也。」意思是：九二爻的爻象是以陽剛居於內卦之中，所以可以繼承並導正母親的事業。但是婦人之性陰柔，難以全部以正道行之，所以要保持柔順，不可過於堅貞剛強。據此，今本九二爻辭的意思是說「繼承母親的事業，但不可以堅貞剛正。」簡本同。

④ **九晶（三）：榦（幹）父之盅（蠱），少又悔，无大咎**：九三爻象能繼承並導正父親遺留的事業，雖然小有懊悔，卻沒有大災咎。

　　今本「幹父之蠱，小有悔，无大咎」，王弼注：「以剛幹事而无其應，故有悔也。履得其位，以正幹父，雖小有悔，終无大咎。」惠玲案：九三爻為陽爻居陽位，所以可以繼承並導正父親的事業。但是與上九爻不相應，所以小有懊悔。但是九三得位履正，所以沒有大災咎。簡本同。

⑤ **六四：裕父之蠱，往見吝**：六四爻象能寬緩的處理父親的遺業，如往前直衝，必見悔吝。

　　今本：「裕父之蠱，往見吝」，王弼注：「柔當位，幹不以剛而以柔和，能裕先事者也。然无其應，往必不合，故曰往見吝。」惠玲案：六四爻以陰爻處上卦之下，當位，因此能寬緩地處理父親的遺業。但與初六不相應，所以往前直衝，必見悔吝。

⑥ **六五：幹父之蠱，用譽**：六五爻象以柔順繼承並導正父親的遺業，因此有好的聲譽。

　　今本「幹父之蠱，用譽」，王弼注：「以柔處尊，用中而應，承先以斯，用譽之道也。」意思是：六五爻以陰爻處尊位，又與九二相應，以柔順承繼並導正父業，所以能有聲譽。

⑦ **上九：不事王侯，高尚其事。**：上九處於上位，而不承事王侯，崇尚清虛之事。

今本「不事王侯，高尙其事」，王弼注：「最處事上而不累於位，不事王侯，高尙其事也。」惠玲案：上九爻的爻象是以陽爻處於上位，而又不事王侯，自處淸虛。馬王堆本在本爻的最後有斷辭「凶」，可能是秦漢以後大一統，君樣日高，不事王侯，自然是凶。東漢嚴光（字子陵）不事王侯，高尙其事，而能得到光武帝的優容，史上極爲少見。

# 一一、遉（復）卦(24)

【☷☷ 復：亨。出入无疾，朋來无咎。反復其道，七日來復，利有攸往①。初九：不遠，復，无祗悔，元吉②。六二：休復，吉③。六三：頻復，厲，无咎④。六四】中行，獨復⑤。六五：辜（敦）遉（復），亡（无）悬（悔）⑥。上六：迷復，凶，有災眚。用行師，終有大敗；以其國君，凶。至于十年，不克征⑦。【十九】

帛書本作「☷☷ 復：亨。出人〈入〉无疾，堋（朋）來无咎。反復亓道，七日來復。利有攸往。初九：不遠，復，无提（祗）悔，元吉。六二：休復，吉。六三：編（頻）復，厲，无咎。六四：中行，獨復。六五：敦復，无悔。尙（上）六：迷復，兇，有茲（災）省（眚）。用行師，終有大敗；以其國君，凶。至十年弗克正（征）。」

今本作「☷☷ 復：亨。出入无疾，朋來无咎。反復其道，七日來復，利有攸往。初九：不遠，復，无祗悔，元吉。六二：休復，吉。六三：頻復，厲，无咎。六四：中行，獨復。六五：敦復，无悔。上六：迷復，凶，有災眚。用行師，終有大敗；以其國君，凶。至于十年，不克征。」

# 【注釋】

① 復：亨。出入无疾，朋來无咎。反復其道，七日來復，利有攸往：復卦有陽氣返復而得亨通的現象。能動而順應天時運行，則出入無疾，朋類聚集而來，也沒有災咎。陽剛之氣返回其道，七日即來復於此。有『利有所往』的現象。

《說文》：「復，往來也。」引伸爲返復。《象》曰：「雷在地中，復。先王以至日閉關，商旅不行，后不省方。」《復》卦，下震雷，上坤地，雷在地中，因此有復出之意。

孔穎達正義：「『復亨』者，陽氣反復而得亨通，故云『復亨』也。『出入无疾』者，出則剛長，入則陽反，理會其時，故无疾病也。朋來无咎者，朋謂陽也，反復衆陽，朋聚而來，則无咎也，若非陽眾來，則有咎，以其眾陽之來，故无咎也。『反復其道，七日來復』者，欲速反之，與復而得，其道不可過遠，唯七日則來復，乃合於道也。『利有攸往』者，以陽氣方長，往則小人道消，故利有攸往也。」《復》卦上承《剝》卦，一陽爻在下，五陰爻在上，代表陽氣開始返復而亨通，能動而順應天時運行，則出入無疾，朋類聚集而來，也沒有災咎。陽剛之氣返回其道，七日即來復於此，有「利有所往」的現象。

② 初九：不遠復，无祗悔，元吉：初九有失之未遠，而速回復善道的象徵，因此無大的悔恨，而能得大吉。

王弼注：「最處復初，始復者也，復之不速，遂至迷凶。不遠而復，幾悔而反，以此修身，患難遠矣。錯之於事，其始庶幾乎，故元吉也。」正義引韓氏：「祗，大也。」

③ 六二：休復，吉：六二爻能回頭親近初九，爲休美之復，故有吉象。

王弼注：「得位處中，最比於初，上无陽爻，以疑其親陽爲仁。行在初之上，而附順之，下仁之謂也。既處中位，親仁善鄰，復之休也。」意思是：六二爻以陰爻處下卦之中，這叫「得位處中」；又能親附初九，這叫「下仁」，因此有休美，這叫「休復」。

④ 六三：頻（顰）復，厲，无咎：六三爻有遇到困難而求復的現象，所以是危厲的。但未至於迷，憂戚而能求復，可以無災咎。

王弼注：「頻，頻蹙之貌也。處下體之終，雖愈於上六之迷，已失復遠矣，是以蹙也。蹙而求復，未至於迷，故雖危，无咎也。復道宜速，蹙而乃復，義雖无咎，它來難保。」意思是：六三爻以陰爻而處陽位，又離初九陽爻已遠，所以是「顰」（憂戚）。但是其失未遠，憂戚而能求復，可以無災咎。

⑤ 六四：中行，獨復：六四處於上下二陰之中，順著中道而行，就有獨自回復

善道的象徵。

　　王弼注:「四上下各有二陰，而處厥中，履得其位而應於初，獨得所復，順道而反，物莫之犯，故曰中行獨復也。」意思是：六四爻陰爻得位，處於上下二陰之中，而與初九相應，只要順著中道而行，就不會被侵犯。但在眾陰之中，因此只能獨得所復。

⑥ 六五：辜（敦）遉（復），亡愙（悔）：六五爻有敦厚而復的象徵，沒有悔恨。

　　今本「敦復，无悔」，王弼注:「居厚而履中，居厚則无怨，履中則可以自考。雖不足以及休復之吉，守厚以復悔，可免也。」惠玲案:「敦」，「厚」也。《復》卦外卦爲坤，有厚義，六五爻居中，雖不是陽爻，未能強力而復，但守厚則可以無悔。簡本同。

⑦ 上六：迷復，凶，有災眚。用行師，終有大敗；以其國君，凶。至于十年，不克征：上六有遠離復而迷失的象徵，是凶象，有災禍。用以行兵作戰，終必大敗；以此輔佐國君，也是凶的。雖經歷十年之久，還不能行師獲勝。

　　王弼注:「最處復後，是迷者也。以迷求復，故曰迷復也。用之行師，難用有克也，終必大敗；用之於國，則反乎君道也。大敗乃復，量斯勢也，雖復十年修之，猶未能征也。」意思是：上六爻處在復卦的最後，距離象徵復的初九爻最遠，所以是迷失，因此凶而有災眚。以此輔佐國君，凶。至於十年，也不能行兵作戰而獲勝。


# 一二、亡（无）忘（妄）卦(25)

☰ 亡（无）忘（妄）：元鄉（亨）利貞。丌（其）非遉（復）又（有）禧（眚），不利又（有）卣（攸）进（往）①。初九：亡（无）忘（妄），吉②。六二：不靜（耕）而穫（穫）不畜之餘，則利有攸往③。六三：无妄之災，或繫之牛，行【二十】人之旻（得），邑人之灾（災）④。九四：可貞，亡（无）咎⑤。九五：亡（无）忘（妄）又（有）疾，勿藥又（有）茶（喜）⑥。上九：亡（无）忘（妄），行又（有）禧（眚），亡（无）卣（攸）利■⑦。【二十一】

　　帛書本作「☰ 无孟（妄）：元亨，利貞。非正有省（眚），不利有攸往。

初九：无孟（妄），往吉。六二：不耕穫，不菑餘（畬），利有攸往。六三：无妄之災，或擊（繫）之牛，行人之得，邑人之茲（災）。九四：可貞，无咎。九五：无孟（妄）之疾，勿樂（藥）有喜。尙（上）九：无孟（妄）之行，有省（眚），无攸利。」

今本作「☰☳ 无妄：元亨利貞。其匪正有眚，不利有攸往。初九：无妄，往吉。六二：不耕穫不菑畬，則利有攸往。六三：无妄之災，或繫之牛，行人之得，邑人之災。九四：可貞，无咎。九五：无妄之疾，勿藥有喜。上九：无妄，行有眚，无攸利。」

## 【注釋】

① **亡忘（妄）：元鄉（亨）利貞。亓（其）非遉（復）又（有）禧（眚），不利又（有）卣（攸）違（往）：**无妄卦，有大得亨通，利於貞正的現象。如果不回復省察自我，而一味前行，就會有災眚，不利所往。

《說文》：「妄，亂也。」《无妄》卦上乾天、下震雷，因此有剛自外來，而爲主於內，動而健，剛中而應之象，因而能不虛妄、不邪亂。

簡本「忘」（微／陽）、帛書本作「孟」（明／陽）、今本作「妄」（微／陽）、《阜陽》本作「亡」（微／陽）；《史記‧春申君列傳》「毋望之福」，正義：「毋望，謂不望而忽至也。」朱子《易本義》從之。諸字皆韻同聲近，可通假。原考釋以爲楚簡本作「忘」，有「棄」、「遺」之意，並與《周易‧序卦》：「有无妄物，然後可畜。」意思吻合，作孟、妄、亡者爲借字；廖名春先生〈校釋記二〉以爲「無望」爲本字。惠玲案：通釋全卦，「无妄」以釋「不虛妄」爲佳。故今本「妄」爲本字，其餘「忘」、「望」、「孟」、「亡」爲借字。

「遉」，廖名春先生〈校釋記二〉以爲帛書、今本《周易》作「正」、阜陽漢簡作「迊」，皆當讀爲「定」，楚簡本作「遉」，有「遏止」、「安寧」義，與「定」義相近互用。又引《象傳》：「『無妄』之『往』，何之矣？天命不佑，行矣哉！」以爲《象傳》是反對「之」、「行」，而看不出有強調「依正道」的意思，故「其匪『正』有眚」應作「其匪『定』有眚」，有安定、安寧之義。惠玲案：《无妄》卦爲上乾健下震動，雷動於內，代表生機振動，有元

氣復始之現象，因此无妄爲元亨利貞之卦。帛書、今本《周易》作「正」無不妥。但楚簡本作「遳（復）」則較「正」佳，復，返復、回復，除了有元氣復始之外，因《无妄》爲天雷猛進之卦，所以還需回復省察自我，如果只是一味前行，就會有災禍。

今本「元亨利貞。其匪正有眚，不利有攸往。」孔穎達疏：「无妄者，以剛爲內，主動而能健。以此臨下，物皆无敢詐僞虛妄，俱行實理，所以大得亨通，利於貞正，故曰元亨利貞也。其『匪正有眚，不利有攸往』者，物既无妄，當以正道行之。若其匪依正道，則有眚災，不利有所往也。」據此，今本卦辭的意思是說「无妄卦，有大得亨通，利於貞正的現象。如果不守正道的話，就會有災眚，不利所往。」簡本的意思是說「无妄卦，有大得亨通，利於貞正的現象。如果不回復省察自我，而一味前行，就會有災眚，不利所往。」

② **初九：亡忘（妄），吉**：初九無虛妄，是吉利的象徵。

廖名春先生〈校釋記二〉以爲楚簡本作「亡忘，吉」，「吉」字前脫一「往」字：「《小象傳》：" '無妄'之'往'，得志也。"可見《小象傳》所本也是有"往"字的。"無妄"是毫無希望，直接稱"吉"，義有欠通。有"往"字，則是說在絕望時，勇於進取，就會得吉。比較之下，楚簡本顯然是脫一"往"字。」惠玲案：馬王堆本、阜陽本、《象傳》均有「往」字。目前可知資料中都作「往吉」，僅楚簡本作「吉」。不過，楚簡本也可通。本爻爲陽爻剛健，本來就是動往之象，有沒有「往」字，對爻辭辭義並沒有影響。

今本「无妄，往吉」，王弼注：「體剛處下，以貴下賤，行不犯妄，故往得其志。」其意謂初九陽爻剛健而處下，上承六二，以貴在賤下，因此往吉。簡本作「无妄，吉」，意思是「初九爻無虛妄，是吉利的象徵。」

③ **六二：不靜（耕）而穫（穫），不畜之（？）☒，則利有攸往**：六二爻象不敢首發耕作，只敢在後隨人收穫；不畜……，是有利於前往的。

「靜」，原考釋以爲從「爭」聲，可釋「靜」，讀爲「耕」。惠玲案：「爭」（莊／耕），「耕」（見／耕），二字韻同聲近（莊見二紐上古關係密切），原考釋之說可從。旭昇案：「靜」從「青」、「爭」二聲，「青」從「屮」、「井」聲（參《說文新證》423頁），「靜」可視爲「靜」之省。

「畜」(徹／覺)，作動詞有「畜養」之義。惟它本皆作「嗇」（莊／之），上古音並不近。

今本《周易》作「不耕穫，不菑畬」，簡本作「不𤲬（耕）而穫（穫），不畜」，下殘；帛書作「不耕穫，不菑餘」、帛書《昭力》引作「『不耕而稺（穫）』，戎（農）夫之義也」、阜陽本作「不耕獲，不菑餘」、《象傳》作「『不耕穫』，未富也」、《禮記‧坊記》引作「不耕穫，不菑畬」、《經典釋文》：「或依注作『不耕而穫』。」廖名春先生〈校釋記二〉以爲簡本可補爲「不畜之餘」，今本、簡本皆有「不墾養而豐收」的意思：

> 帛書《易經》本、阜陽漢簡本作"不菑餘"。"餘"當為本字。"不耕穫，不菑畬"，當作"不耕而穫，不畜之餘"。下面試加申論：
>
> 《禮記‧坊記》："子云：'禮之先幣帛也，欲民之先事而後祿也。先財而後禮，則民利；無辭而行情，則民爭。故君子於有饋者弗能見，則不視其饋。'《易》曰：'不耕穫，不菑畬，凶。'"……
>
> 現在看來，"不耕而穫，不菑而畬"說應該是正確的。《禮記‧坊記》的引《易》証理，實質將"不耕穫，不菑畬"理解成了"不耕而穫，不菑而畬"。……
>
> 帛書易傳《昭力》篇說："'不耕而稺（穫）'，戎夫之義也。"說明這是指"戎夫"而言的。一般而言，不耕就不穫。但社會可以"通工易事"，武人可以憑藉戰功獲得爵祿。所以，不耕種也可獲得收穫，獲得祿穀。強調的角度雖然與《禮記‧坊記》、《小象傳》不同，但對爻辭意義的把握，還是一致的。帛書易傳《衷》篇也有："無孟之卦"，"無功而賞，所以嗇"。是說無功而求賞賜，有不切實際的奢望，就是所謂"貪婪"。"無功而賞"也可以視為對六二爻辭的解釋。所以，楚簡的"不耕而穫"較之"不耕穫"更勝，不能說其"而"字是衍文。
>
> 肯定了楚簡"不耕而穫"的可信，就可以討論"不畜之"的問題。按照"不耕而穫"的讀法，"不菑畬"可讀作"不菑而畬"。……"畬"字帛書本和阜陽漢簡本皆作"餘"，不能說沒有根據。
>
> 《說文‧食部》："餘，饒也。"……阜陽漢簡本之"餘"，實為本字。因此，楚簡"不畜之"後可補"餘"字。"不畜之餘"即"不畜而

餘"。"之"、"而"義同。……

疑"不菑畬"從"不菑餘"來。"菑"，楚簡作"畜"，屬於義近互用。"不菑餘"即"不畜之餘"，意為不墾養而豐收。與"不耕而穫"義同。

由此可知，"不耕穫，不菑畬"當依楚簡作"不耕而穫，不畜之餘"。六二爻辭是說不耕種而獲得收穫，不養殖而取得豐收，"則利有攸往"，值得去幹。說明雖然是"無妄"，不可能的事，但在特殊情況下，還是有望的。

惠玲案：廖說有一定的道理。但通觀爻象，今本也還是可以成立的。今本「不耕穫，不菑畬，則利有攸往」，《象》曰：「不耕穫，未富也。」王弼注：「不耕而穫，不菑而畬，代終已成而不造也，不擅其美，乃盡臣道，故利有攸往。」孔穎達正義：「六二處中得位，盡於臣道，不敢創首，唯守其終，猶若田農不敢發首而耕，唯後穫刈而已；不敢菑發新田，唯治其菑熟之地，皆是不爲其始，而成其末，猶若爲臣之道，不爲事始，而代君有終也，則『利有攸往』者，爲臣如此，則利有攸往，若不如此，則往而无利也。」意思是：六二爻以陰爻居中得位，能盡爲臣之道，所以不敢爲首耕，只敢在後刈；不敢發新田，只敢治熟田，蕭規曹隨，順從盡命，如此則利於前往。一歲田爲菑，三歲田爲畬，見《爾雅·釋地》。簡本意思應該一樣，但第二句殘，宜闕疑。

《朱子語類·卷第七十一易七·无妄》：「不耕不穫，不菑不畬，無所爲於前，無所冀於後，未嘗略起私意以作爲，唯因時順理而已。程傳作『不耕而穫，不菑而畬』，不唯添了『而』字，又文勢牽強，恐不如此。」

惠玲案：簡本作「不𣂁而穫」證明王弼、程頤讀爲「不耕而穫」是對的，朱熹讀「不耕不穫」是錯的。

④ **六三：无妄之災，或繫之牛，行人之夏（得），邑人之灾（災）**：六三有不虛妄卻遭遇災難之象，有人繫了一頭牛，被路上的行人牽走了，卻使邑人遭受無妄之災。

"灾"，從火、才聲，原考釋指出即《說文》「災」之古文。今本「无妄之災，或繫之牛，行人之得，邑人之災」，王弼注：「以陰居陽，行違謙順，

是无妄之所以爲災也。牛者，稼穡之資也，二以不耕而穫，利有攸往，而三爲不順之行，故或繫之牛，是有司之所以爲獲，彼人之所以爲災也，故曰行人之得，邑人之災也。」朱熹《易本義》以爲「如行人牽牛以去，而居者反遭詰捕之擾也。」

惠玲案：王弼以爲六三爻以陰爻居陽位，有違謙遜之道，因此無妄之災。「行人」，王弼釋爲「有司」，不知所據，姑從朱熹。據此，今本六三爻辭的意思是說六三有不虛妄卻遭遇災難之象，有人繫了一頭牛，被路上的行人牽走了，卻責怪邑人偷牛，使邑人遭受無妄之災。簡本前半殘，其義或同。

⑤ **九四：可貞，亡咎**：九四，可以固守著正道，而且沒有災禍。

今本「可貞，无咎」，王弼注：「處无妄之時，以陽居陰，以剛乘柔，履於謙順，比近至尊，故可以任正固，有所守而无咎也。」惠玲案：第四爻爲陽剛居柔位，下乘六三陰爻，因此是「履於謙順」；上承九五陽爻，因此是「比近至尊」。因此可以堅持固守中正之道，故「无咎」。簡本義同。

⑥ **九五：亡（无）忘（妄）又（有）疾，勿藥又（有）萊（喜）**：九五，自然有災，不是自己無妄所致的疾害，不用藥也能有痊癒之喜。

廖名春先生以爲楚簡本「又」爲「之」之誤寫。惠玲案：作「又疾」亦可通，不必定爲誤字。「萊」，原考釋依字直解，謂「有疾不一定用藥攻治，不忘用萊也可治愈。」廖名春先生〈校釋記二〉以爲「萊」（清／之）、「喜」（曉／之）音近通用，「喜」讀爲「譆」，恨也，全句讀爲「無望之疾，勿藥有譆」，即「得了絕症，有無藥可治之痛，無藥可治之恨」。黃錫全先生〈劄記六則〉以爲簡本「萊」，帛書、今本「喜」，均爲「治」（定／之）之借字。張俊新舉出先秦時期的清母和曉母關繫密切，例如從「及」得聲的「笈」、「扱」古音屬於清母，但是「吸」、「疲」則屬於曉母。「僉」和從「僉」得聲的「譣」、「憸」屬於清母，但「險」、「獫」等則屬於曉母，因而主張「萊」、「喜」二字可相通假。惠玲案：張說可從，簡本「萊」與「喜」可通假。旭昇案：黃說謂「萊」、「喜」均爲「治」之借字，亦可通。唯「萊」亦可讀爲「怡」，與「喜」音義皆近。

今本「无妄之疾，勿藥有喜」，王弼注：「居得尊位，爲无妄之主者也，下皆无妄，害非所致，而取藥焉，疾之甚也。非妄之災，勿治自復，非妄而

藥之，則凶，故曰勿藥有喜。」意思是：九五爻居尊位，爲无妄之主（其下諸爻皆謹守无妄，只有第三爻例外），只是偶然染了疾病，不需要用藥就可以痊癒。比喻人主不虛妄，下亦無虛妄，順時修德，偶有災眚，亦能平息而有喜。據此，今本九五爻辭的意思是說「不虛妄而遭致的疾害，不用吃藥也能有痊癒之喜。」簡本義同。

⑦ 上九：亡（无）忘（妄），行又（有）禥（眚），亡卣（攸）利：上九處无妄之極，宜靜，有行動就會招致災害，是無所利的。

今本「无妄，行有眚，无攸利」，王弼注：「處不可妄之極，唯宜靜保其身而已，故不可以行也。」惠玲案：王弼以爲上九在最後一爻，「處不可妄之極」，宜靜不可行。據此，今本上九爻辭的意思是說「上九處无妄之極，宜靜，有行動就會招致災害，是無所利的。」簡本同。

# 一三、大坴（畜）卦(26)

☰☶ 大坴（畜）■：利貞，不豪（家）而飤（食），吉。利涉大川①。初九：又（有）礪（厲），利巳②。九二：車敓（脫／說）复（輹）③。九晶（三）：良馬由（逐），利堇（艱）貞；曰班車，戍（衛），利又（有）卣（攸）逫（往）④。六四：僮（童）牛之樺（牿），元【二十二】吉⑤。六五：芬（豶）豕之臿（牙），吉⑥。上九：阿（何）？天之朵（衢），鄉（亨）ㄥ⑦。【二十三】

帛書本作「☰☶ 泰（大）蓄（畜）：利貞。不家食，吉。利涉大川。初九：有厲，利巳。九二：車說緮（輹）。九三：良馬遂，利根（艱）貞。曰蘭（閑）車[衛]，利有攸往。六四：童牛之鞠（牿），元吉。六五：哭（豶）豨（豕）之牙，吉。尙（上）九：何？天之瞿（衢），亨。」

今本作「☰☶ 大畜。利貞，不家食，吉，利涉大川。初九：有厲利巳。九二：輿說輹。九三：良馬逐，利艱貞，曰閑輿衛，利有攸往。六四：童牛之牿，元吉。六五：豶豕之牙，吉。上九：何？天之衢，亨。」

【注釋】

① **大坣（畜）：利貞，不豪（家）而飤（食），吉，利涉大川**：大畜卦，是利於貞正自守。有不在家裡求食，而去作官接受俸祿的象徵，這是吉利的，雖有大川險難，也利於勇往直前。

《說文》：「畜，田畜也。」引伸有蓄積的意思。因此「大畜」二字，應是指「大的積蓄」。《大畜》卦上艮山，下乾天，天在山中，艮為止，故有大畜的象徵。

「坣」，原考釋以為從土、竺聲，讀為「畜」。廖名春先生〈校釋記二〉以為「坣」為「築」之古文，讀為「篤」，「大篤」謂「大厚」。惠玲案：「大畜」舊說可通，不必讀為「大篤」。

「不豪而飤」，廖名春先生〈校釋記二〉認為楚簡本多一「而」字為衍文。吳辛丑〈不家而食〉以為「家」字通作「稼」，「不家而食」即為「不耕而食」，「而」為連詞。惠玲案：「不家而食」應讀為「不『家而食』」，謂不於家而食，與舊說可以相合。

今本「大畜：利貞，不家食，吉，利涉大川」，孔穎達正義：「謂之大畜者，乾健上進，艮止在上，止而畜之，能畜止剛健，故曰大畜。彖云能止健，大正也，是能止健，故為大畜也。……利貞者，人能止健，非正不可，故利貞也。不家食吉者，己有大畜之資，當須養贍賢人，不使賢人在家自食，如此乃吉也。利涉大川者，豐則養賢，應於天道，不憂險難，故利涉大川。」

惠玲案：大畜卦下乾健，上艮山，《說卦》：「艮為止。」因此有涵納乾健，大大地畜積之象。「不家食，吉」，有「養賢」之義，不在家食，而食祿於朝庭。今本卦辭的意思是說「大畜卦，是利於貞正自守。有不在家裡求食，而去作官接受俸祿的象徵，這是吉利的，雖有大川險難，也利於勇往直前。」簡本同。

② **初九：又（有）礧（厲），利巳**：初九有危厲的象徵，利於停止不前。

「巳」，原考釋讀為「祀」。惠玲案：「巳」當讀為「已」，「已」為「巳」之假借分化字，「已」有遏止的意思，「利巳」疑作「停下來是有利的」。

今本「有厲，利巳」，王弼注：「四乃畜已，未可犯也，故進則有厲，已則利也。」意思是：初九上應六四，但本卦之上卦為艮，艮為止，因此六四爻抑畜於初九，初九若往，則有危厲，利於停下來。簡本義同。

③ **九二：車敚（說／脫）复（輹）**：九二有車子脫去車輹，不能行走的象徵。

原考釋以爲「車」通「輿」，「敚」讀爲「脫」，「复」讀爲「輹」。惠玲案：「車」（透／魚），《說文》：「輿輪之總名。」「輿」（定／魚），《說文》：「車輿也。」引申泛指車子。「車」、「輿」二字音義俱近，可通用。

今本「輿說輹」，王弼注：「五處畜盛，未可犯也，遇斯而進，故輿說輹也。居得其中，能以其中，不爲馮河，死而无悔，遇難能止，故无尤也。」意思是：九二爻上應六五爻，但六五爻居《畜》卦尊位，又是上卦艮卦之中，不可觸犯，如果觸犯，則會像車子車子脫去伏菟，無法行走（輹，車廂下面和軸相勾連的部件，又稱伏菟）。但如果能居中止息，就沒有過尤。簡本義同。

④ **九晶（三）：良馬由（逐），利董（艱），貞；曰班車，敚（衛），利又（有）卣（攸）逴（往）**：九三，良馬馳逐，利於馳騁艱難，這是貞正的；有人排列了兵車，其實是要保衛九三，所以利於向前。

由，今本《周易》作「逐」（定／覺），簡本作「由」（定／幽），幽覺對轉，音近可通。帛書本作「遂」（邪／沒），聲音稍遠，當爲「逐」的形訛。

「利董，貞」，原考釋以爲「董」，讀爲「艱」。「董貞」，占問艱難之事。「由」，用也；用良馬，良馬善行，路途雖難，也能馳騁千里。廖名春先生〈大畜再釋〉以爲「董」讀爲「根」，假爲「限」，「利限貞」有「利於限止不動」，「反對張揚武力，主張限制軍備競賽」的意思。惠玲案：王弼、孔穎達舊說以爲「良馬馳逐，雖涉艱難而無患」，其義可通，不必改讀。

「曰班車敚」，原考釋以爲「曰」作「日」，「班」讀爲「閑」，「敚」待考。

廖名春先生〈大畜再釋〉以爲簡本作「班」和帛書《周易》《昭力》作「闌」、今本《周易》作「閑」相通，爲「閒置」、「班回」之意；「敚」從「乂」得聲，與「衛」同屬月部，又從「戈」與從「刀」同，疑是「刈」字異體，和帛書《周易》、今本《周易》「衛」相通。「曰閑輿衛」的「曰」字爲語氣詞，此句本義是「闌輿之衛」，也就是指以「偃武修文」的辦法來「衛國」。

黃錫全先生〈劄記六則〉以爲簡文「敚」字，從戈、炙聲之字，可能是「效」字異體，讀作「較」，和帛書、今本作「衛」同爲雙聲；何琳儀先生、

程燕先生〈周易選釋〉以爲簡文「戏」字从戈，爻聲，讀爲「殺」與帛書、今本《周易》作「衛」雙聲可通；秦樺林〈釋戏戏〉以爲簡文「戏」字實爲「歲」與「衛」皆爲匣母月部字（「歲」字舊入心紐，實誤），屬同音通假，義則爲「治」。

旭昇案：「戏」字似可考慮爲從「歲」從「乂」會意，「歲」「乂」皆兼聲。包山楚簡「歲」多作**戏**，省其「月」形，加上「乂」聲，即成「戏」字。「歲」在甲骨文中是一種用牲法，後世從「歲」的「劌」字義爲「刺傷」；「乂」即「刈」之初文，義爲「斷也」、「殺也」，見《爾雅・釋詁》，「戏」字當兼有這些意思，則「戏」字當與「劌」、「刈」字意義相近，未必與「衛」完全同字。「歲」（心／月。從歲得聲的劌則在見紐月部）、「乂」（疑／月）、衛（匣／月）聲，三字韻同聲近，因此「戏」可以與「衛」互作。「戏」又見《上博四・采風曲目・交交鳴烏》「君子相好，以自爲戏」，拙文〈《上博四・逸詩・交交鳴烏》補釋〉以爲讀爲「衛」，全句譯爲「君子對我們很好，所以自然是我們的防衛者」。又從「止」作「戏」，見《楚帛書》甲 3.8「山陵不戏」、甲 3.23「以爲其戏」，疑亦讀「衛」。又從「曰」作「暬」《上博四・昭王與龏之脽》簡 9「楚邦良臣所暬骨」，陳劍博士〈上博竹書《昭王與龏之脽》和《柬大王泊旱》讀後記〉讀「暴」，以爲跟用爲"衛"的"戏"字就是本來沒有關係的兩個字，因形體訛變而混同。

今本「良馬逐，利艱貞；曰閑輿，衛，利有攸往」，王弼注：「凡物極則反，故畜極則通，初二之進，值於畜盛，故不可以升。至於九三升于上九，而上九處天衢之亨，塗徑大通，進无違距，可以馳騁，故曰良馬逐也。履當其位，進得其時，在乎通路，不憂險厄，故利艱貞也。閑、閣也，衛、護也，進得其時，雖涉艱難，而无患也。輿雖遇閑，而故衛也，與上合志，故利有攸往也。」意思是：與九三爻相應的應該是上九爻，上九爻在天衢亨通的地位，途徑大通，因此九三爻可以像良馬一樣馳騁；履當其位，因此「利艱貞」。

「曰閑輿衛，利有攸往」，舊說有三：馬融、鄭玄說作「日閑輿衛」，意思是「天天練習輿衛的技術」；王弼說作「曰閑輿衛」，意思是「有人想要用車輿排成阻隔，其實是要保衛九三」；高亨《周易古經今注》說作「四閑輿衛」，意思是「有駕馬車的閑習，因而善於駕車，故有輿車之嘉喜」。帛書《昭

力》云：

> 問「闌輿」之義。子曰：「上正衛國以德，次正衛國以力，下正衛國
> 以兵。衛國以德者，必和其君臣之節，不以耳之所聞，敗目之所見，故
> 權臣不作，同父子之欲，以固其親；賞百姓之勸，以禁違教；察人所疾，
> 不作苛心。是故大國屬力焉，而小國歸德焉。城郭弗修，五兵弗實，而
> 天下皆服焉。《易》曰：『闌輿之衛，利有攸往。』若「輿」且可以『闌』
> 然『衛』之，況以德乎？可不恭之有？」

旭昇案：帛書《昭力》篇引孔子的話，說明治理國家的三種層次，最上等的
衛國以德，次一等的衛國以力，下等衛國以兵。文中提到「城郭弗修，五兵
弗實」即是「衛國以德」；而「闌輿之衛」則是「衛國以兵」。與王弼說相同。
簡本作「曰班車，戔」，意思是「雖然遇到有人把車輿排列在前方，看似阻
隔，其實是要保衛九三」，與今本義同。「班」當釋為「列」，見《左傳·昭
公二年》「送從逆班」注，此作動詞用。

⑤ 六四：僮（童）牛之樀（牿），元吉：施橫木於幼牛角上，它是大吉。

原考釋以為「樀」讀為「牿」。可從。「樀」從木，從辜。「辜」，字見於
《郭店·成之聞之》簡36「言語辜之」，李零先生以為楚簡「牿」字所從（《郭
店楚簡校讀記－增訂本》124頁）、趙平安先生以為即「牿」之初文（〈釋𤔲
及相關諸字〉）；又見《上博三·容成氏》簡44「桎辜」，李零先生釋為「牿」。
本簡加義符「木」，當仍為「牿」字，讀為「牿」。

今本「童牛之牿，元吉」，王弼注：「處艮之始，履得其位，能止健初，
距不以角，柔以止剛，剛不敢犯，抑銳之始，以息強爭，豈唯獨利乃將有喜
也。」意思是：六四爻處於外卦艮之初，得其位，能止初九之剛健，這如同
用橫木施於幼牛的牛角上，是在初始時就做措施，以免傷人。如此可以平息
強爭，所以大吉有喜。簡本義同。

⑥ 六五：芬（豶）豕之𦧶（牙），吉：六五能以柔克剛，防止豬以牙傷人，是
為吉象。

「芬」，原考釋讀為「豶」，豕去勢也。廖名春先生〈大畜再釋〉以為「芬」
帛書本作「哭」，當為「奰」之訛，「奰」有「隱」義，「隱豕之牙」謂「隱
藏住豬的尖牙」，其寓意是以『修兵不戰』為『衛』國上策，與九三爻辭『閑

興衛』說同」。

今本「豶豕之牙，吉」，王弼注：「豕牙橫猾，剛暴難制之物，謂二也。五處得尊位，爲畜之主，二剛而進，能豶其牙，柔能制健，禁暴抑盛，豈唯能固其位，乃將有慶也。」孔穎達正義引褚氏：「豶，除也，除其牙也。」又引《爾雅》云：「墳，大防。」並贊成後說，謂「豶」爲「墳」的假借，防止也。

惠玲案：據王弼，六五處尊位，能以柔制九二之強橫，如豕牙雖然橫猾，而能豶防之，故能得吉有慶。簡本「芬」讀爲「豶」，意思與今本同。

⑦ **上九：阿（何）？天之朶（衢），鄉（亨）**：上九處在大畜卦的最上爻，還有什麼要「畜」的呢？已經是像天上的大道，無所不通了。

「阿」，原考釋以爲「阿」、「荷」、「何」相通。「朶」，原考釋以爲待考，疑兵器。季師旭昇〈何天之逵〉以爲「朶」字可以有兩個考慮，一是直接通讀爲今本《周易》的「衢」，一是先通讀爲「逵」，秦漢以後以同義音近換成今本《周易》的「衢」。另一種可能是讀爲「逵」字，上古音在群紐之部，和「朶」字溪紐之部，聲近韻部同，可通假。後來「朶」漢代音變入侯部而選音義皆近的「衢」代替，因此本作「逵」，通假爲「朶」，再通假作「衢」，季師旭昇於字義、聲韻上的分析合理，故從之。

今本「何？天之衢，亨」，《象》曰：「何天之衢，道大行也。」虞翻以爲「何，當也。衢，四交道。乾爲天，震艮爲道，以震交艮，故『何天之衢』。『亨』，上變，坎爲亨也。」王弼注：「處畜之極，畜極則通，大畜以至於大亨之時。何，辭也，猶云何畜？乃天之衢亨也。」孔穎達正義：「何天之衢亨者，何謂語辭，猶云何畜也。處畜極之時，更何所畜？乃天之衢亨，无所不通也，故象云何天之衢，道大行也。何氏云天衢既通，道乃大亨。」

惠玲案：「何天之衢亨」，可有兩讀，王、孔讀爲「何？天之衢，亨」，意思是：上九處在大畜卦的最上爻，還有什麼要「畜」的呢？已經是像天上的大道，無所不通了。虞翻讀爲「何天之衢，亨」，釋象以爲「何，當也。」當，值也，意思是「正當天衢，亨通」。二說都可通，依本書慣例，優先從王、孔。簡本義同。

## 一四、頤卦(27)

頤☲：貞吉。觀頤，自求口實①。初九：豫（舍）厼（爾）鼺（靈）龜，觀我欹頤，凶②。六二：曰遉（顛）頤，鼺（弗）經于北（／丘）湢（頤），征凶③。六晶（三）：鼺（弗）頤，貞凶，十年勿【二十四】用，亡（无）卣（攸）利④。六四：遉（顛）頤，吉，虎視驫＝（融融／眈眈），丌（其）猷（欲）攸＝（逐逐），亡（无）咎⑤。六五：鼺（弗）經，尻（居）貞吉，不可涉大川⑥。上九：鯀（由）頤，礪（厲），吉，利涉大川■⑦。【二十五】

帛書本作「☲ 頤：貞吉。觀頤，自求口實。初九：舍而（爾）靈龜，觀我掇（朵）頤，凶。六二：曰顛頤，梯（拂）經，于北〈丘〉頤，正（征）凶。六三：梯（拂）頤，貞凶。十年勿用，无攸利。六四：顛頤，吉。虎視沈（眈）沈（眈），其容（欲）笛（逐）笛（逐），无咎。六五：拂經，居貞，吉，不可涉大川。上九：由頤，厲吉，利涉大川。」

今本作「☲ 頤：貞吉。觀頤，自求口實。初九：舍爾靈龜，觀我朵頤，凶。六二：顛頤，拂經，于丘頤，征凶。六三：拂頤，貞凶，十年勿用，无攸利。六四：顛頤，吉，虎視眈眈，其欲逐逐，无咎。六五：拂經，居貞吉，不可涉大川。上九，由頤，厲，吉，利涉大川。」

### 【注釋】

① 頤：貞吉。觀頤，自求口實：頤卦象徵貞正吉祥。觀察所養之物，也觀察自己口中之實。二方兼顧，這就是頤養之道。

《說文》：「臣，顄也，象形。」臣即頤，下動上不動，和口食有關，此卦引申爲「頤養」之義。《頤》卦上艮山，下震雷。《象》曰：「山下有雷，頤。君子以愼言語，節飲食。」說明《頤》卦之養包括了「養生」以及「養德（言語）」。

廖名春先生〈頤卦試釋〉認爲卦畫陰爻「八」是爲了區別陽爻，非數字「八」。惠玲案：易卦來自數字卦，學者多有論述，參季師旭昇〈古文字中的易卦材料〉，《上博·周易》以數字「八」代表陰爻，以數字「一」代表

陽爻，應無疑義。

今本「頤：貞吉。觀頤，自求口實」，孔穎達注：「頤，貞吉者，於頤養之世，養此貞正則得吉也。觀頤者，頤、養也，觀此聖人所養物也。自求口實者，觀其自養，求其口中之實也。」意思是：頤卦象徵貞正吉祥。觀察所養之物，也觀察自己口中之實。二方兼顧，這就是頤養之道。簡本同。

② **初九：豫（舍）尒（爾）靁（靈）龜，觀我敳（朵）頤，凶：**捨棄靈龜之明兆，羨慕朵頤的躁求，遠離養身之道，這是凶的。

「豫」，原考釋隸「䁤」，讀爲「舍」。學者多指出此字即楚系「豫」字，可從。「豫」（定／魚），今本、帛書本作「舍」（審／魚），聲近韻同，可以通假。

「敳」，原考釋隸「敳」，以爲有「小」義，但和今本《周易》作「朵」之關係，未加說明。陳偉〈周易試釋〉以爲簡本作「敳」應是「敳」之誤。廖名春先生〈頤卦試釋〉則認爲《說文》大徐注謂「敳」疑從「耑」省，則「敳」當隸定爲「敳」，楚簡此字左下其實從「而」，隸定爲「敳」也是可以的。「敳」即是「揣」，「揣」的本義爲「度量高低」，引申爲「動」非常自然，因此簡本作「敳」比今本作「朵」來得好。旭昇案：二家隸作「敳」，可從。簡文此字作「敳」，應視爲從「耑」省、從「攴」；但楚系「敳」字作「敳」（《郭‧老甲》15），二者確實同形。廖說謂「敳」讀爲「揣」，義爲「度量高低」，引伸爲「動」，亦頗合理。

今本「舍爾靈龜，觀我朵頤，凶」，《象》曰：「觀我朵頤，亦不足貴也。」王弼注：「朵頤者，嚼也。以陽處下而爲動，始不能令物，由己養動而求養者也。夫安身莫若不競修己，莫若自保，守道則福至，求祿則辱來。居養賢之世，不能貞其所履，以全其德，而舍其靈龜之明兆，羨我朵頤而躁求，離其致養之至道。闚我寵祿而競進，凶莫甚焉。」孔穎達正義：「朵頤者，嚼也者，朵是動義，如手之捉物謂之朵也。今動其頤，故知嚼也。」

惠玲案：初九爻上應六四，不能慎察頤養之道，以陽處下而爲動，求養於六四，猶如捨棄靈龜之明兆，而羨慕下巴嚼物，因此是凶。

③ **六二：曰顚（顛）頤，㢟（弗）經，于北（背）湦（頤），征凶：**六二爻顛倒頤養之道，違反經常之理，違背了頤養之道而養下，以此行則會有凶災。

「曰」字王弼本、阜陽漢簡本無；而簡本、帛書本有，廖名春先生〈頤卦試釋〉以爲「曰」字非衍文，與下句「于」字相對，都是語助辭，無實際意義，只是表示句式相稱而已。「遉」，原考釋讀爲「塡」，塞也。廖名春先生〈頤卦試釋〉以爲「遉」本字當爲「慎」，有「慎重」義。「曰慎頤」謂「重視頤養」。

「𢏱」，原考釋隸爲「𢏱」字，讀爲「弗」（今本作「拂」）。徐在國先生釋文補正以爲「𢏱」字從「弜」或從「惟」均爲聲符，爲雙聲符的字，與「梻」、「弗」、「拂」相通假。廖名春先生〈頤卦試釋〉認爲「𢏱」從「弜（弼）」聲，「𢏱經」就是「弼經」，義爲「努力經營」。

「北」，楚簡本、帛書《周易》作「北」。今本《周易》、阜陽漢簡本作「丘」。廖名春先生〈頤卦試釋〉以爲「北」當讀爲「背」，有「違反」之義，「于北頤」即「違反頤養之道」。惠玲案：戰國楚文字「丘」作 𡊄（《包》2.90），字形似從「北」從「一」，因此戰國時代「丘」、「北」訛混，極有可能。旭昇案：簡本依字解之，本極通順，「北」應讀爲「背」，背離、顛倒之義；「于」做介詞，或釋「往」（《詩》「之子于歸」即用此解）均可，「于北涎」謂「往相背反的方向行頤養之道」，與今本義理並無不同。今本「北」訛爲「丘」，義理可通，只是文字變得不好講。

今本「顛頤，拂經，于丘頤，征凶」，王弼注：「養下曰顛。拂，違也。經猶義也。丘所履之常也。處下體之中，无應於上反而養初，居下不奉上而反養下，故曰顛頤，拂經于丘也，以此而養未見其福也，以此而行未見有與，故曰頤貞凶（惠玲案：貞當爲征之誤）。」

惠玲案：王弼釋「丘」爲「所履之常」，比喻上位，斷句作「顛頤，拂經于丘。頤，征凶。」以爲六二爻不奉上而養下，反而往高處奉養，丘指高處。據此，六二爻辭的意思是說「不奉上反而養下，是顛倒頤養之道，違反經義所常的頤養之道，以此道而行則凶。」不過，把「丘」字釋爲「所履之常」，畢竟有點勉強，據簡本「丘」作「北（背）」，謂「違反常處」，全句作「六二：曰遉（顛）頤，𢏱（弗）經，于北（背）涎（頤），征凶」，意思是「六二爻顛倒頤養之道，不合經常之理，違背了頤養之道而養下，以此行則

會有凶災。」

④ 六晶（三）：繇（拂）頤，貞凶，十年勿用，亾甶（攸）利：六三爻以陰居陽位，而求養於上九，雖然貞正仍然得凶，終致十年不爲所用，無所得利。

　　　原考釋以爲「繇」即「弗」，違背之義。廖名春先生〈頤卦試釋〉以爲「繇」即是「弼」字，義爲「強力」，「爻辭也是從正反兩面說頤養之道：先是正說，要盡力於頤養；再反說，貞定不動，不致力於頤養，就會有『凶』」。惠玲案：舊說可通，可以不必改動。

　　　「拂頤，貞凶，十年勿用，无攸利」，王弼注：「履夫不正以養於上，納上以諂者也，拂養正之義，故曰拂頤，貞凶也。處頤而爲此行，十年見棄者也，立行於斯，无施而利。」意思是：六三爻以陰爻而處陽位，不正，以此求養於上九，是諂於上，違背頤養之道，雖然三爻求於上爻是應該的，但貞正仍然得凶，終致十年不爲所用，無所得利。簡本義同。

⑤ 六四：遺（顛）頤，吉，虎視轟 ＝（融融／眈眈），丌猷（欲）攸 ＝（逐逐），亾（无）咎：六四爻以上養下，得養之宜，所以是吉，像虎視眈眈，不可褻瀆，其欲望敦厚而無所求，因此沒有災咎。

　　　廖名春先生〈頤卦試釋〉釋「遺頤」爲「慎頤」。「𰍆」，原考釋釋「見」或「視」。徐在國先生〈釋文補正〉指出應釋「視」。「轟」，原考釋疑爲「蟫」字，謂與「眈」音近。徐在國先生以爲當釋爲「融」字，讀爲「眈」。「猷」，廖名春先生以爲與今本《周易》作「欲」音近通用。「攸 ＝」，帛書本作「笛 ＝」，王弼本作「逐逐」，阜陽漢簡本作「遂 ＝」，廖名春先生以爲「攸」、「笛」、「逐」、「遂」均可通假。

　　　惠玲案：以上諸說，除釋「遺頤」爲「慎頤」可以不必外，餘均可從。今本「顛頤，吉，虎視眈眈，其欲逐逐，无咎」，王弼注：「體屬上體，居得其位而應於初，以上養下，得頤之義，故曰顛頤，吉也。下交不可以瀆，故虎視眈眈，威而不猛不惡，而嚴養德施賢。何可有利，故其欲逐逐，尚敦實也。修此二者，然後乃得全其吉而无咎，觀其自養則履正，察其所養則養陽，頤爻之貴斯爲盛矣。」《釋文》：「逐逐，敦實也。」據王說，顛有高義，六四爻下應初九，以上養下，得養之義，所以吉利。以上養下，不可褻瀆，所以像虎視眈眈然，威而不猛。自身也不可有所求，欲望逐逐而敦厚，因此沒

有災咎的。簡本義同。

⑥ **六五：惷（拂）經，尻（居）貞吉，不可涉大川**：六五爻違背拂養之正道，可以守正從上而得吉，但不可渡過大川。

「居」與「尻」同源，「処」、「尻」為「處」字的省體。廖名春先生〈頤卦試釋〉承六二爻辭，釋「惷經」為「弼經」；是正說，「居貞」以下是反說。「居」、「貞」複辭同義，都是止息、定而不動之意。「吉，不可涉大川」，語意轉折，先揚後貶。雖說「吉」，但重心在「不可涉大川」上。這是說要努力經營；如果止息不動，雖然有吉利，但不能涉險做大事。惠玲案：本文從舊說。

今本「拂經，居貞吉，不可涉大川」，王弼注：「以陰居陽，拂頤之義也，行則失類，故宜居貞也。无應於下而比於上，故可守貞從上，得頤之吉，雖得居貞之吉，處頤違謙難，未可涉也。」意思是：六五爻以陰爻居陽位，不正，又不與六二相應，違背拂養之義。但比於上六，可以守正從上而得吉，但不可渡過大川。」簡本義同。

⑦ **上九：繇（由）頤，礪（厲），吉，利涉大川**：上九有下四陰所從之的頤養之道，有危厲之象，但會吉利，並且利於涉水過大川。

原考釋謂「繇」俗作「繇」，讀與「由」同。今本「由頤，厲，吉，利涉大川」，王弼注：「以陽處上而履四陰，陰不能獨為主，必宗於陽也，故莫不由之，以得其養，故曰由頤。為 陰之主，不可瀆也，故厲乃吉。有似家人悔厲之義，貴而无位，是以厲也。高而有民，是以吉也。為養之主，物莫之違，故利涉大川也。」意思是：上九其下有四陰爻，為陰爻之主，為陰爻所從養。貴而無位，所以危厲，但地位而有民，所以吉，也利涉大川。簡本義同。

## 一五、欽（咸）卦(31)

☷ 欽（咸）亡：鄉（亨），利貞，取女吉①。初六：欽（咸）亓（其）拇②。六二：欽（咸）亓（其）腓（腓），凶，尻（居）吉③。九晶（三）：欽（咸）

亓（其）腎（腓），執丌（其）陵（隨），咎④。九四：貞吉，亡（无）愳（悔）。僮（憧）憧往朱，朋從爾【二十六】志⑤。九五：欽（咸）丌（其）拇（脢），亡（无）愳（悔）⑥。上六：欽（咸）煩（輔）夾（頰）胹（舌）▨⑦。【二十七】

帛書本作「▤ 欽（咸）：亨，利貞。取女吉。初六：欽（咸）其枏（拇）。六二：欽（咸）其矍（腓），凶。居吉。九三：欽（咸）其矍〈股〉，執其隨，閤（咎）。九四：貞吉，悔亡。童（憧）童（憧）往來，偝（朋）從璽（爾）思。九五：欽（咸）其股〈脢〉，无悔。尙（上）六：欽（咸）其肞（輔）陜（頰）舌。」

今本作「▤ 咸：亨，利貞，取女吉。初六：咸其拇。六二：咸其腓，凶，居吉。九三：咸其股，執其隨，往咎。九四：貞吉，悔亡。憧憧往來，朋從爾思。九五：咸其脢，无悔。上六：咸其輔頰舌。」

## 【注釋】

① 欽（咸）：鄉（亨），利貞，取（娶）女吉：咸卦有交相感應的象徵，它是亨通暢達的，但利於守正道，它有娶女（妻）吉利的現象。

原考釋謂「欽」（溪／侵）與「咸」（匣／侵）音近可通。

《說文》：「咸，皆也，悉也。」本卦假借為「感」，《彖傳》云：「咸，感也。」《咸》卦上兌澤，下艮山，山氣在下，澤氣在上，二氣通而感應。兌為少女，艮為少男，兩人相處，等到陰陽氣足，彼此動情，自然互相感應。因此《咸》卦為陰陽二氣相感應之卦。舊說以為今本《周易》以《乾》卦為《上經》之始，《離》卦為末，是論天道；以《咸》卦為《下經》之始，《未濟》為末，是論人事。《咸》卦卦象上柔下剛，自然感應，為男女夫婦之義。

今本「咸：亨，利貞，取女吉」，孔穎達正義：「咸，亨，利貞，取女吉者，咸、感也。此卦明人倫之始，夫婦之義，必須男女共相感應，方成夫婦。既相感應，乃得亨通，若以邪道相通，則凶害斯及，故利在貞正。既感通以正，即是婚媾之善，故云咸，亨，利貞，取女吉也。」據此，今本卦辭的意思是說「咸卦有交相感應的象徵，它是亨通暢達的，但利於守正道，它有娶女（妻）吉利的現象。」簡本同。

② **初六：欽（咸）亓（其）拇：**初六爻爲感應之始，有感應在足大指的象徵。

今本「咸其拇」，王弼注：「處咸之初，爲感之始，所感在末，故有志而已。如其本實，未至傷靜。」拇爲足大指，今本初六爻辭的意思是說「初六爻爲感應之始，有感應在足大指的象徵。」簡本同。

③ **六二：欽（咸）亓（其）脊（腓），凶，凥（居）吉：**咸卦六二有感應在小腳肚的象徵，這是凶的，唯有靜居不進才能獲吉。

原考釋隸定楚簡本「」字爲「脊」字，並依字形相近釋爲「腓」，義爲「小腿肚」。廖名春先生〈校釋記二〉以爲簡文「脊」字所從「㢟」爲「弻（弼）」之省聲，是「腓」的異體字。季師旭昇〈欽其腓說〉以爲隸爲腓，可從，但謂「㢟」爲「弻（弼）」之省，並無確證，不如把「㢟」看成「發」字，「㢟（發）」字的上古音屬非紐月部，「腓」字從「非」聲，「非」字的上古音屬非紐微部，二字聲紐相同，韻部則屬於旁對轉。惠玲案：季師說字形較佳。「凥」、「居」同源，參《說文新證（下）》頁248。

今本「咸其腓，凶，居吉」，王弼注：「咸道轉進離，拇升腓，腓，體動躁者也。感物以躁，凶之道也。由躁故凶，居則吉矣。處不乘剛，故可以居而獲吉。」腓，足之腓腸，即小腿肚。六二爻上應九五，如感於躁動的小腿肚，所以是凶；但是靜居則可以得吉。簡本義同。

④ **九晶（三）：欽（咸）亓（其）脊（腓），執亓（其）陵（隨），各：**九三所感應的部位在小腿肚，所執的意志有隨人而變的象徵，故有悔吝。

廖名春先生〈校釋記二〉以爲「脊」字爲「腓」之異體字，和「股」、「足」爲義近通用，故可以「股」、「足」代「腓」。惠玲案：廖名春先生以爲楚簡本「脊」字、帛書《周易》「𦟛」皆爲「腓」之異體字。今本《周易》作「股」，因廣義的「股」包括了「腓」小腿部位，故可以以「股」代替「腓」字。廖名春先生依據楚簡本，六二爻與九三爻所感部位皆作「脊」，故認爲應皆指小腿肌。我們對照三種版本所感部位，《上博三·周易·欽卦》，拇、脊、脊、拇、頌夾脡；今本《咸》卦，拇、腓、股、脢、輔頰舌；帛書《周易》，栂、𦟛、𦟛、股、胲陝舌。楚簡本六二爻和九三爻所感部位同字，此情形在帛書《周易》亦出現，故楚簡本抄手誤書的可能不大。因此有可能同廖名春先生所云今本《周易》「股」字包括「腓」部，所以以「股」代「腓」。不過，今

本和簡本、帛書本用字原本也不完全相同，今本所「感」部位較簡本、帛書本更合理，所以也有可能今本是有意的調整所「感」部位。

「執」，原考釋隸「埶」，讀爲「勢」。廖名春先生〈校釋記二〉迻釋爲「執」。惠玲案：字實即「執」，不需改讀爲「勢」。

「陵」，原考釋以爲同「墮」，或讀爲「隋」。惠玲案：季師旭昇《說文新證（下）》頁261以爲簡文「陵」字，爲「陸」之繁體，「陸」之初文爲「坴」。廖名春先生〈校釋記二〉引俞樾之說，以爲楚簡本作「陵」，帛書、王弼本作「隨」，乃爲「骹」之假字。惠玲案：「骹」即「大腿」，見《集韻》，廖名春先生釋「執丌陸，吝」爲「一下子抓住了人家的腿，難免引起反感，故說『吝』」，似亦可通。但「咸」卦有男女相互感應之義，廖說似與卦意相去較遠。舊說仍可通。

「吝」，今本作「往吝」，廖名春先生〈校釋記二〉以爲楚簡本、帛書無「往」字，當是故書原貌。惠玲案：作「吝」，範圍較廣；作「往吝」，範圍較狹。可能所傳本小有不同。

今本「咸其股，執其隨，往吝」，王弼注：「股之爲物，隨足者也。進不能制動，退不能靜處，所感在股，志在隨人者也。志在隨人，所執亦以賤矣。用斯以往，吝其宜也。」惠玲案：九三爻象感應在股，進不能制動，退亦不能靜處。其志隨於人，是因所執守的意志卑下的緣故啊！簡本作「九晶（三）：欽（咸）元（其）臀（腓），執丌陵（隨），吝。」九三爻的意思是說「九三所感應的部位在小腿肚，所執的意志有隨人而變的象徵，故有悔吝。」

⑤ **九四：貞吉，亡㤟（悔）。僮（憧）憧往來，朋從爾志**：九四開始心神感應，如能貞正，就可得吉而无悔。思慮活動，往來不停，才會有朋類應從他的心思。

「亡㤟」，帛書本、今本皆作「悔亡」，廖名春先生〈校釋記二〉以爲簡本「亡㤟」當爲「㤟亡」之誤。惠玲案：王弼、孔穎達釋「悔亡」皆謂「亡其悔」，則與「亡悔」並無不同。「志」，它本皆作「思」。廖名春先生〈校釋記二〉以爲與「思」音義皆同，可通用。可從。

今本「貞吉，悔亡。憧憧往來，朋從爾思」，王弼注：「處上卦之初，應下卦之始，居體之中，在股之上，二體始相交感以通其志，心神始感者也。

凡物始感而不以之於正，則至於害，故必貞然後乃吉，吉然後乃得亡其悔也。始在於感，未盡感極，不能至於无思以得其黨，故有憧憧往來，然後朋從其思也。」意思是：九四爻處在上卦之，與初六爻相應。所感在股之上，這是心神開始交感。這時如果感之不正，就會有害，所以必需貞正才會得吉而無悔。思慮活動也要往來不停，才會有朋類會從應他的心思。（「憧憧」，虞翻謂：「懷思慮也。」）簡本作「九四：貞吉，亡忞（悔）。僮僮往來，朋從爾志。」「志」與今本《周易》「思」意義可通，其餘義同今本。

⑥ **九五：欽（咸）丌（其）拇（脢），亡（无）忞（悔）**：九五有感應在夾脊肉的象徵，這是無悔的。

「拇」，廖名春先生〈校釋記二〉以爲是「脢」的借字，帛書本作「股」，則當讀爲「脰」。惠玲案：「九五：欽丌拇」，和「初六：欽丌拇」相重複，對照今本可能是廖名春先生所說「脢」之借字。「拇」與「脢」上古音同爲明紐之部字，可作通假。帛書「股」字，廖名春先生以爲是「脰」之假借，「脰」常作「頸」之義，但帛書《周易》所感部位，由栂、腜、腜至股、胈陝舌，因此也不除排「股」可直接釋作「大腿」。

今本「咸其脢，无悔」，虞翻以爲「脢，夾脊肉也」，王弼注：「脢者，心之上，口之下，進不能大感，退亦不爲无志，其志淺末，故无悔而已。」

惠玲案：「脢」字，指背後之部位，感應於背，故其志淺末，只能無悔而已。今本九五爻辭的意思是說「九五有感應在夾脊肉的象徵，這是無悔的。」簡本同。

⑦ **上六：欽（咸）頌（輔）夾（頰）舌（舌）**：上六有感應在輔頰舌的現象。

「頌」，徐在國先生〈釋文補正〉以爲從頁、父聲，釋作「頗」，疑爲「輔」字，頰骨也。「夾」，原考釋讀作「頰」；「舌」，讀爲「舌」。「欽頌夾舌」，廖名春先生〈校釋記二〉以爲楚簡本缺「其」字，爲抄手之誤。

今本「咸其輔頰舌」，王弼注：「咸道轉末，故在口舌言語而已。」據此，今本上六爻辭的意思是說：上六爻感應趨瑣碎，只在口舌言語而已，因此有所感在輔頰舌的現象。簡本同。

# 一六、死（恆）卦(32)

䷟ 死（恆）▨：鄉（亨），利貞，亡（无）咎①。初六：歔（浚）死（恆），貞凶，亡（无）卣（攸）利②。九二：悬（悔）亡（无）③。九晶（三）：不緪（恆）丌（其）惪（德），或承丌（其）愬（羞），貞吝④。九四：畋亡（无）禽（禽）⑤。六五：綖（恆）丌（其）惪（德）貞，婦人吉，夫【二十八】子凶⑥。上六：歔（振）死（恆），貞凶▨⑦。【二十九】

帛書本作「䷟ 恆：亨，无咎，利貞。利有攸往。初六：夐（浚）恆，貞凶，无攸利。九二：悔亡。九三：不恆其德，或承之羞，貞閵（吝）。九四：田无禽。六五：恆其德，貞，婦人吉，夫子凶。尚（上）六：夐（振）恆，兇。」

今本作「䷟ 恆：亨，无咎，利貞，利有攸往。初六：浚恆，貞凶，无攸利。九二：悔亡。九三：不恆其德，或承之羞，貞吝。九四：田无禽。六五：恆其德貞，婦人吉，夫子凶。上六：振恆，凶。」

## 【注釋】

① 死（恆）：鄉（亨），利貞，亡（无）咎：能持長守恆，得亨通，沒有災咎，利於固守正道，且有利於前往。

　　「亙」，甲骨文作 𠄠（《鐵》199.3），王國維以爲月半爲恆常（參《說文新證（上）》頁491）。《序卦》曰：「恒者，久也。」《恆》卦，上震雷，下巽風，風雷交作而有恆，雷動風隨，雷得風助，其聲可傳久遠而恆長。雷剛風柔，剛柔並濟，相輔相成，更能歷久永恆。

　　「利貞，亡咎」，今本、帛書本均作「亡咎，利貞」，廖名春先生〈校釋記二〉以爲楚簡本作「利貞，亡咎」較佳。惠玲案：二者並無明顯之優劣，視爲傳本之異亦可。

　　今本「恆：亨，无咎，利貞，利有攸往」，王弼注：「恆而亨，以濟三事也。恆之爲道，亨乃无咎也。恆通无咎，乃利正也。各得所恆，修其常道，終則有始，往而无違，故利有攸往也。」惠玲案：《彖傳》以爲《恆》卦亨通、无咎、利貞，是由於能長久守持正道的原因。今本卦辭的意思是說「能持長守恆，得亨通，沒有災咎，利於固守正道，且有利於前往。」簡本同。

② 初六：歓（叡／浚）丞（恆），貞凶，亡（无）卣（攸）利：初爻處卦最底下，過於求深，因此即使貞正也會害德而凶，這是無利的。

「歓」，原考釋以爲同「叡」，與「浚」通。惠玲案：叡，深也。廖名春先生〈校釋記二〉以爲簡本「歓」同今本「濬」字，與「浚」爲同源字，帛書作「夐」，「浚恆」、「夐恆」皆有「遠離恆德」的意思：

　　帛書易傳《繆和》篇說："恆之初六曰：'夐恆，貞，凶，[无攸利。'子]曰：夐，治□□□□□□□□□'[夐恆]'，國人之所非也，凶必產。[故曰'夐恆，貞，凶，无攸]利。'"察其語意，是說"夐恆"，就會被"國人之所非"，因而會產生兇險。"恆"爲美德，是不會被"國人之所非"的。能被"國人之所非"的，一定是非"恆"，是對"恆"德的否定。因此，將"叡恆"或"夐恆"，理解成改變恆德或遠離恆德，與帛書易傳《繆和》篇的解釋是一致的。

惠玲案：「恆」卦的卦象看不出有「遠離恆德」的意思。廖說釋「夐」爲動詞，不如釋爲形容詞，「夐恆」謂初六爻位在卦之最底，離恆德尚遠（謂之夐恆），故或求之太深（謂之浚恆）。如此則與卦象、舊說均合。

今本「浚恆，貞凶，无攸利」，王弼注：「處恆之初，最處卦底，始求深者也，求深窮底，令物无餘縕，漸以至此，物猶不堪，而況始求深者乎，以此爲恆凶正害德，无施而利也。」

惠玲案：王弼以爲初爻處卦最底下，過於求深，因此即使貞正也會害德而凶，這是無利的。」簡本同。

③ 九二：慇（悔）亡：能夠長久守著中道，就沒有後悔了。

今本「悔亡」，王弼注：「雖失其位，恆位於中，可以消悔也。」意思是：九二以陽爻居陰位，因此是「悔」；但以陽爻居下卦之中，只要能長久持守正道，就能無悔。簡本同。

④ 九晶（三）：不經（恆）亓（其）悳（德），或承亓（其）腮（羞），貞各：
九三爻不恆守著德性，而有被人羞辱的現象，貞正之人也會看不起他。

「經」，原考釋以爲即「恆」字；「承」，原考釋隸定爲「丞」，通「承」。
惠玲案：簡文此字實即「承」字，不得隸爲「丞」。

「或承亓（其）頯」，帛書《周易》、帛書《二三子》、帛書《繆和》、今

本《周易》皆作「或承之羞」。「其」、「之」皆有指稱作用。

「羞」，原考釋隸爲「頯」，音與「憂」、「羞」通。黃錫全先生〈劄記六則〉以爲此即「憂」字：金文"憂"字本像人以手掩面形，後又從心作。此即"憂"字。簡文爪下多一畫"—"，可能表示手與身體相連之義，也可能爲飾筆。

旭昇案：「惥」字又見同書〈仲弓〉簡26，依辭例均讀爲「羞」。字形分析可視爲從「憂」、疊加「肉」聲。「憂（影／幽）」字金文作 （無憂卣），蓋假「夒（泥／幽）」字爲之（「擾（日／幽）」字從「憂」聲，是影母與泥日通之例）；戰國文字加義符「心」，「夒」形漸省爲「頁」或「百」。簡文此字又疊加「肉（日／覺）」聲，窄式隸定可作「膔」，實即「憂」字，於此讀爲「羞」。亦可分析爲從心、脜（胹）聲，窄式隸定作「惥」，孟蓬生〈上博三字詞〉指出《說文》「脜讀若柔」，古音柔聲、丑聲相通，故「惥」當即「羞恥」之「羞」的本字。孟說亦有理。姑並存。

今本「不恆其德，或承之羞，貞吝」，王弼注：「處三陽之中，居下體之上，處上體之下，上不至尊，下不至卑，中不在體，體在乎恆，而分无所定，无恆者也。德行无恆，自相違錯，不可致詰，故或承之羞也。施德於斯，物莫之納，鄙賤甚矣，故曰貞吝也。」

惠玲案：王弼以爲九三處下體之上，上體之下，又不在中位，上不全尊，下不全卑，因此德行无恆，於是有「或承之羞」、「貞吝」的情形。據此，今本九三爻辭的意思是說「九三爻不恆守著德性，而有被人羞辱的現象，貞正之人也會看不起他。」簡本義同。

⑤ **九四：畋（田）亡禽（禽）：**九四有獵捕不到禽獸的象徵。

今本作「田无禽」，王弼注：「恆於非位，雖勞无獲也。」意思是九四爻以陽爻居陰位，恆於非位，所以雖勞而無獲，如田獵而無收獲。簡本同。

⑥ **六五：緪（恆）丌（其）惪（德）貞，婦人吉，夫子凶：**六五有恆久的守著貞德性的象徵，這在婦人是吉利的，在丈夫則是凶的。

今本作「恆其德貞，婦人吉，夫子凶」，王弼注：「居得尊位，爲恆之主，不能制義而係應在二，用心專貞，從唱而已。婦人之吉，夫子之凶也。」

意思是：六五爻與九二爻相應，能恆其德於一人，所以是貞正。但這是

婦人貞順之道；丈夫則要裁度事理，如果永遠聽從一人，則是凶的。簡本同。

⑦ **上六：戲（振）丞（恆），貞凶**：上六爻處在震動的最上頭，以震爲恆，所以雖貞正而仍然得凶。

廖名春先生〈校釋記二〉以爲今本作「振」爲本字，楚簡本「戲」爲借字，「振恆」謂「使恆固搖動」，「戲丞」或「叟恆」，是說使恆固疏通、鬆動。意思非常接近。惠玲案：「戲」（心／文），「振」（端／文），心紐與舌頭音有相通之例，如《周禮·春官·司尊彝》：「凡酒修酌。」鄭注：「修讀如滌濯之滌。」「修」心紐幽部，「滌」定紐覺部，二字可相通假。

「振恆，凶」，王弼注：「夫靜爲躁君，安爲動主，故安者，上之所處也，靜者，可久之道也。處卦之上，居動之極，以此爲恆，无施而得也。」意思是：最上爻應該要靜，靜爲躁的領導，本卦的上卦爲震，震爲動，上六爻處在震動的最上頭，以震（振）爲恆，所以凶。簡本作「戲（／振）丞（恆），貞凶」，義同。

# 一七、脉（遯）卦(33)

☰ 脉（遯）▨：鄉（亨），少（小）利貞①。初六：脉（遯）兀（其）尾，礪（厲），勿用又（有）卤（攸）迲（往）②。六二：玟（執）用黃牛之革，莫之勑（勝）夌（判）③。九晶（三）：係脉（遯），又（有）疾礪（厲），畜臣妾，吉④。九四：好脉（遯），君【三十】子吉，尖=（小人）否⑤。九五：嘉脉（遯），吉⑥。上九：肥脉（遯），亡（无）不利▨⑦。【三十一】

帛書本作「☰ 掾（遯）：亨，小利貞。初六：掾（遯）尾，厲，勿用有攸往。六二：共之用黃牛之勒（革），莫之勝奪（說）。九三：爲掾（遯），有疾，厲。畜僕妾吉。九四：好掾（遯），君子吉，小人不（否）。九五：嘉掾（遯），貞吉。尙（上）九：肥掾（遯），先〈无〉不利。」

今本作「☰ 遯：亨，小利貞。初六：遯尾，厲，勿用有攸往。六二：執之用黃牛之革，莫之勝說。九三：係遯，有疾厲，畜臣妾，吉。九四：好遯，君子吉，小人否。九五：嘉遯，貞吉。上九：肥遯，无不利。」

## 【注釋】

① **脒（遯）：鄉（亨），少（小）利貞**：遯卦是亨通的。此時小人之道漸長，正道還未全滅，這是小有利貞的現象。

《說文》：「遯，逃也。」引伸有隱避、退避之義。《遯》卦，上乾天，下艮山。《象》曰：「天下有山，遯。君子以遠小人，不惡而嚴。」天高山低，天能容山，山不能近天。小人器度狹小，不能容萬物，君子自守矜莊威嚴，小人敬畏，自然遠離。

簡文「𨑒」字，原考釋隸爲「脒」，讀爲「遁」。惠玲案：「豺」楚系文字作𨑒（（墜）《包》2.168）。《說文》：「豺，从八豕聲。」簡文此字上部從八，中間部件爲「豕」形的異寫，「豕」頭已省成「一」形，《上博三‧周易》「豕」字，簡33作「𠕋」，相同的寫法也見簡40，故簡文此字「肉」上所從「豺」形下半爲「豕」無誤。「脒」從「豺」（邪／沒），然從豺聲之隊（墜）則屬澄紐微部，與「遯／遁」（定／諄）聲韻俱近，可以通假。

今本「遯：亨，小利貞」，孔穎達正義：「遯，亨者，遯者，隱退逃避之名，陰長之卦。小人方用，君子日消，君子當此之時，若不隱遯避世，即受其害，須遯而後得通，故曰遯，亨。小利貞者，陰道初始浸長，正道亦未全滅，故曰小利貞。」

惠玲案：孔穎達以爲「小人方用，君子日消」，此時須遯而後得通。《遯》卦下有二陰爻，上有四陽爻，爲陰趨陽的現象，此時陰道初始浸長，但正道亦未全滅，因此小利貞。據此，今本卦辭的意思是說「遯卦是亨通的。此時小人之道漸長，正道還未全滅，這是小有利貞的現象。」簡本同。

② **初六：脒（遯）丌（其）尾，礪（厲），勿用又（有）卣（攸）逨（往）**：初六象在遯逃的最末尾，將有危厲，此時是不可有所前往的。

簡本較帛書《周易》、今本《周易》多一「丌」字，但不影響爻義。今本「遯尾厲，勿用有攸往」，王弼注：「遯之爲義，辟內而之外者也。尾之爲物，最在體後者也，處遯之時，不往何災，而爲遯尾，禍所及也。危至而後行，雖可免乎厲，則勿用有攸往也。」意思是：逃遯之義，應該儘快遠離，初六爻在遯卦之末尾，所以危厲。據此，今本初六爻的意思是說「最後遯逃，

將有危厲，此時是不可有所前往的。」簡本同。

③ 六二：玞（執）用黃牛之革，莫之勅（勝）癹（說）：六二爻象用黃牛的皮
執縛，沒有人能分解。

「玞用」，原考釋以爲從玉、从弋，隸爲「玞」字，音與今本作「執」
字近，可通，或讀爲「弋」。楊澤生先生〈劄記一則〉根據此字在曾侯乙墓
竹簡和《上博二·容成氏》認爲應讀爲「飾」。徐在國先生〈周易補正〉以
爲「玞」字和「執」古通，今本《周易》應作「執」而非「執」。惠玲案：
簡文此字多見，如𤤽（《隨縣》42）、𤤽（《曾》137）、𤤽（《曾》42）、𤤽（《曾》
60）、𤤽（《曾》77）、𤤽（《信》2.015），裘錫圭先生、李家浩先生〈曾侯乙
墓竹簡釋文與考釋〉注 98 說：「『玞』，77 號簡作『釱』，並從『弋』聲；據
文意當讀爲『飾』。『弋』、『飾』古音相近可通。」（旭昇案：此字從「弋」
甚是。楚簡「弋」與「戈」其實大多數是有區別的，「弋」字與「戈」字看
似同形時，其實「弋」字本筆由左往右寫，「戈」字右筆由右往左寫）。《隨
縣》簡 42，何琳儀先生《戰典》頁 70-71 頁認爲從玉，弋聲，疑釱之異文，「釱」，
《廣韻》：「釱，鼎附耳在外也。」《上博二·容成氏》簡 38「𢪏」字，李零
讀爲「飾」。《周易》本簡「玞」於六二爻辭中讀爲「飾」不可通，字「弋」
聲應讀爲「執」。「弋」上古音喻四職部，「執」上古音照三緝部，同爲舌頭
音，韻爲旁轉。《詩經·小雅》二章以飭服熾國（職部）韻急（緝部），《易·
井》九三以食惻福（職部）韻汲（緝部），爲旁轉之例。徐在國先生認爲今
本《周易》「執」字可能是「執」之誤，其說可能剛好相反，隸、楷字「執」、
「執」形近易混。「執」，甲骨文作𡎺（《甲》981），金文作𡎺（毛公厝鼎），
楚系文字作𡎺（《郭·語一》86）、𡎺（《郭·性》5）、𡎺（《郭·語二》50），
有種植草木的意思。「執」，甲骨文作𡉈（《前》5.36.4），金文作𡉈（師同鼎）、
𡉈（不期簋），有拘捕罪人的意思。對照今本《周易》爻辭「六二：執之用
黃牛之革，莫之勝說」，隸「執」釋「束縛」的意思，比隸「執」釋「種植」
的意思更通順。

楚簡本作「玞用」，帛書《周易》作「共之用」，今本《周易》作「執之
用」。楚簡本少一「之」字。旭昇案：帛書本「共之用」，「共」應讀爲「拲」
（音拱，然與拱不同字），《說文》卷十二下〈手部〉：「拲，兩手共同械也。

从手、共聲。」甲骨文有「🔺」字（見《甲骨文編》307 號、《甲骨文字詁林》2600 號），王襄釋「執」、朱芳圃釋「拱」（俱參《甲骨文字詁林》），二說皆有理，「拱」、「執」同意。《國語‧吳語》「擁鐸拱稽」，韋昭注：「拱，執也。」字當作「拱」。《荀子‧榮辱》「受小共大共」，楊倞注：「共，執也。」「共」蓋「拱」之省，與帛書《易經》作「共」同。

「勅」，原考釋謂從力、乘聲。可從。即「勝」之異文，楚系文字常見。「勝」上古音爲透紐蒸部，「勅」上古音爲端紐蒸部，二字韻同聲近，「勅」可爲「勝」之異文。

「🔺」，原考釋隸作「癹」字，謂待考，或釋「敓」。楊澤生先生〈劄記一則〉隸定作「父」，「八」當有兼表音、義的作用，和帛書作「奪」、今本作「說（脫）」的意思近。何琳儀先生、程燕先生〈周易選釋〉釋「豽」，以爲和今本作「說」通假。黃錫全先生〈札記數則〉以爲此字下半不從「丈」，可隸定爲「癹」讀爲「撥」和帛書作「奪」、今本作「說」相通假；或隸定爲「弁」，通讀爲「辦」，有「分離」、「裁斷」等義。而以第二種可能性較大。

惠玲案：「🔺」字，釋爲「父」、「豽」、「癹」、「弁」，字形都有一段距離，釋爲「夋」則較有可能。《上博二‧民之父母》簡九有出現類似字形作「🔺」，李家浩先生〈戰國竹簡〈民之父母〉中的"才辯"〉以爲右旁從「夋」聲，讀爲「辯」；《信陽簡 2.04》亦出現類似字形作「🔺」，《信陽楚簡》原考釋以爲「繵」字。《郭店‧老子甲》簡一有「🔺」字，文例爲「絕智棄△」，裘錫圭先生認爲是「鞭」的古文。另外，還有從古文「鞭」的「馭」字，《曾侯乙墓竹簡》作「🔺」。《上博三‧周易》此字與上述「夋」字的確有些類似。「夋」（幫／元）可讀爲「判」（滂／元），韻同聲近，可通假。今本作「說」（余／月）、帛書作「奪」（定／月），與「夋」聲母不同。《說文‧刀部》：「判，分也」。「判」有分離、裁斷等義，與今本「脫」、帛書本「奪」義相近。至於此字「八」下左側有一點，黃錫全先生認爲可能是簡上污點，和同簡「九」、「莫」同。

旭昇案：隸爲「夋」，義可通，但字形還有一點距離（「夋」字上部作「八」形，還缺少佐證），待考。

今本「執之用黃牛之革，莫之勝說」，王弼注：「居內處中，爲遯之主，

物皆遯已，何以固之？若能執乎理中厚順之道以固之也，則莫之勝解。」意思是：六二爻居中得位，爲遯之主，所有的人物都遯逃了，只有秉持理中厚順之道才能維持，讓外界無法裂解。牛性順從，皮體堅厚，所以比喻厚順之道。說，分解。簡本當義同。

④ 九晶：**係豚（遯），又疾礪（厲），畜臣妾，吉**：九三應求遯去，卻又繫比於六二，因此疾害而危厲，只有畜養臣妾是可以獲吉的。

今本「係遯，有疾厲，畜臣妾，吉」，王弼注：「在內近二，以陽附陰，宜遯而繫，故曰繫遯。遯之爲義，宜遠小人，以陽附陰，繫於所在，不能遠害，亦已憊矣。宜其屈辱而危厲也，繫於所在，畜臣妾可也，施於大事，凶之道也。」惠玲案：九三爻與上九不應，只能比於六二爻，以陽附陰，不能遯去，因此危厲。只可以畜臣妾之道待之，做大事則爲凶。

⑤ **九四：好豚（遯），君子吉，尖=（小人）否**：九四有順利隱遯的象徵，君子能超然不顧，所以得吉，小人有所係戀，不能隱遯，故未有吉利可言。

今本「好遯，君子吉，小人否」，王弼注：「處於外而有應於內，君子好遯，故能舍之。小人繫戀，是以否也。」意思是：九四爻在外卦，而有應於內卦初六，君子能捨，超然而不眷戀，所以得吉，小人恰爲相反，故爲否。簡本同。

⑥ **九五：嘉豚（遯），吉**：九五處中正之位，爲遯之美，因此是吉的。

今本「嘉遯，貞吉」，王弼注：「遯而得正，反制於內，小人應命，率正其志。不惡而嚴，得正之吉，遯之嘉也。」惠玲案：九五下應六二，有端正小人之志，而能成遯之美，因此可以得吉。簡本同。

⑦ **上九：肥豚（遯），亡不利**：上九爻能有優裕的隱遯，這是沒有什麼不利的。

今本「肥遯，无不利」，王弼注：「最處外極，无應於內，超然絕志，心无疑顧，憂患不能累，矰繳不能及，是以肥遯，无不利也。」孔穎達正義：「子夏傳曰：『肥，饒裕也。』」惠玲案：上九最在外極，无應於內，心无疑顧，是遯之最優裕。簡本同。

# 一八、楑（睽）卦(38)

☲☱　楑（睽）▨：少（小）事吉①。初九：悬（悔）屸=（亡，喪）馬勿由（逐），自返（復）。見晉（惡）人，亡（无）咎②。九二：遇宔（主）于奄（巷），亡（无）咎③。六晶（三）：見車轍，丌（其）牛攼（掣），丌（其）人天虔（且）劓，亡（无）初又（有）冬（終）④。九【三十二】四：楑（睽）仉（孤），遇元夫，交孚，礪（厲）亡（无）咎⑤。六五：悬（悔）亡（无），隓（登／厥）宗醬（噬）肤（膚），效（往），可（何）咎⑥？上九：楑（睽）仉（孤），見豕債（負）坐（塗），載鬼一車，先張之弧，後說之弧，匪【三十三】寇（寇），昏（婚）佝（媾），迲（往），遇雨則吉▨⑦。【三十四】

帛書本作「☲☱　乖（睽）：小事吉。初九：悔亡，亡（喪）馬勿遂〈逐〉，自復。見亞（惡）人，无咎。九二：愚（遇）主于巷，无咎。六三：見車恕，其牛〔言茝〕，亓人天且劓，无初，有終。九四：乖（睽）芋（孤），愚（遇）元夫，交復（孚），厲无咎。六五：悔亡，登宗筮（噬）膚，往何咎。尙（上）九：乖（睽）芋（孤），見豨（豕）負塗，載鬼一車，先張之柧（弧），後說之壺（弧），非寇，闆（婚）厚（媾），往愚（遇）雨即（則）吉。」

今本作「☲☱　睽：小事吉。初九：悔亡，喪馬勿逐，自復。見惡人，无咎。九二：遇主于巷，无咎。六三：見輿曳，其牛掣，其人天且劓，无初有終。九四：睽孤，遇元夫，交孚，厲，无咎。六五：悔亡，厥宗噬膚，往，何咎？上九：睽孤，見豕負塗，載鬼一車，先張之弧，後說之弧，匪寇婚媾，往，遇雨則吉。」

## 【注釋】

① **楑（睽）：少（小）事吉**：睽卦，有「做小事是吉利」的象徵。

《說文》：「睽，目不相聽也。」故「睽」有「乖離」之義。《睽》卦外卦為離為中女，內卦為兌為少女，有上火下澤之象，火性炎上，澤水潤下。火在上而不能薰澤，澤在下而不能濟火，火澤同處但卻有睽違之象。君子當體察此現象，治天下求同一事理，而能分工異職，各有職掌。

今本「睽：小事吉」，孔穎達以為「睽者，乖異之名。物情乖異，不可大事，大事謂與役動，必須大同之世，方可為之。小事謂飲食、衣服不待力，

雖乖而可，故曰小事吉也。」據此，今本卦辭的意思是說「睽卦，有『做小事是吉利』的象徵。」簡本同。

② 初九：晦（悔）朼=（亡，喪）馬勿由（逐），自遉（復）。見晉（惡）人，亡咎：初九能與人合志，是沒有悔吝的，它有『喪失了馬，不用去尋找，就能自己回來』的象徵。謙遜地見惡人，也會沒有災咎。

「𣥐」，原考釋以爲是「亡」、「喪」合文，或釋「芒」。黃錫全先生〈劄記六則〉以爲《上博三·周易》此形，應皆釋爲「喪」。或以爲此形上部作「中」形者爲「亡」，作「又」形者爲「喪」。惠玲案：楚簡此字見於：

《郭店·緇衣》簡九：「君以民𣥐（亡）」。

《郭店·語叢四》簡三：「三世之富，不足以出𣥐（鋯）」。

《郭店·語叢四》簡六：「彼邦𣥐（亡）將」。

《上博三·周易》簡三十八：「𣥐（喪）羊晦亡」。

《上博三·周易》簡四十四：「亡𣥐（喪）亡戛」。

《上博三·周易》簡五十三：「𣥐（喪）丌僮僕」。

「喪」字甲骨文作𣥐（《後下》35.1），金文作𣥐（毛公鼎），楚系文字作𣥐（《郭·老丙》8）、𣥐（《郭·老丙》9）、𣥐（《郭·老丙》10）、𣥐（《郭·語一》98），季師旭昇在《說文新證（上）》94頁說：

> 甲骨文「喪」、「哭」同字（參哭字），甲骨文假借「桑」字，加「口」形為分化符號，「口」形由二至五不等。西周中墻盤加義符「走」形，強化「亡失」的意義。其後「桑」形訛變得失去了表音功能，於是毛公鼎在字的下方變成「亡」形，《說文》以為亦聲，如果接受*sm-複聲母，則「亡」可以作聲符，但也可以看作義符，聲義兩兼。

據此，「喪」是由「桑」假借而來，所以上古音爲心紐陽部，後來又加上「亡」表義且表聲，因此「喪」字成了兩聲字，似也可讀爲微紐陽部字。簡文此字從喪省、亡聲，黃錫全先生之說爲「喪」字，可從。簡文下有一符號，原考釋以爲合文符，對照今本確爲「亡，喪」二字。在《上博三·周易》公佈之前，此字都隸作「亡」，今知可釋「喪」、亦可釋「亡」，但上部作「又」形者多釋「喪」。

「由」，帛書《周易》作「遂」，今本《周易》作「逐」。「由」上古音爲

定紐幽部,「逐」上古音爲定紐覺部,幽覺對轉,二字可通假。「喦」,原考釋讀爲「惡」,可從。

今本「悔亡,喪馬勿逐,自復。見惡人,无咎」,王弼注:「處睽之初,居下體之下,无應獨立,悔也。與人合志,故得悔亡。馬者必顯之物,處物之始,乖而喪其馬,物莫能同,其私必相顯也,故勿逐而自復也。時方乖離,而位乎窮下,上无應可援,下无權可恃,顯德自異,爲惡所害,故見惡人,乃得免咎也。」惠玲案:初九與九四不相應,因此有悔;但九四也獨立無應,如能合志,就能無悔。喪失了馬,不用去尋找,就能自己回來』的象徵。遇見惡人,也會沒有災咎的。孔穎達正義:「悔亡者,初九處睽離之初,居下體之下,无應獨立,所以悔也。四亦處下,无應獨立,不乖於己,與己合志,故得悔亡。喪馬勿逐自復者,時方睽離,觸目乖阻,馬之爲物,難可隱藏,時或失之,不相容隱,不須尋求,勢必自復,故曰『喪馬勿逐,自復』也。見惡人无咎者,處於窮下,上无其應,无應則无以爲援,窮下則无權可恃,若標顯自異,不能和光同塵,則必爲惡人所害,故曰見惡人无咎,見,謂遜接之也。」

惠玲案:王、孔以爲初九無應獨立,因此有悔;九四也是無應獨立,與初九合志,因此無悔。亡失了馬,不必追逐,也能自己回來。謙遜地見惡人,才可以無災咎。簡本義同。

③ 九二:遇(遇)宝(主)于𨸜(巷),亡(无)咎:九二爻有「遇主人于街巷之中」的象徵,它是沒有災咎的。

「宝」,原考釋以爲通「主」。「𨸜」,原考釋以爲即「巷」字。惠玲案:簡文「𨸜」爲「巷」字無誤。季師旭昇把「巷」字分成兩類,A類如⿱共邑(《包》2.142)、⿱共邑(東漢‧魯峻碑)。B類如⿱共邑(晉‧八年相邦劍)、⿱共邑(西漢‧倉頡篇)(《說文新證上冊》頁530-531)。

今本「遇主于巷,无咎」,王弼注:「處睽失位,將无所安,然五亦失位,俱求其黨,出門同趣,不期而遇,故曰遇主于巷也。處睽得援,雖失其位,未失道也。」孔穎達正義:「九二處睽之時,而失其位,將无所安。五亦失位,與己同黨,同趣相求,不假遠涉,而自相遇適在於巷,言遇之不遠,故曰遇主於巷。主謂五也,處睽得援,咎悔可亡,故无咎也。」

惠玲案：王、孔以爲九二以陽爻居陰位，與六五同爲失位，互爲同黨，不遠而遇（如遇在巷中），初九可得九五之主的援助，因此無咎。簡本義同。

④ 六晶（三）：見車轍，丌（其）牛攸（掣），丌人天虔（且）劓，亡初又（有）冬（終）：六三爻象雖然看見車迹，但拖車的牛是被控制的，就如同人受到刑罰不能自主，最初受困，但終後得助的。

「牛攸，丌人天虔劓，亡初又冬」原簡殘，原考釋據香港中文大學中國文化研究所藏簡補。「![字形]」，原考釋作「遏」。徐在國先生〈周易補正〉釋爲「轍」，義爲「車迹」。惠玲案：徐說可從。我們先收集在楚簡中有「![字形]」形的字：

《郭店·緇衣 40》：「苟有車，必見其![字形]，苟有衣，必見其敝，人苟有言，必聞其聲，苟有行必見其成。」

《上博（一）·緇衣 20》：「苟有車，必見其![字形]，苟有衣，必見其敝，人苟有言，必聞其聲，苟有行必見其成。」

《郭店·語叢四 10》：「車![字形]之蠲酲，不見江湖之水。」

《楚帛書丙 6》：「武……（缺）其![字形]」

此字異說甚多，要者如下：

一、釋「敧」。朱德熙在〈長沙帛書考釋（五篇）〉主之。《郭店·緇衣》注一○一從之，但讀爲「弼」，通爲「第」，裘錫圭先生按語則疑讀爲「蓋」即「車蓋」；李零《郭店楚簡校讀記》頁 480 疑讀爲「轍」，劉信芳〈郭店簡《語叢》文字試解（七則）〉、陳偉《郭店楚竹書別釋》從之。

二、白於藍先生〈釋敧〉以爲此字从「呂」得聲，可讀作「禦」。

三、張富海先生《郭店楚簡〈緇衣〉篇研究》頁 30 引《古文四聲韻·薛韻》所引古《老子》（![字形]）和《義雲章》（![字形]）之「轍」字右所從與此字左旁形近，疑敧就應釋爲敬；徐在國先生〈釋楚簡「散」及相關字〉贊同張說。

以上三類說法，各有理據，季師旭昇在《上博一讀本·緇衣》第十九章注 1 詳細分析字形及字例後亦贊同釋「散」，可以參看。於本簡則讀爲「轍」。

　　簡本「轍」（定／月），阜陽漢簡《周易》作「渫」（心／月），帛書《周易》作「㤪」（見／月），今本《周易》作「曳」（心／月），上古音同為月部，聲紐則定、心舌齒相近；定紐與見紐相叶之例，如「唐（定）」從「庚（見）」聲。

　　「攸」（見／月），今本《周易》作「掣」（穿／月），二字同韻，聲母穿、見二紐古有相通之例，如《阜陽漢簡‧詩經》：「予有苣造㥼」，今本《詩經‧鄭風‧緇衣》二章：「敝予又改造兮」，「苣」（穿／之），「改」（見／之），可證。

　　今本「見輿曳，其牛掣，其人天且劓，无初有終」，王弼注：「凡物近而不相得，則凶處睽之時，履非其位，以陰居陽，以柔乘剛，志在於上而不和於四，二應於五則近而不相比，故見輿曳。輿曳者，履非其位，失所載也。其牛掣者，滯隔所在，不獲進也。其人天且劓者，四從上取，二從下取，而應在上九，執志不回，初雖受困，終獲剛助。」孔穎達正義：「見輿曳，其牛掣者，處睽之時，履非其位，以陰居陽，以柔乘剛，志在上九，不與四合，二自應五，又與己乖，欲載，其輿被曳，失己所載也。欲進其牛，被牽滯隔，所在不能得進也，故曰見輿曳，其牛掣也。其人天且劓，无初有終者，剠額為天，截鼻為劓，既處二四之間，皆不相得，其為人也，四從上刑之，故剠其額，二從下刑之，又截其鼻，故曰其人天且劓。而應在上九，執志不回，初雖受困，終獲剛助，故曰无初有終。」

　　惠玲案：王弼以為六三失位，失所載，滯隔而不獲進，上不與九四合，下不與九二合，就像要車載，車子被拖住；要牽牛，牛又被滯隔。又像一個人，上被九四剠額，下被九二截鼻。但是因為與上六相應，只要堅持初志，最後會得到幫助。簡本作「六晶（三）：見車轍，丌（其）牛攸（掣），丌人天虘（且）劓，亡初又（有）多（終），意思是：六三爻象雖然看見車迹，但拖車的牛是被控制的，就如同人受到刑罰不能自主，最初受困，但終後得助的。」

⑤ 九四：楑（睽）㧽（孤），遇元夫，交孚，礪（厲）亡咎：九四孤處無應，但能遇到初九，互相信任，雖處境乖隔危厲，但無咎。

　　「九」字原殘，原考釋據香港中文大學中國文化研究所所藏殘簡補。

「弧」，原考釋以爲可作三種釋讀，一爲「乖」；一爲「華」；三爲「孤」。惠玲案：楚簡本作「弧」，今本《周易》作「孤」、二字上古音皆爲見紐魚部，可通假。依爻辭當讀爲「孤」，不需讀作「乖」或「華」。

今本「暌孤，遇元夫，交孚，厲无咎」，王弼注：「无應獨處，五自應二，三與己暌，故曰暌孤也。初亦无應，特立處暌之時，俱在獨立，同處體下，同志者也。而己失位，比於三五，皆與己乖，處无所安，故求其疇類而自託焉，故曰遇元夫也。同志相得而无疑焉，故曰交孚也。雖在乖隔，志故得行，故雖危无咎。」孔穎達正義：「元夫謂初九也，處於卦始，故云元也。初四俱陽，而言夫者，蓋是丈夫之夫，非夫婦之夫也。」

惠玲案：王弼以爲九四爻獨處無應，三、五爻都與己暌隔，這就是暌孤；只有初九和自己同類同志，應相得無疑，這就是遇元夫（初九），交孚。其志得行，雖危無咎。

⑥ 六五：悫（悔）亡，隥（登／厥）宗齧（噬）肤（膚），烎（往）可（何）咎：六五失位，但與九二相應，故可無悔。六五又可徵九二去噬食六三（如咬皮膚），因此六五可以往而無咎。

「隥」，原考釋以爲即「陞」。今本《周易》作「厥」，帛書《周易》作「登」。「陞」上古音爲審紐蒸部，「厥」上古音爲見紐月部，「登」上古音爲端紐蒸部。「陞」與「厥」二字音相距較遠，但「升」「登」聲義俱近，可通用。旭昇案：「隥」當即「陞」，又見《上博二·容成氏》簡39作「隥」，原考釋亦隸「陞」。楚系文字從「㞢（或隸作屮）」之字或訛從「升」，如《包山》「阩」字於簡 128 作「遑（逬）」，「屮（㞢、徵）」、「升」形音義俱近，可以互用，因此「隥（陞）」也有可能是「陞」的誤寫或異體。「厥」字古用「氒」，甲骨文作「氒」，春秋金文作「氒」楚系文字作「氒」；「升」字甲骨文作「升」、春秋金文作「升」、楚文字從「升」之「阩」字作「阩」（參《說文新證下》195、255 頁），因此「隥」、「陞」可能簡寫成「升」，「升」訛成「氒」，「氒」再寫成今本的「厥」。「隥（陞）」當讀爲「徵」或「登」。

「齧」，原考釋隸定爲「齧」或「齧」，讀爲「筮（噬）」或「齧」，以爲字形待考。惠玲案：「齧」字最早見於曾侯乙墓鐘磬銘文，裘錫圭先生、李家浩先生〈曾侯乙墓鐘磬銘文與考釋〉注 2 認爲，此字當從「曹」、「辛」兩

聲，「書」也可以省「臼」作「自」，異體或從「名」、「欠」聲，可能就是「衍」字。《郭店‧語叢四》簡 19 亦有此字，裘錫圭先生在注 17 按語中指出「此字見於曾侯乙墓鐘磬銘文，可能有『自（旭昇案：疑「臼」之訛）』和『名』兩種讀音，在此也應是『名（陷）』或『衍（訓錯過）』」。李零〈郭店楚簡校讀記〉頁 481 以爲此字與《郭店‧老子甲》簡 22 疑讀爲「噬」的字所從相同，疑應讀爲 "噬"（ "噬"、 "逝" 都是禪母月部字）。徐在國先生〈周易補正〉以爲《上博三‧周易》此字從「臼」、「欠」，「辛」聲、「書」聲。這兩個聲符上古音均爲溪紐元部字，可讀爲「噬」。「噬」爲禪紐月部字。月、元對轉，聲母相近。何琳儀先生〈郭店竹簡選釋〉頁 160 認爲曾侯乙墓該字應隸定爲「潏」，讀爲「殺」；《郭店‧老子甲》簡 23 則應讀爲「逝」。孟蓬生〈上博竹書（三）字詞考釋〉以爲《上博》此字即噬字，亦即齧字，從齒、從欠、畜聲，畜實際就是辥。惠玲案：裘、李指出此字應從「書」、「辛」聲，讀與「衍」同，此字的構形問題就基本解決了。《郭店‧老子甲》此字今本作「逝」，《上博三‧周易》此字今本作「噬」，都是音近相通假。

今本「悔亡，厥宗噬膚，往何咎」，王弼注：「非位，悔也，有應故亡。厥宗謂二也，噬膚者，齧柔也，三雖比二，二之所噬，非妨己應者也。以斯而往，何咎之有，往必合也。」孔穎達正義：「悔亡者，失位，悔也。有應故悔亡也。厥宗噬膚，往何咎者，宗、主也，謂二也。噬膚，謂噬三也，三雖隔二，二之所噬，故曰厥宗噬膚也。三是陰爻，故以膚爲譬，言柔脆也。二既噬三，即五可以往而无咎矣，故曰往无咎。」

惠玲案：「悔亡，厥宗噬膚，往何咎」，王弼以爲六五失位，故悔，但有應而悔亡。「宗」爲九二，「膚」爲六三，九二噬六三，六五可前往而無咎，往而能與九二相應合。據此，今本六五爻的意思是說「六五失位，但有應於九二，故可無悔。九二噬六三，六五可前往而無咎。」

旭昇案：簡本作「六五：忞（悔）亡，隓（登）宗譬（噬）肤（膚），敓（往）可（何）咎。」意思是：六五雖然以陰爻居陽位，但與九二相應，故可無悔。六五又可徵九二去噬食六三，六三爲陰爻，所以用柔軟的皮膚爲喻。六三既被噬，因此六五可以往而無咎。

⑦ 上九：楑（睽）瓜（孤），見豕儥（負）全（塗），載鬼一車，先張之弧，後

說之弧，匪寇，昏（婚）佝（媾），遉（往），遇雨則吉：上九處睽之極，而有孤處之現象，與六三不和，如見豕背上背負著泥巴，如見一車鬼怪，先張弓射之，其後睽隔化解，乃脫除弓箭而不射，此時心意已通，黥害六三的九四已不足爲害，於是上九與六三結爲婚媾。可以前往，遇雨得吉。

「偫」，原考釋疑「偫」爲「負」字。惠玲案：帛書《周易》、今本《周易》皆作「負」。《說文》釋「負」爲從人守貝，簡文此字亦從人守貝，增聲符「不」。「不」（非／之），「負」（奉／之），韻同聲近可通。故「偫」可爲「負」字之異體，原考釋之說可從。負、背負也。

「坘」，原考釋隸爲「坘」即「塗」字。惠玲案：「坘」字從土、余聲，直接隸爲坘即可，當即「塗」之簡體，泥塗也。「昏」通「婚」。「佝」，原考釋讀爲「媾」。惠玲案：「佝」、「媾」上古音皆爲見紐侯部字，可通假。

今本「睽孤，見豕負塗，載鬼一車，先張之弧，後說之弧，匪寇婚媾，往，遇雨則吉。」王弼注：「處睽之極，睽道未通，故曰睽孤。己居炎極，三處澤盛，睽之極也。以文明之極而觀至穢之物，睽之甚也。豕失負塗，穢莫過焉。至睽將合，至殊將通，恢詭譎怪，道將爲一，未至於治，先見殊怪，故見豕負塗，甚可穢也。見鬼盈車，吁可怪也，先張之弧，將攻害也，後說之弧，睽怪通也。四无其應，故爲寇也。睽志將通，匪寇婚媾，往不失時，睽疑亡也。貴於遇雨，和陰陽也，陰陽既和，群疑亡也。」

惠玲案：王弼以爲上九處《睽》卦之極，而睽道未通，因而有「睽孤」之象。上九與六三相應，本來不睽隔，但是上九以陽爻居陰位，處上卦之上，上卦爲離爲火，爲火炎之極；六三也失位，處下卦之上，下卦爲兌爲澤，爲水濕之極，因此上九視六三爲睽離之極，視六三如負塗之豕，如一車鬼，初欲張弓射之，其後明白六三其實與己相應，於是後脫弓不射。睽隔既已化解，黥害六三的九四已不足爲害，於是上九與六三結爲婚媾，此時前往，遇雨則吉（孔疏指出雨爲陰陽交和之道）。簡本同

# 一九、訐（蹇）卦(39)

　　☵ 訐（蹇）☷：利西南，不利東北，利見大人①。初六：迖（往）訐（蹇）夻（來）譽②。六二：王臣訐＝（蹇蹇），非今（／躬）之古③。九晶（三）：迖（往）訐（蹇）夻（來）反④。六四：迖（往）訐（蹇）夻（來）連⑤。九五大訐（蹇）不椘（來）⑥。【三十五】上六：迖（往）訐（蹇）夻（來）碩吉，利見大人☷⑦。【三十六】

　　帛書本作「☷ 蹇（蹇）：利西南，不利東北，利見大人。貞吉。初六：往蹇（蹇）來輿（譽）。六二：王僕蹇（蹇）蹇（蹇），非今之故。九三：往蹇來反。六四：往蹇（蹇）來連。九五：大蹇（蹇）俩（朋）來。尙（上）六：往蹇（蹇）來石（碩），吉，利見大人。」

　　今本作「☷ 蹇：利西南，不利東北，利見大人，貞吉。初六：往蹇來譽。六二：王臣蹇蹇，匪躬之故。九三：往蹇來反。六四：往蹇來連。九五：大蹇朋來。上六：往蹇來碩吉，利見大人。」

## 【注釋】

① 訐（蹇）：利西南，不利東北，利見大人：蹇卦是利於西南，不利於東北的，利於見大人。

　　《說文》：「蹇，跛也。」引伸有不順利、困難之義。《蹇》卦上坎水，下艮山，山上有水，所以是蹇難之象。

　　「訐」，原考釋以爲「訐」，音與「謇」、「蹇」通，意亦相近。惠玲案：「訐」上古音爲見紐月部，「蹇」、「謇」上古音皆爲見紐元部字，聲紐同，韻爲月元對轉。

　　今本「蹇：利西南，不利東北，利見大人，貞吉」，王弼注：「西南，地也，東北，山也，以難之平則難解，以難之山則道窮。往則濟也。爻皆當位，各履其正，居難履正，正邦之道也。正道未否，難由正濟，故貞吉也。遇難失正，吉可得乎。」意思是：西南爲平地，東北爲山，往平地則難解，往山則道窮。利見大德之人，但也要守正才能得吉。簡本無「貞吉」二字，餘同今本。

② 初六：逄（往）訐（蹇）杢（來）譽：初六爻有「前往則受蹇難，歸來則有稱譽」之象。

今本「往蹇來譽」，王弼注：「處難之始，居止之初，獨見前識，覩險而止，以待其時，知矣哉。故往則遇蹇，來則得譽。」意思是：初六居蹇卦之始，在下卦艮止之初，必需待時知止，往前就遇到蹇難，歸來則有稱譽。簡本同。

③ 六二：王臣訐＝（蹇蹇），非今（／躬）之古（故）：六二居中得正，應於九五之君，六二能在九五蹇難之時，不顧自己的陰弱去幫助君王，以渡蹇險，這是古今皆然的事。

楚簡「今」（見／侵），今本作「躬」（見／多）。侵、多旁轉，故二字可通假。如《詩經‧大雅‧思齊》三章以離（東部）韻臨（侵部）。

今本「王臣蹇蹇，匪躬之故」，《象》曰：「王臣蹇蹇，終无尤也。」王弼注：「處難之時，履當其位，居不失中，以應於五。不以五在難中，私身遠害，執心不回，志匡王室者也，故曰王臣蹇蹇，匪躬之故。履中行義，以存其上，處蹇以此，未見其尤也。」

惠玲案：王弼以爲六二當位居中，而能應九五。九五在難中，六二能志匡王室，故曰「王臣蹇蹇」，六五履中行義，不能以私身之故往濟於君，故曰「匪躬之故」。舊說多以爲「蹇蹇」爲「險而又險」，九五在坎中，是一險；六二陰弱而要濟助九五，又是一險。《上博三‧周易》原考釋以爲楚簡本「訐＝」，意同「謇謇」，爲「直言」之義，此爲第二說。馬王堆漢墓帛書《二三子》孔子對「王臣謇謇，非今之故」又有一段敘述：

《易》曰：「王臣蹇蹇，非今之故。」孔子曰：「『王臣蹇蹇』者，言亓難也。夫唯智亓難也，故重言之，以戒今也。君子智難而備之，則不難矣；見幾而務之，則有功矣。故備難者易，務幾者成。存亓人，不言吉凶焉。『非今之故』者，非言獨今也，古以狀也。」

孔子解釋「王臣蹇蹇」，此句是在說明困難之事。知道它的困難，所以重覆二次「蹇」來說明，是戒惕今之俗世啊！君子了解困難而做好準備，就不困難了；見機而作，就會有功業。所以有準備去對待困難，困難就變得很容易了，有機會就去實行的人，容易成功。只說人的努力態度，不討論吉凶成敗。

「非今之故」，並不只獨言今，古代就是這樣的。孔子這段話說明只要充分了解困難，有克服困難的準備，難就能轉化成易。這也是《象傳》所說的「王臣蹇蹇，終无尤也。」最終是沒有災咎的。

今本《周易》作「六二：王臣蹇蹇，匪（非）躬之故（古）。」六二爻的意思是說「六二居中得正，應於九五之君，六二能在九五蹇難之時，不顧自己的陰弱去幫助君王，以渡蹇險，而能不以私身之故不往濟君王。」簡本作「六二：王臣訐=（蹇蹇），非今之古。」意思是：「六二居中得正，應於九五之君，六二能在九五蹇難之時，不顧自己的陰弱去幫助君王，以渡蹇險，這是古今皆然的事。」

④ **九晶（三）：逢（往）訐（蹇）夅（來）反**：九三前往則遇蹇難，回來則反其蹇難（得位居安）。

原考釋「反」作「反省」，釋「訐」爲「諫」，恐不合卦旨。今本「往蹇來反」，王弼注：「進則入險，來則得位，故曰往蹇來反，爲下卦之主，是內之所恃也。」孔穎達正義：「九三與坎爲鄰，進則入險，故曰往蹇。來則得位，故曰來反。」意思是：九三爻居內卦艮止之上，在外卦坎險之下，故前往則必遇蹇難，惟有返回在艮止才能無憂。

⑤ **六四：逢（往）訐（蹇）夅（來）連**：六四前往則無應，來則乘剛，往來皆難，故曰往蹇來連。

今本「往蹇來連」，王弼注：「往則無應，來則乘剛，往來皆難，故曰往蹇來連。得位履正，當其本實，雖遇於難，非妄所招也。」孔穎達正義：「馬（融）云『連，亦難也』。鄭（玄）云『遲久之意』。六四往則無應，來則乘剛，往來皆難，故曰往蹇來連也。」

惠玲案：六四當位履正，但往前則無應，回來則乘於九三之剛強，而往來遇難，是由於數之所招，並非邪妄所致的因素。簡本義同。

⑥ **九五：大訐（蹇）不（／朋）柣（來）**：九五居險難之時，然居中得位，不改其節，大的災難就不會到來。

「不」字，帛書《周易》作「佣」，今本《周易》作「朋」。「不」上古音爲幫紐職部，「朋」上古音爲並紐蒸部，聲同爲重唇音，韻爲職蒸對轉，可通假。「柣」原考釋讀爲「來」。旭昇案：帛書本「佣」字作「**侗**」，疑爲

「倗」之訛寫，《馬王堆帛書》「倗」字作「」（戰 238），字形頗為接近。「倗」、「朋」同音。

今本「大蹇朋來」，《象》曰：「大蹇朋來，以中節也。」王弼注：「處難之時，獨在險中，難之大者也，故曰大蹇。然居不失正，履不失中，執德之長，不改其節，如此則同志者，集而至矣，故曰朋來也。」

惠玲案：王弼以為九五在坎險之中，但秉中執，則會有同志者聚集而來。據此，今本九五爻的意思是說「九五居險難之時，然居中得位，不改其節，同志自然聚集而來。」

旭昇案：楚簡本作「九五：大訐（蹇）不楙（來）。」如果把「不」字看成「朋」字的假借，那意思與今本《周易》同。但是，《上博三·周易》全篇的「不」字都當否定詞用，也有可能本爻的「不」字也是否定詞，那麼，「大蹇不來」的意思也可能是說「九五居險難之時，然居中得位，不改其節，大的災難就不會到來」。

⑦ 上六：逄（往）訐（蹇）杢（來）碩吉，利見大人：上六居險難之極，往有蹇難，來則眾難皆濟，因此有大吉，蹇難既解，故利見大人。

今本「往蹇來碩吉，利見大人」，王弼注：「往則長難，來則難終，難終則眾難皆濟，志大得矣，故曰往蹇來碩吉。險夷難解，大道可興，故曰利見大人也。」

惠玲案：上六為蹇難之終，因此往則有長久之難，來則蹇難可以終結，可以為「吉」，蹇險平夷，災難化解，則大道可興，故「利見大人」。簡本義同。

## 二十、繲（解）卦(40)

繲（解）：利西南，亡（无）所逄（往），丌（其）杢（來）遑（復），吉。又（有）卣（攸）逄（往），佰（夙）吉①。初六：亡（无）咎②。九二：畋朡（獲）晶（三）䶄（狐），叟（得）黃矢，貞吉③。六晶（三）：價（負）廌檋（乘），至（致）寇（寇）至④。九四：繲（解）丌（其）拇，【三十七】【朋

至斯孚⑤。六五：君子維有解，吉。有孚于小人⑥。上六：公用射隼，于高墉之上，獲之，无不利⑦。】

　　帛書本作「☷〈☳〉　解：利西南，无所往，其來復吉。有攸往，宿（夙）吉。初六：无咎。九二：田獲三狐，得黃矢，貞吉。六三：負且乘，致寇至，貞閵（吝）。九四：解其栂（拇），倗（朋）至此復（孚）。六五：君子唯有解，吉。有復（孚）于小人。尙（上）六：公用射復（隼）于高庸（墉）之上，獲之，无不利。」

　　今本作「☳　解：利西南，无所往，其來復，吉。有攸往，夙吉。初六：无咎。九二：田獲三狐，得黃矢，貞吉。六三：負且乘，致寇至，貞吝。九四：解而拇，朋至斯孚。六五：君子維有解，吉。有孚于小人。上六：公用射隼，于高墉之上，獲之，无不利。」

【注釋】

① **緙（解）：利西南，亡（无）所逜（往），丌（其）䒭（來）遻（復），吉。又（有）卣（攸）逜（往），佰（宿）吉**：解有解難濟險的意思，利於施眾（西南為眾），無難前往救濟，歸復則吉。有難則快速前往救濟，而能得吉。

　　《說文》：「解，判也，從刀判牛角也。」引伸為分解、消解、解除。《解》卦上震雷，下坎水，雷動而雨降，是解難的象徵。君子見天地鬆解，應效法它，赦免、寬恕有罪之人。

　　「佰」，原考釋以為即「夙」，《說文》古文作「夙」。徐在國先生〈周易補正〉指出此字應是「宿」假為「夙」。季師旭昇《說文新證上》頁599亦指出《說文》謂「佰」為古文「夙」，不可從，當為「宿」字古文。惠玲案：「宿」和「夙」是不同的二字。但兩字上古音同為心紐覺部字，古籍中常作通假。

　　今本「解：利西南，无所往，其來復，吉。有攸往，夙吉」，王弼注：「西南，眾也。解難濟險，利施於眾。遇難不困于東北，故不言不利東北也。未有善於解難，而迷於處安也。解之為義，解難而濟厄者也。无難可往，以解來復，則不失中。有難而往，則以速為吉者，无難則能復其中，有難則能濟其厄也。」

　　惠玲案：王弼以為「解」有「解難濟險」的意思。西南為坤為眾，利於

施眾。無難可往救濟，則來復。不失中爲吉，有難則快速前往救濟，而能得吉。今本卦辭的意思是說「解有解難濟險的意思，利於施眾（西南爲眾），無難前往救濟，歸復則吉。有難則快速前往救濟，而能得吉。」簡本同。

② **初六：亡（无）咎**：初六處於蹇難開始化解之初，剛柔開始解散之際，雖柔弱無位，但无災咎。

今本「初六：无咎」，王弼注：「解者，解也。屯難盤結於是乎解也。處蹇難始解之初，在剛柔始散之際，將赦罪厄，以夷其險。處此之時，不煩於位而无咎也。」據此，初六爻處於蹇難開始化解之初，剛柔開始解散之際，雖初六柔弱無位，但不煩慮，因而无咎。簡本同。

③ **九二：畋（田）䝅（獲）晶（三）鼬（狐），旻（得）黃矢，貞吉**：九二處險中，能知險解物，就可獲得如狐狸之類的隱伏物，能得黃矢般正理中直之道，貞正自守，就可得吉

「䝅」，原考隸定爲「夔」。應隸定作「䝅」，見《隨》卦九四「䝅」字考釋。「鼬」，原考釋疑即「狐」字。可從。

今本「田獲三狐，得黃矢，貞吉」，王弼注：「狐者，隱伏之物也。剛中而應，爲五所任，處於險中，知險之情，以斯解物，能獲隱伏也，故曰田獲三狐也。黃，理中之稱也。矢，直也。田而獲三狐，得乎理中之道，不失枉直之實，能全其正者也，故曰田獲三狐，得黃矢，貞吉也。」

惠玲案：九二爻位不當，而能得「貞吉」，是由於「處于中，得乎理中之道」的緣故。九二爻以剛居中，上應六五，爲六五所信任，雖處於險中，而能知險解物，就可發隱摘伏，獲得如三狐般的隱伏之物（三表多數）。能得正理中直之道，不失去正直的實質，像得黃箭，黃是中正之色，箭是正直之象，貞正自守，就能得吉。簡本義同。

④ **六晶（三）：債（負）虡（且）輦（乘），至（致）宼（寇）至**：六三爻象背負著東西乘車，容易招致盜宼。

「債」疑爲「負」之異體，參《樸》卦上九考釋。「虡」，楚文字皆用爲「且」。又今本有「貞吝」、帛書本有「貞閵」，而簡本無，疑奪。

今本「負且乘，致寇至，貞吝」，王弼注：「處非其位，履非其正，以附於四，用夫柔邪以自媚者也。乘二負四，以容其身，寇之來也，自己所致，

雖幸而免，正之所賤也。」

　　惠玲案：六三爻以陰爻居陽位，又與上六爻不相應，下乘九二爻，上附
九四爻，像是用邪佞之道以悅媚人，有如小人背負貨物，而乘坐著君子之車，
會招致寇盜，這是貞正之人所鄙視的。《繫辭上‧第八章》：

　　　　子曰：「作易者，其知盜乎。易曰：『負且乘，致寇至。』負也者，
　　小人之事也。乘也者，君子之器也。小人而乘君子之器，盜思奪之矣；
　　上慢下暴，盜思伐之矣。慢藏誨盜，冶容誨淫。易曰：『負且乘，致寇至』，
　　盜之招也。」

全段釋本句，甚爲明晰。今本六三爻的意思是說「六三爻象背負著東西乘車，
容易招致盜寇，此爻占卜有鄙吝的現象。」簡本無「貞吝」，餘意同。

⑤ 九四：繲（解）丌（其／而）拇，朋至斯孚：九四有六三爻附之而爲足指的
現象，解其足指之難，朋友才會來至而有孚信。

　　簡本、帛書本「丌」（群／之），今本作「而」（日／之），二字古聲不
近，不可通，文中皆作指稱詞用，是屬同義替換。

　　今本「解而拇，朋至斯孚」，王弼注：「失位不正，而比於三，故三得
附之，爲其拇也。三爲之拇，則失初之應，故解其拇，然後朋至而信矣。」

　　惠玲案：九四爻以陽爻而居陰位，失位不正。而下比於六三（六三附九
四就像足大拇指附於腳），這樣就失去與初六的相應之道了。因此要解去六
三爻的依附，朋友才會來至而有孚信。簡本意同。

⑥ 六五：君子維有解，吉。有孚于小人：六五爻象以君子之道解難釋險，則可
獲吉。小人也皆能信服。

　　王弼注：「居尊履中而應乎剛，可以有解而獲吉矣。以君子之道，解難
釋險，小人雖間，猶知服之而无怨矣，故曰有孚于小人也。」

　　惠玲案：王弼以爲六五居尊位而履中道，下應九二，能以君子之道解難
釋險，小人雖然想製造禍難，也只能信服而无怨。

⑦ 上六：公用射隼，于高墉之上，獲之，无不利：公用箭射處於高牆的隼鳥，
能獲得而無不利。

　　王弼注：「初爲四應，二爲五應，三不應上，失位負乘，處下體之上，
故曰高墉。墉非隼之所處，高非三之所履，上六居動之上，爲解之極，將解

荒悖而除穢亂者也。故用射之，極而後動，成而後舉，故必獲之而无不利也。」

惠玲案：六三失位負乘，居下卦之上爻，爲小人而乘君子器，如隼據高墉，故上六射之，而能獲之無不利。上六以陰居上卦之上，所以稱之爲公。

# 二一、夬卦(43)

【☰ 夬：揚于王庭，孚號有厲。告自邑，不利即戎，利有攸往①。初九：壯于前趾，往不勝爲咎②。九二】啻（惕）咢（號），莫（暮）譽（夜）又（有）戎，勿屾（恤）③。九晶（三）：藏（藏）于兂（頄），又（有）凶。君子夬-（夬夬），蜀（獨）行遇雨，女（如）霂（／濡）又（有）礪（厲），亡（无）咎④。九四：諁（臀）亡（无）肤（膚），丌（其）行緕（次）疋（且）。札（喪）羊愳（悔）亡（无），頴（聞）【三十八】言不多（終）⑤。九五：莧芖（陸）夬-（夬夬），中行亡（无）咎⑥。上六：忘（无）咢（號），中（終）又（有）凶▆⑦。【三十九】

帛書本作「☰ 夬：陽（揚）于王廷。復（孚）號有厲。告自邑，不利節（即）戎。利有攸往。初九：牀（壯）于前止（趾），往不勝，爲咎。九二：傷（惕）號，夢（莫）夜有戎，勿血（恤）。九三：牀（壯）于頯（頄），有凶。君子缺（夬）缺（夬）獨行，愚（遇）雨如濡。有溫（慍），无咎。九四：脈（臀）无膚，其行郂（次）胥（且），牽羊悔亡，聞言不信。九五：莧勲（陸）缺（夬）缺（夬）中行，无咎。尙（上）六：无號，冬（終）有兇。」

今本作「☰ 夬：揚于王庭，孚號有厲。告自邑，不利即戎，利有攸往。初九：壯于前趾，往不勝爲咎。九二：惕號，莫夜有戎，勿恤。九三：壯于頄，有凶。君子夬夬，獨行遇雨，若濡有慍，无咎。九四：臀无膚，其行次且。牽羊悔亡，聞言不信。九五：莧陸夬夬，中行无咎。上六：无號，終有凶。」

【注釋】

① **夬：揚于王庭，孚號有厲。告自邑。不利即戎，利有攸往**：夬卦五陽決一陰於王庭，有公正無私之象；行決之前，用明信之法來宣佈號令，柔邪者自然

有危厲。以剛制斷只能行於封邑，是不利用武行師；此時剛德長，柔邪消，是有利前往的。

《說文》：「夬，分決也。」《夬》卦上兌澤，下乾天，澤之水氣升天化為雨，滋潤萬物，君子觀此現象，即施祿於下民，不居德，不貪私利，施德而不佔有。

今本《夬》卦卦辭王弼注：「夬與剝反者也。剝以柔變剛，至於剛幾盡。夬以剛決柔，如剝之消剛。剛隕則君子道消，柔消則小人道隕。君子道消，則剛正之德不可得直道而用，刑罰之威不可得坦然而行。揚于王庭，其道公也。」

孔穎達《正義》：「夬，決也。此陰消陽息之卦也。陽長至五，五陽共決一陰，故名為夬也。揚于王庭者，明行決斷之法，夬以剛決柔，施之於人，則是君子決小人也。王庭是百官所在之處，以君子決小人，故可以顯然發揚決斷之事於王者之庭，示公正而无私隱也，故曰揚于王庭也。孚號有厲者，號，號令也。行決之法，先須號令。夬以剛決柔，則是用明信之法而宣其號令，如此即柔邪者危，故曰孚號有厲也。以剛制斷，行令於邑可也。若用剛即戎，尚力取勝，為物所疾，以此用師，必有不利，故曰告自邑，不利即戎。雖不利即戎，然剛德不長，則柔邪不消。故陽爻宜有所往，夬道乃成，故曰利有攸往也。」

惠玲案：夬卦一陰居五陽之上，五陽剛德決誅一陰之逆，即「揚于王庭」。行決之法前，用明信之法而宣佈號令，如此柔邪者危厲，即「孚號有厲」。以剛制斷，只能行於封邑，不利崇尚武力。剛德長而柔邪消，所以陽爻是有利前往，夬道才能完成。

② 初九：壯于前趾，往不勝為咎：初九為決策之始，如果只憑『壯于前趾』的血氣之勇，前往必不勝，而有災咎。

王弼注：「居健之初，為決之始，宜審其策，以行其事。壯其前趾，往而不勝，宜其咎也。」

惠玲案：王弼以為初九為決策之始，應審慎籌策行事，如果壯于前趾，急於前行，前往必不勝，而有災咎。

③ 九二 啻（惕）虖（號），莫譽（夜）又（有）戎，勿卹：九二爻居健履中，

雖有人惕懼號呼，暮夜有兵戎來害己，也不憂恤。

「啻」，原考釋讀爲「惕」。惠玲案：簡本作「啻」（端／錫），今本作「惕」（透／錫），二字韻同聲近可通。「虖」，原考釋以爲與「號」通。

惠玲案：楚系「虖」字多見，大部分讀爲「乎」，《上博二·容成氏》簡20讀爲「號」：「晕（禹）肰（然）句（後）始爲之虖（號）斾（旗）」。《上博三·周易》此字亦讀爲「號」，又見簡39、42、55，「乎（匣／魚）」、「號（匣／宵）」，聲同韻近，魚宵旁轉，參《古音學發微》1152頁。

「譽」，原考釋以爲通「夜」。惠玲案：帛書《周易》、今本《周易》作「夜」。「譽」（喻／魚），「夜」（喻／鐸），聲近可通。

今本「惕號，莫夜有戎，勿恤」，王弼注：「居健履中，以斯決事，能審己度，而不疑者也，故雖有惕懼號呼，莫夜有戎，不憂不惑，故勿恤也。」惠玲案：王弼以爲九二爻居健履中，決事不疑，雖有人惕懼號呼，暮夜有兵戎來害己，也不憂不惑。簡本同。

④ **九晶：藏（壯）于兒（頄），又（有）凶。君子夬＝（夬夬），蜀（獨）行遇雨，女（如）霚（／濡）又（有）礪（厲／慍），亡（无）咎**：九三爻陽剛獨應於上六，有幫助小人之象，故有凶。此時君子要決之不疑，若獨應于小人，則如獨行遇雨，天氣霧濛濛，是有危險，但也不能咎責於人。

「藏」，原考釋以爲即「藏」字，通「壯」；「兒」，同今本「頄」，顴骨也，字從百（首）與從頁同，九聲；「蜀」讀爲「獨」。「女」讀爲「如」；「霚」，天氣下地不應曰霚。

惠玲案：「霚」（微／侯），帛書、今本皆作「濡」（日／侯），二字韻部同，但聲紐不近。霚，有「霧」、「天氣昏暗」之義。濡，有浸濕之義。「礪」（來／月），帛書《周易》作「溫」，今本《周易》作「慍」（影／文），二字音韻不甚近。「礪」字有「危險」義。

今本「壯于頄，有凶。君子夬夬，獨行遇雨，若濡有慍，无咎」，王弼注：「頄，面權也，謂上六也。最處體上，故曰權也。夬之六三，以應陽爲善，夫剛長則君子道興，陰盛則小人道長，然則處陰長而助陽則善，處剛長而助柔則凶矣。夬爲剛長而三獨應上六，助於小人是以凶也。君子處之必能棄夫情累，決之不疑，故曰夬夬也。若不與 衆陽爲群，而獨行殊志，應於小

人，則受其困焉。遇雨若濡，有恨而无所咎也。」

惠玲案：王弼以為「頄」謂上六。九三剛長獨應上六，助小人，故有凶。君子要能決之不疑。若不與眾陽為群，獨行應于小人，則如遇雨濡濕其衣，只能怨恨自而不能歸咎於人。

簡本作「九晶（三）：藏（壯）于頯（頄），又（有）凶。君子夬＝（夬夬），蜀（獨）行遇雨，女（若）雺又（有）礍（厲），亡（无）咎。」只有「女（若）雺又（有）礍（厲）」不同，意思是「天氣霧濛濛，是有危險」，餘均同。

⑤ **九四：諶（臀）亡（无）肤（膚），丌（其）行縷（次）疋（且）。朼（喪／牽）羊愍（悔）亡，馤（聞）言不冬（終／信）：**九四下剛而進，必受侵傷，因此有臀無膚，行不前進現象。如果能安止不進，拋棄對九五的侵犯，就可以無悔。但九四剛亢不能接納言論，因此聞言而不終信。

「諶」，原考釋為「動」義。周波〈竹書《周易》考釋三則〉認為此字從「辰」，從「言」與從「口」表意功能相同，故主張此字直接釋為「唇」，讀為今本的「臀」。「縷」，原考釋謂通「萋」，無據；「疋」，讀「且」。

惠玲案：「諶」未必即是「唇」字，但字從「辰」（禪／諄）得聲，與「臀」（定／諄），禪古屬舌頭，二字聲韻俱同，可以通假。「縷」，帛書《周易》作「郪」，今本《周易》作「次」，同為清紐脂部，可通假。

「疋」（清／魚），帛書《周易》作「胥」（心／魚），今本《周易》作「且」（清／魚），三字聲近可通假。「朼」，帛書本、今本《周易》作「牽」，黃錫全先生釋為「喪」，見《梂》卦初九考釋。「冬」，原考釋云「可讀為聰」，帛書、今本《周易》作「信」。「冬」（端／冬），「信」（心／真），二字音不近。

今本「臀无膚，其行次且。牽羊悔亡，聞言不信」，王弼注：「下（據孔疏改）剛而進，非已所據，必見侵傷，失其所安，故臀无膚，其行次且也。羊者，抵狠難移之物，謂五也，五為夬主，非下所侵，若牽於五，則可得悔亡而已，剛亢不能納言，自任所處，聞言不信，以斯而行凶，可知矣。」孔穎達《正義》：「臀无膚，其行次且者，九四據下三陽，位又不正，下剛而進，必見侵傷，侵傷則居不得安，若臀无膚矣。次且，行不前進也。臀之无膚，

居既失安，行亦不進，故曰臀无膚，其行次且也。牽羊悔亡，聞言不信者，羊者，抵狠難移之物，謂五也。居尊當位爲夬之主，下不敢侵，若牽於五，則可得悔亡，故曰牽羊悔亡。然四亦是剛陽，各亢所處，雖復聞牽羊之言，不肯信服，事於五，故曰聞言不信也。」

　　惠玲案：王、孔以爲九四爻下爲三個陽爻，恃強而進，必有侵傷，因此有臀無膚，行不前進的現象（次且即趑趄，猶豫不前也）。若受九五牽制（九五像羊一樣狠強難移），就可以無悔。但九四剛亢不能接納言論，因此「聞言而不信」，是凶的。

　　簡本作「九四：脤（臀）亡（无）肤（膚），丌（其）行綾（次）疋（且）。亾（喪）羊愳（悔）亡，酳（聞）言不冬（終）。」意思是說：九四下剛而進，必有侵傷，因此有臀無膚，行不前進現象。如果能安止不進，拋棄對九五的侵犯，就可以無悔。但九四剛亢不能接納言論，因此聞言而不終信。

⑥ **九五：莧芺（尖／陸）夬＝（夬夬），中行亡（无）咎**：九五居陽剛尊位，能決除上六如莧陸的小人，決而又決，只是依於中道而行，沒有災咎而已。

　　「芺」，原考釋以爲同「尖」字，是一種柔脆之物。可從。

　　今本「莧陸夬夬，中行无咎」，王弼注：「莧陸，草之柔脆者也，決之至易，故曰夬夬也。夬之爲義，以剛決柔，以君子除小人者也。而五處尊位，最比小人，躬自決者也，以至尊而敵至賤，雖其克勝，未足多也。處中而行，足以免咎而已，未足光也。」

　　惠玲案：王弼以爲莧陸是一種柔脆的草，比喻上六的小人。九五處尊位，以至尊親決上六之小人（最比小人，即九五爻上比第六爻之小人），雖能克勝，並不值得讚美。但是九五處中位而行，只能免咎，不足以光大。簡本同。

⑦ **上六：忘（无）咢（號），中（終）又（有）凶**：上六處夬之極，象徵小人在上，爲眾陽所棄，非號咷所能免，終必有凶。

　　原考釋謂「忘咢」或讀爲「無號」。今本「无號，終有凶」王弼注：「處夬之極，小人在上，君子道長 所共棄，故非號咷所能延也。」孔穎達《正義》：「上六居夬之極，以小人而居眾陽之上， 共棄也。君子道長，小人必凶，非號咷所免，故禁其號咷，曰无號，終有凶也。」

　　惠玲案：王弼以爲上六處夬之極，下有五陽爻，象徵小人在上，爲眾陽

所棄，故非號咷所能免，終必有凶。」簡本同。

# 二二、敂（姤）卦(44)

☰ 敂（姤）▤：女藏（藏），勿用取（娶）女①。初六：繫于金梀，貞吉。又（有）卤（攸）迬（往），見凶。贏（羸）豕孚是（蹢）蜀（躅）②。九二：橐（庖）又（有）魚，亡（无）咎，不利冇（賓）③。九晶（三）：䛧（臀）亡【四十】肤（膚），兀（其）行縷（次）疋（且），礪（厲），亡（无）大咎④。九四：橐（包）亡（无）魚，巳（起）凶⑤。九五：㠯（以）苬（杞）橐（包）苽（瓜），欽（含）章，又（有）慇自天⑥。上九：敂（姤）兀（其）角，吝，亡（无）咎▤⑦。【四十一】

帛書本作「☰ 狗（姤）：女壯，勿用取女。初六：擊（繫）于金梯（梀），貞吉。有攸往，見凶。贏豨（豕）復（孚）適（蹢）屬（躅）。九二：枹（包）有魚，无咎，不利賓。九三：臀无膚，其行次且。厲，无大咎。九四：枹（包）无魚，正凶。五〈九〉五：以忌（杞）枹（包）苽（瓜），含章，或（有）塤（隕）自天。尙（上）九：狗（姤）其角，閵（吝），无咎。」

今本作「☰ 姤：女壯，勿用取女。初六：繫于金梀，貞吉，有攸往，見凶。贏豕孚蹢躅。九二：包有魚，无咎，不利賓。九三：臀无膚，其行次且，厲，无大咎。九四：包无魚，起凶。九五：以杞包瓜，含章，有隕自天。上九：姤其角，吝，无咎。」

## 【注釋】

① 敂（姤）：女藏（壯），勿用取女：姤卦有一女遇五男的象徵，此女淫壯至甚，故不可娶。

「姤」，《經典釋文》：「薛云古文作遘，鄭（玄）同。」《說文》：「遘，遇也。」《姤》卦上乾天，下巽風，天借風而能遇萬物。君子效法風行草偃的精神，施行政令，明告天下四方。《姤》卦有一陰遇五陽，陰柔入陽剛的現象。陽始交於陰曰復，陰始交於陽曰姤，《復》、《姤》二卦是變化的開始。

「敂」，原考釋讀爲「姤」；藏，今本作壯。惠玲案：「敂」、「姤」上古音同爲見紐侯部韻，可通假。「藏」（從／陽），「壯」（莊／陽），同爲齒音陽部，可通假。

今本「姤：女壯，勿用取女」，孔穎達《正義》：「姤，遇也。此卦一柔而遇五剛，故名爲姤。施之於人則是一女而遇五男，淫壯至甚，故戒之曰：此女壯甚，勿用取此女也。」惠玲案：孔疏「爲壯至甚」，「爲」字，錢本、宋本作「淫」（見《周易注疏校勘記》）。據此，今本卦辭的意思是說「姤卦有一女遇五男的象徵，此女淫壯至甚，故不可娶。」簡本同。

② 初六：**繫于金柅，貞吉。又（有）卤（攸）迱（往），見凶，嬴（羸）豕孚是（蹢）蜀（躅）**：初六處遇之始，以一柔承五剛，初六陰柔，不可不牽，故繫於九四，乃得貞吉。不牽繫而前行，則見凶。若失去牽繫則如牝豕性躁而蹢躅不前。

「」字，原考釋逕釋爲「柅」，塞在車輪下阻其啓動的木塊。惠玲案：其釋可從，類似偏旁又見：

《郭店·尊德義》簡十七：「戁則亡避，不黨則亡怨」

《上博二·從政（甲編）》簡十三：「不必在近樂……」

《上博二·民之父母》：「何志是」

《上博三·中弓》簡八：「仲（尼）」

《郭店》此字原書未釋，張光裕先生在《上博二·從政（甲編）》的考釋中作很詳盡的說明，認爲「尼」字其實應是從尸耳聲，秦陶文「尼」字所從「人」形，即是「耳」形之訛。今所見「尼」字則更爲一訛再訛所致。

惠玲案：甲骨文有「秜」字作（《乙》3212），于省吾認爲是從尸從人，象人坐于人上（參《甲骨文字詁林》1436 頁）。戰國從耳形，季師認爲是聲化的結果（《上海二讀本》頁 12）。「尼」（娘／脂），「耳」（日／之）聲同韻近。據此，簡文此字窄式隸定應從木屌聲，即「柅」字異體。

「嬴」，原考釋讀爲「羸」。「是蜀」，原考釋讀爲「蹢躅」。「蹢」（端／錫），「躅」（定／屋）；「是」（禪／支），「蜀」（定／屋），「蹢躅」與「是蜀」音近，可通假。

今本「繫于金柅，貞吉。有攸往，見凶。羸豕孚蹢躅」，王弼注：「金者，

堅剛之物。桎者，制動之主，謂九四也。初六處遇之始，以一柔而承五剛，體夫躁質得遇而通，散而无主，自縱者也。柔之爲物，不可以不牽臣妾之道，不可以不貞，故必繫于正應，乃得貞吉也。若不牽于一而有攸往，行則唯凶，是見矣。羸豕謂牝豕也，群豕之中，豝強而牝弱，故謂之羸豕也。孚猶務躁也，夫陰質而躁恣者，羸豕特甚焉，言以不貞之陰，失其所牽，其爲淫醜，若羸豕之孚，務蹢躅也。」孔穎達《正義》：「繫于金桎，貞吉者，金者，堅剛之物。桎者，制動之主，謂九四也。初六陰質，若繫於正應，以從於四，則貞而吉矣，故曰繫于金桎，貞吉也。有攸往，見凶者，若不牽於一，而有所行，往則惟凶，是見矣，故曰有攸往，見凶。羸豕孚，蹢躅者，初六處遇之初，以一柔而承五剛，是不繫金桎有所往者也，不繫而往，則如羸豕之務躁而蹢躅然也，故曰羸豕孚蹢躅。羸豕謂牝豕也，群豕之中，豝強而牝弱也，故謂牝豕爲羸豕，陰質而淫躁，牝豕特甚焉，故取以爲喻。注桎者制動之主者，正義曰桎者，制動之主者，桎之爲物，眾說不同。王肅之徒，皆爲織績之器，婦人所用，惟馬云：『桎者，在車之下，所以止輪令不動者也。』王注云：『桎，制動之主。』蓋與馬同。」

惠玲案：王、孔以爲初六處於遇之始，以一柔承五剛，初六爲柔之物，不可不牽，故繫于九四正應，乃得貞吉。若不牽繫而前行，則見凶。若失其所牽繫，如牝豕性務躁而蹢躅不前。據此，今本初六爻的意思是說「初六處遇之始，以一柔承五剛，初六陰柔，不可不牽，故繫於九四，乃得貞吉。不牽繫而前行，則見凶。若失去牽繫則如牝豕性躁而蹢躅不前。」簡本同。

③ **九二：橐（庖）又（有）魚，亡（无）咎，不利丂（賓）**：初爻捨棄九四之正應，自願來應九二，是爲庖有魚。並非九二侵犯奪取，所以無咎。但是擅取他人之物，而爲己惠，是義所不爲，故曰不利賓。

「橐」，原考釋謂訓「囊」。周波〈考釋三則〉以爲如今本讀爲「庖廚」之「庖」。惠玲案：「橐」，從橐缶聲，可讀「庖」，亦可泛指爲包裹。「橐」（非／幽），今本作「包」（幫／幽），讀爲庖，二字聲韻俱同。「丂」，原考釋以爲即「賓」字，與甲骨文同形。可從。

今本「包有魚，无咎，不利賓」，王弼注：「初陰而窮下，故稱魚。不正之陰，處遇之始，不能逆近者也。初自樂來，應己之廚，非爲犯奪，故无咎

也。擅人之物，以爲已惠〔己〕，義所不爲，故不利賓也。」孔穎達正義：「庖有魚，无咎者，初六以陰而處下，故稱魚也。以不正之陰，處遇之始，不能逆於所近，故捨九四之正應，樂充九二之庖廚，故曰九二庖有魚。初自樂來，爲己之廚，非爲犯奪，故得无咎也。不利賓者，夫擅人之物，以爲己惠，義所不爲，故不利賓也。」

　　惠玲案：王、孔以爲初六以陰爻處下，故稱魚，初爻捨棄九四之正應，自願來應九二，是爲「庖有魚」，並非九二侵犯奪取，所以無咎。但是擅取他人之物，而爲己惠，是義所不爲，故曰不利賓。簡本義同。

④ **九晶（三）：諰（臀）无肤（膚），兀行綫（次）疋（且），礪（厲），亡大咎：**九三不能牽據初六來鞏固所處，故有臀无膚，行不能進的現象，這是危厲的，但禍非己招，所以無大咎。

　　今本「臀无膚，其行次且，厲，无大咎」，王弼注：「處下體之極，而二據於初，不爲已棄，居不獲安，行无其應，不能牽據以固所處，故曰臀無膚，其行次且也。然履得其位，非爲妄處，不遇其時，故使危厲，災非已招，是以无大咎也。」意思是：九三爻處在下卦的最上，九二爻又佔據著初六，因此九三爻無陰爻可據，居不得安，這就是臀無膚，其行趑趄（與《夬·九四》同），但九三爻得位，只是不得其時，所以危厲，因爲災禍不是自己招來的，所以無大災咎。簡本同。

⑤ **九四：橐（庖）亡（无）魚，巳（起）凶：**初六爲九二所據，九四有「庖無魚」的象徵，無民失應而想有所作爲是凶的。

　　「橐」，今本作「包」，均應讀爲「庖」。「巳」，原考釋以爲可讀爲「起」。惠玲案：原考釋隸作「已」，當隸作「巳」，讀爲「起」，《說文》「起」「從走，巳聲。」

　　今本「包无魚，起凶」，王弼注：「二有其魚，故失之也。无風而動，失應而作，是以凶也。」孔穎達《正義》：「庖无魚者，二擅其應，故曰庖无魚也。庖之无魚，則是无民之義也。起凶者，起、動也，无民而動，失應而作，是以凶也。」

　　惠玲案：王弼以爲初六爲魚，樂於依附九二；因此和初六相應的九四失去初六，這就是「庖無魚」，即失去人民的依附。無民而想有舉動，失去響

應而想有作爲，所以爲凶。簡本同。

⑥ **九五：弖（以）芑（杞）橐（包）苽（瓜），欽（含）章，又惁（憂／隕）自天**：九五如同杞梓樹遮蔽著地上的瓜一樣，得其地而不食，有含章之美而未能發，但其心志不捨命，心中存著來自上天的憂患。

　　「芑」，原考釋以爲通「杞」。

　　「欽」，原考釋疑爲「玲」字，讀爲「含」。惠玲案：**鈌**字，從今聲，隸定爲「欽」可從。今文作「含」，亦從今聲。故「欽」、「含」二字可通假。

　　旭昇案：此字右從欠、左旁之「金」形已與西周「金」形不同，上部聲化爲「今」，下部則作「玉」形。

　　「惁」，帛書《周易》作「塤」（曉／文），今本《周易》作「隕」，（匣／文），「惁」（影／幽），「塤隕」、「惁」上古音、字形均不近，當爲所傳本不同。

　　今本「以杞包瓜，含章，有隕自天」，《象》曰：「九五含章，中正也。有隕自天，志不舍命也。」虞翻云：「杞，杞柳，木名也。巽爲『杞』爲『苞』，乾圓稱『瓜』，故『以杞苞瓜』矣。『含章』謂五也。五欲使初四易位，以陰含陽，已得乘之，故曰『含章』。初之四，體兌口，故稱『含』也。隕，落也。乾爲天。謂四隕之初，初上承五，故『有隕自天』象。」王弼注：「杞之爲物，生於肥地者也。包瓜爲物，繫而不食者也。九五履得尊位而不遇，其應得地而不食，含章而未發。不遇其應，命未流行，然處得其所，體剛居中，志不舍命，不可傾隕，故曰有隕自天也。」孔穎達《正義》：「以杞苞瓜者，杞之爲物，生於肥地，苞瓜爲物，繫而不食。九五處得尊位而不遇其應，是得地而不食，故曰以杞苞瓜也。含章，有隕自天者，不遇其應，命未流行，无物發起其美，故曰含章。然體剛居中，雖復當位，命未流行而不能改其操，无能傾隕之者，故曰有隕自天。蓋言惟天能隕之耳。注『杞之爲物生於肥地者也』，正義曰：杞之爲物，生於肥地者也，先儒說杞亦有不同。馬云：『杞，大木也。左傳云：「杞梓皮革自楚往（往字原作注，據阮元《校勘記》改）。」』則爲杞梓之杞。子夏傳曰：『作杞苞瓜。』薛虞記云：『杞，杞柳也。杞性柔刃，宜屈橈，似苞瓜。』又爲杞柳之杞。案王氏云生於肥地，蓋以杞爲今之枸杞也。」朱熹《易本義》：「瓜，陰物之在下者，甘美而善潰。杞，高大堅

實之木也。五以陽剛中正，主卦於上，而下防始生必潰之陰，其象如此。然陰陽迭勝，時運之常。若能含晦章美，靜以制之，則可以回造化矣。有隕自天，本无而倏有之象。」于省吾《易經新證》：「章即璋，……函璋猶言櫝玉，即蘊美不發之義。」高亨《周易古經今注》：「杞疑借爲芑。……包瓜者率用菅茅。以芑包瓜者拔芑於田中以包瓜也。瓜之既熟，芑亦將成，芑本嘉穀，所以養生，瓜雖味甘，不能充飢，今爲惜瓜之故，而包之以芑，是因其所愛而害其所以養之象也。……含疑借弎，克也。章疑當讀爲殷商之商。……弎商有隕自天言武王之克商，乃是天隕滅商祚也。」南懷瑾、徐芹庭《周易今註今譯》：「九二當姤遇之時，無應于下，但居九五的尊位，陽剛得正，又居外卦之中，合於中道之美，所以有『用杞包著可食的瓜』的象徵，意思就是說，含著它的章美，不表現于外。但九五是君位，所以又有發號施令，如從上天而降下的象徵。」

旭昇案：王、孔說「以杞包瓜」，謂「杞」生於肥地者、「包瓜」繫而不食者，以此喻九五處尊位，不遇其應，因此有含章之美而未能發，但其心志不捨命，不可傾隕，即只有天能傾隕之。其說未釋「以」字，《正義》引子夏傳「作杞瓟瓜」，也沒有「以」字，聞一多《周易義證類纂》因此主張「句首無以字」。但是，從楚簡本來看，句首有以字，這是很明確的。因此，王、孔「以杞瓟瓜」的解釋可能有待商榷。其它各家或釋爲「以杞柳包瓜」，或釋爲「以杞梓樹遮蔽著瓜」。「有隕自天」，「隕」字各家都釋爲「隕落」。今得楚簡本作「有惪自天」，則本爻爻辭要重作考慮了。

從爻象來看，九五爻居中得正，但是與初六無比也無應，所以虞翻說要讓初爻和四爻易位。「以杞包瓜」象以高大的杞梓樹遮蔽著在下的陰物——瓜，雖有含章之美而未能發。「有隕自天」的「隕」（爲／諄），疑當讀爲「隱」（影／諄），《楚辭·怨思》「志隱隱而鬱怫」，注：「隱隱，憂也。」或讀爲「殷」（影／諄），《爾雅·釋訓》：「殷殷，憂也。」《文選·顏延年夏夜詩》：「慕類抱情殷。」注釋爲「憂」。隕、隱殷三字同韻，聲同屬喉音，當可通假。「有隱（殷）自天」，意思是：「心中存著來自上天的憂患。」與簡本作「又惪自天」同意。據此，今本九五爻的意思是說「九五處尊位而不遇其應，就如同杞梓樹遮蔽著地上的瓜一樣，得其地而不食，有含章之美而未能發，

但其心志不捨命，心中存著來自上天的憂患。」簡本義同。

⑦ **上九：敂（姤）丌（其）角，吝，亡（无）咎**：上九无所遇，僅遇其角而已，因此有鄙吝。但不與物爭，故無災咎。

今本「姤其角，吝，无咎」，王弼注：「進之於極，无所復遇，遇角而已，故曰姤其角也。進而无遇，獨恨而已。不與物爭，其道不害，故无凶咎也。」孔穎達《正義》：「姤其角者，角者最處體上。上九進之於極，无所復遇，遇角而已，故曰姤其角也。吝，无咎者，角非所安，與无遇等，故獨恨而鄙吝也。然不與物爭，其道不害，故无凶咎，故曰无咎也。」

惠玲案：王弼以為上九處《姤》卦最上，已無所遇，遇角而已，所以是吝。因不與物爭，其道不害，所以無凶咎。簡本同。

## 二三、嵳（萃）卦(45)

嵳（萃）▤：王咎（假）于宙（廟），利見大人，鄉（亨），利貞。用大牲，利又（有）卣（攸）逤（往）①。初六：又（有）孚不冬（終），乃圝（亂）卤（酒）嵳（萃），若嘷（號），一斛（握）于芖（笑），勿衈（恤），逤（往）亡（无）咎②。【四十二】【六二：引吉，无咎，孚乃利用禴③。六三：萃如嗟如，无攸利，往无咎，小吝④。九四：大吉，无咎⑤。九五：萃有位，无咎。匪孚，元永】【貞，悔亡⑥。上六：齎咨涕洟，无咎⑦】

帛書本作「▤ 卒（萃）：王叚（假）于（有）廟，利見大人，亨，利貞。用大生（牲），吉。利有攸往。初六：有復（孚）不終，乃乳（亂）乃卒（萃），若其號。一屋（握）于（為）芙，勿血（恤），往无咎。六二：引吉，无咎。復（孚）乃利用濯（禴）。六三：卒（萃）若毡（嗟）若，无攸利。往无咎，少（小）閵（吝）。九四：大吉，无咎。九五：卒（萃）有立（位），无咎，非復（孚）。元永貞，悔亡。尙（上）六：粢（齎）欨（咨）涕泊（洟），无咎。」

今本作「▤ 萃：亨。王假有廟，利見大人，亨，利貞。用大牲，吉，利有攸往。初六：有孚不終，乃亂乃萃。若號。一握為笑，勿恤，往无咎。六二：引吉，无咎，孚乃利用禴。六三：萃如嗟如，无攸利，往无咎，小吝。九四：

大吉，无咎。九五：萃有位，无咎。匪孚，元永貞，悔亡，上六：齎咨涕洟，
无咎。」

## 【注釋】

① 啐（萃）：王翏（假）于宫（廟），利見大人，鄉（亨），利貞。用大牲，利
又卣（攸）迲（往）：《萃》卦象能以道招聚人民，王才能到廟中祭祀，這時
利於見大德之人，才能弘揚正道，這是亨通而利於正道的。用大的犧牲如牛
羊之類來祭祀，這是吉利的。並且利於前往。

《說文》：「萃，艸皃。」引伸爲「聚」。《萃》卦上兌澤，下坤地，地上
有澤聚集，萬物得其滋潤而榮旺，君子觀此現象，瞭解澤水雖能滋潤，亦有
缺限之時，因此知修治戎器，以備不測的災害。

「啐」，原考釋以爲或讀爲「萃」；「翏」，原考釋讀爲「格」，有「至」、
「達」的意思。

「翏」字，原考釋爲「翏」，從吅，各聲，讀爲「格」，至也、達也。黃
錫全先生〈札記數則〉以爲「吅」當是所加之聲符。惠玲案：「各」（見／鐸），
今本作「假」（見／魚），聲同，韻爲對轉，可通假；帛書本作「叚」，與「假」
同讀爲「各」，至也。甲骨文「各」字從「夂」，下「口」表示半穴居，象人
自外至半穴居之意（參《說文新證上冊》頁 88）。黃錫全先生認爲「吅」當
是所加之聲符，《說文》「吅」（與「哭」所從之「吅（鄰）」不同），讀若「讙」
（曉／元），「各」（見／鐸），聲同、韻爲旁對轉（參《古音學發微》頁 1089），
黃氏之說可從。疑楚簡本「翏」爲本字，今本作「假」、帛書作「叚」爲借
字。

今本「萃：王假有廟，利見大人，亨，利貞。用大牲吉，利有攸往」，
王弼注：「萃亨，聚乃通也。王假有廟，假、至，聚王以聚至有廟也。利見
大人，亨，利貞，聚得大人乃得通而利正也。用大牲吉，全乎聚道，用大牲
乃吉也，聚道不全而用大牲，神不福也。」孔穎達《正義》：「萃，卦名也，
又萃、聚也，聚集之義也。能招民聚物，使物歸而聚已，故名爲萃也。亨者，
通也。擁隔不通，无由得聚，聚之爲事，其道必通，故云『萃亨』。假、至
也。天下崩離，則民怨神怒，雖復享祀，與无廟同，王至大聚之時，孝德乃

昭，始可謂之有廟矣，故曰『王假有廟』。聚而無主，不散則亂，惟有大德之人，能弘正道，乃得常通而利正，故曰『利見大人，亨，利貞』也。大人爲王，聚道乃全，以此而用大牲，神明降福，故曰『用大牲吉』也。人聚神祐，何往不利，故曰『利有攸往』也。」

惠玲案：據王、孔，《萃》卦象能以道招聚人民，王才能到廟中祭祀，這時利於見大德之人，才能弘揚正道，這是亨通而利於正道的。用大的犧牲如牛羊之類來祭祀，這是吉利的。並且利於前往。簡本除無「亨」字外，餘義同。

今本卦名下有「亨」字，朱熹以爲卦名下的「亨」爲衍文。《石經》、《岳本》、《閩本》、《監本》、《毛本》有「亨」字，楚簡本、帛書《周易》、《釋文》引王肅本、馬、鄭、陸、虞等無「亨」字，有無「亨」字皆非孤證，且皆可通。

② **初六：又（有）孚不冬（終），乃燮（亂）卤（乃）啐（萃），若啹（號），一斛（握）于（爲）芺（笑），勿卹，迬（往）亡咎**：初六不能孚信於終，於是有亂聚集，如果這些聚集作亂的人高聲號叫，自己能保持著謙退的笑容，不與物爭，那就能前往而无咎。

「乃」與「迺」在西周金文中大多分用，「乃」爲指稱詞，「迺」爲連詞，戰國文字開始混用。本爻二字似不分，但第一「乃」字用爲語詞，無意義；第二「迺」字用爲「於是」。「啹」，即「號」，參《夬卦‧九三》考釋。「燮」，原考釋以爲即「亂」字。惠玲案：「亂」字，金文作 🔆（番生簋），以手治亂絲之義。毛公層鼎作 🔆、魏三體石經作 🔆，與簡文同，季師旭昇以爲「可能以𣅏表示眾口喧亂的意思」（《說文新證上冊》頁 319）。

「🔆」，原考釋隸「斛」，讀「握」。季師旭昇〈周易七則〉以爲此字從「角」從「斗」無誤。「于」（爲／魚），今本作「爲」（爲／歌），歌、魚旁轉，可相通假。《毛詩‧鄘‧定之方中》「作于楚宮」，孔疏：「作爲楚丘之宮也。」「芺」從艸、犬，即「笑」之古體。曾憲通〈楚帛書文字新訂〉以爲「笑」字本從犬、艸聲，後譌「犬」爲「夭」以爲聲符。

今本「有孚不終，乃亂乃萃，若號一握爲笑，勿恤，往无咎」，《象》曰：「乃亂乃萃，其志亂也。」王弼注：「有應在四，而三承之，心懷嫌疑，故

有孚不終也。不能守道，以結至好，迷務競爭，故乃亂乃萃也。一握者，小之貌也，爲笑者，懦劣之貌也，己爲正配，三以近寵，若安夫卑退謙以自牧，則勿恤而往无咎也。」孔穎達《正義》：「有孚不終，乃亂乃萃者，初六有應在四而三承之。萃聚之時，貴於近合，見三承四，疑四與三，始以正應相信，末以他意相阻，故曰有孚不終也。既心懷嫌疑，則情意迷亂，奔馳而行，萃不以禮，故曰乃亂乃萃。一握者，小之貌也，自比一握之間，言至小也。爲笑者，非嚴毅之容，言懦劣也，己爲正配，三以近寵，若自號比爲一握之小，執其謙退之容，不與物爭，則不憂於三，往必得合，而无咎矣，故曰若號一握爲笑，勿恤，往无咎也。」朱熹《易本義》：「號，平聲。初六上應九四，而隔於二陰。當萃之時，不能自守，是有孚而不終，志亂而妄聚也。若呼號正應，則眾以爲笑，但勿恤而往從正應，則无咎矣。戒占者當如是也。」高亨《周易古經今注》：「孚讀爲浮，罰也。有孚不終謂有罰不果行。亂者神志昏亂也。……萃、瘁古通用。……若猶而也。亂乃萃若號謂其人乃發狂（即今人精神錯亂之病）乃病瘁，而哭號也。……握即借爲屋。……殆古代故事，蓋有某人得罪，其上欲罰之，而未果行，其人大懼，因而發狂，因而得病，而哭號，一室之人皆笑之，遂筮之，其斷曰，勿憂，但往无咎，不致被罰，故記之曰，有孚不終，乃亂乃萃，若號，一屋爲笑，勿恤，往无咎。」南懷瑾、徐芹庭《周易今註今譯》：「初六在萃聚之時，應於九四，但九四比於六三，所以有孚不終，心裡迷惑至極，因爲很紛亂，又很想前往，以與九四相萃聚，如果呼援，則必能達到萃聚的目的，而與握手言歡，這是不要憂恤的，前往是沒有災咎的。」

　　旭昇案：初六爻辭頗費解，故諸家所釋出入甚大。王、孔釋爻象以爲初六有應在四而三承之，疑四與三，開始以正應相信，最後以他意相阻，所以說「有孚不終」。既心懷嫌疑，則情意迷亂，奔馳而行，萃不以禮，所以說「乃亂乃萃」。如果我們相信這樣的爻象，那麼今本初六爻辭「有孚不終」的意思是：「初六上應九四，而隔於三，心有懷疑，不能孚信於終」。「乃亂乃萃」，意思是：「於是有亂聚集」。「若號」，馬王堆本作「若其號」，意思是：「如果這些聚集作亂的人高聲號叫」。「一握爲笑」，王弼的說法可從，謂「像握拳那麼小的謙退的笑容」，「一握爲笑，勿恤，往无咎」意思是：「如果自

已能保持著謙退的笑容，不與物爭，則不憂於六三，那就能前往合於九四而无咎。」簡本與今本同。

③ 六二：引吉，无咎，孚乃利用禴：六二處在二陰爻之中，需要牽引才吉，无咎。因有孚信，故可用省薄的禴祀來祭祀鬼神。

今本「引吉，无咎，孚乃利用禴」，《象》曰：「引吉，无咎，中未變也。」王弼注：「居萃之時，體柔當位，處坤之中，己獨處正，與 眾相殊，異操而聚，民之多僻，獨正者危矣。能變體以遠於害，故必見引，然後乃吉而无咎也。禴，殷者祭名也，四時祭之省者也。居聚之時，處於中正，而行以忠信致之。以省薄薦於鬼神也。」孔穎達《正義》：「引吉无咎者，萃之為體，貴相從就，聚道乃成。今六二以陰居陰，復在坤體，志於靜退，則是守中未變，不欲相從者也。乖 眾違時，則致危害，故須牽引乃得吉而无咎也，故曰引吉无咎。孚乃利用禴者，禴，殷者祭之名也，四時之祭最薄者也。雖乖於眾，志須牽引，然居中得正，忠信而行，故可以省薄祭於鬼神也，故曰孚乃利用禴。」聞一多《周易義證類纂》：「引疑當為弘，字之誤也。『弘吉』，占卜術語，卜辭屢見之。《爾雅·釋詁》曰：『弘，大也。』六二『弘吉无咎』，猶九四『大吉无咎』也。」

旭昇案：聞一多《周易義證類纂》謂「引」為「弘」之訛。案：甲骨文「引吉」多見，「引」字作「⟨形⟩」（參《甲骨文編》1543、2287 號），舊釋為「弘」，于豪亮據《雲夢睡虎地秦簡》「引強」之「引」作「⟨形⟩」、《馬王堆帛書·易經》「引吉」之「引」字作「⟨形⟩」，因而主張甲骨文此形亦當釋「引」，《爾雅·釋詁》：「引，長也。」引吉，謂長吉（參〈說引字〉）。于說釋「引」字可從，但是以為《易經》的「引吉」就是甲骨文的「引吉（長吉）」，則恐有未當。依其說，本爻既稱「長吉」，隨即又稱「无咎」，二者似有矛盾。聞一多以同卦「九四大吉无咎」為旁證，亦不可從（說見九四爻）。

今本六二爻的爻象是六二爻當位處正，但是其上下二爻都是陰爻，不正，自己獨處坤中，又不肯變通（《象》：「引吉无咎，中未變也。」），因此需要相應的九五爻來牽引，才能無咎。因有孚信，故可用省薄的禴祀來祭祀鬼神。

④ 六三：萃如嗟如，无攸利，往无咎，小吝：六三爻履非正位，聚而不正，因

此有嗟嘆、無所利的象徵，如果能前往與上六相應，則沒有大災咎，但二陰相合仍有小吝窮之禍。

今本「萃如嗟如，无攸利，往无咎，小吝」，王弼注：「履非其位，以比於四，四亦失位。不正相聚，相聚不正，患所生也。干人之應，害所起也，故萃如嗟如，无攸利也。上六亦无應而獨立，處極而憂危，思援而求朋，巽以待物者也。與其萃於不正，不若之於同志，故可以往而无咎也。二陰相合，猶不若一陰一陽之應，故有小吝也。」孔穎達《正義》：「居萃之時，履非其位，以比於四，四亦失位。不正相聚，相聚不正，患所生也。干人之應，害所起也，故曰萃如，嗟如，无攸利也。往无咎，小吝者，上六亦无應而獨立，處極而憂危，思援而求朋，巽以待物者也。與其萃於不正，不若之於同志，故可往而无咎。但以上六是陰，己又是陰，以二陰相合，猶不若一陰一陽之應，故有小吝也。」據此，今本六三爻的意思是說「六三爻履非正位，聚而不正，因此有嗟嘆、無所利的象徵，如果能前往與上六相應，則沒有大災咎，但二陰相合仍有小吝窮之禍。」

⑤ 九四：大吉，无咎 九四無尊位下體群陰都來萃聚于它，其實並非好事。如能做事周備至善，則可以无咎。

今本「大吉，无咎」，王弼注：「履非其位而下據三陰，得其所據，失其所處。處聚之時，不正而據，故必大吉，立夫大功，然後无咎也。」孔穎達《正義》：「以陽處陰，明履非其位。又下據三陰，得其所據，失其所處。處聚之時，不正而據，是其凶也。若以萃之時，立夫大功，獲其大吉，乃得无咎，故曰大吉无咎。」

惠玲案：「大吉，无咎」，《象傳》以爲九四爻以陽居陰，故「位不當」。王弼以爲九四履非其位，但下據三陰，不正而據，故必「大吉」，立大功，而後「无咎」。孔穎達謂九四爻以陽處陰，履非其位，不正而據，是凶。但如果在萃聚之時，立大功，就能獲大吉而得无咎。

旭昇案：本爻「大吉，无咎」，因果關係很奇怪。王弼說「必大吉，立夫大功，然後无咎也」，以「大吉」爲「无咎」的條件。大吉應該比无咎好，必大吉然後无咎，邏輯上不太合理。其他學者或逕以「大吉，无咎」爲本爻的兩個斷詞，但和本爻的爻象又沒有關係。疑「大吉」有誤，但馬王堆本也

作「大吉，无咎」，疑其誤甚早。《周易》「大吉」共有五處，除本卦外，另見：

〈家人〉六四，富家，大吉。

〈升〉初六，允升，大吉。

〈鼎〉上九，鼎玉鉉，大吉，無不利

〈小過〉小過亨，利貞，可小事，不可大事，飛鳥遺之音，不宜上，宜下，大吉。

其它卦的「大吉」和卦象、爻象都很吻合，也都處於斷詞的地位，沒有像《萃》卦這麼奇怪的。金景芳、呂紹綱《周易全解》云：「九四無尊位。無尊位而得眾心，下體群陰都來萃聚于它，其實並非好事，極易得咎。若想無咎，必須大吉。……大是周徧的意思，做事無所不周，無所不正，達到至善至美的程度，謂之大吉。」所釋與王弼同以「大吉」為「无咎」的條件，義理較為周延。據此，今本九四爻的意思是說「九四無尊位下體群陰都來萃聚于它，其實並非好事。如能做事周備至善，則可以无咎。」

⑥ 九五：萃有位，无咎。匪孚，元永貞，悔亡：九五得盛位，物皆萃聚於此，陽剛中正，故无災咎。但因九四專據，己德不行，不能孚信於人；若能長久守著正道，就可消除悔吝。

今本「萃有位，无咎。匪孚，元永貞，悔亡」，王弼注：「處聚之時，最得盛位，故曰萃有位也。四專而據，己德不行，自守而已，故曰无咎匪孚。夫脩仁守正，久必悔消，故曰元永貞，悔亡。」孔穎達《正義》：「九五處聚之時，最得盛位，故曰萃有位也。既得盛位，所以无咎。匪孚者，良由四專而據，己德化不行，信不孚物，自守而已，故曰无咎，匪孚。若能修夫大德，久行其正，則其悔可消，故曰元永貞，悔亡。」

惠玲案：王弼以為九五處聚之時，得盛位。但九四爻專據，因此九五爻德不行，只能自守而已。如果能修仁德，守正道，久之則悔可消。據此，今本九五爻的意思是說「九五得盛位，物皆萃聚於此，因陽剛中正，故无災咎。但因九四專據，己德不行，不能孚信於人；若能長久守著正道，就可消除悔吝。」

⑦ 上六：齎咨涕洟，无咎：上六獨立，內无應援。如能擔憂危險，嗟嘆涕洟，

不敢安處，則能无災咎。

今本「齎咨涕洟，无咎」，王弼注：「處聚之時，居於上極，五非所乘，內无應援。處上獨立，近遠无助，危莫甚焉。齎咨，嗟歎之辭也。若能知危之至，懼禍之深，憂病之甚，至于涕洟，不敢自安，亦所不害，故得无咎也。」孔穎達正義：「齎咨者，居萃之時，最處上極，五非所乘，內又无應，處上獨立，无其援助，危亡之甚，居不獲安，故齎咨而嗟歎也。若能知有危亡，懼害之深，憂危之甚，至於涕洟滂沱，如此居不獲安，方得眾所不害，故无咎矣。自目出曰涕，自鼻出曰洟。」

惠玲案：王弼以爲上六處上獨立，內又无應援，處境十分危險。如果能知道危險即至，擔憂懼惕，直至涕洟，不敢居而安處，如此眾即不害，因此无災咎。據此，今本上六的意思是說「上六獨立，內无應援。如能擔憂危險，嗟嘆涕洟，不敢安處，則能无災咎。」

# 二四、困卦(47)

【☱☵ 困：亨。貞，大人吉，无咎。有言不信①。初六：臀困于株木，入于幽谷，三歲不覿②。九二：困于酒食，朱紱方來，利用亨】【祀，征凶，无咎③。六三：困于石，據于蒺藜，入于其宮，不見其妻，凶④。九四：來徐徐，困于金車，吝，有終⑤。九五：劓刖，困于赤紱，乃徐有說】，利用祭祀⑥。上六：困于葛藟（藟），于劓㐬，曰：达（動）悬（悔），又悬（悔），征吉█⑦。【四十三】

帛書本作「☱☵ 困：亨。貞大人吉，无咎。有言不信。初六：辰（臀）困于株木，人于要（幽）浴（谷），三歲不【手賣】（覿），凶。九二：困于酒食，絑（朱）發（紱）方來，利用芳（亨）祀，正（征）凶，无咎。六三：困于石，號〈據〉于疾（蒺）莉（藜），人于其宮，不見亓其妻，凶。九四：來徐，困于金車，閵（吝），有終。九五：貳（劓）椽（刖），困于赤發（紱），乃徐有說。利用芳（亨）祀。尚（上）六：困于褐（葛）纍（藟），于貳（椸）掾（㐬），曰悔夷有悔，貞（征）吉。」

今本作「䷮ 困：亨。貞，大人吉，无咎。有言不信。初六：臀困于株木，入于幽谷，三歲不覿。九二：困于酒食，朱紱方來，利用亨祀，征凶，无咎。六三：困于石，據于蒺藜，入于其宮，不見其妻，凶。九四：來徐徐，困于金車，吝，有終。九五：劓刖，困于赤紱，乃徐有說，利用祭祀。上六：困于葛藟，于臲卼。曰：動悔，有悔，征吉。」

【注釋】

① **困：亨。貞，大人吉，无咎。有言不信**：處困窮之時而能求得出困之道，則能亨通。貞正守道，只有大人君子能爲之，所以吉而无災咎。如果只是騁其言辭，將爲人所不信。

《說文》：「困，故廬也。从木在口中。」何琳儀先生《戰國古文字典》頁1178以爲「會門檻限定居室之意。」本卦作圍困、窮困、窮極等義。《困》卦上兌澤，下坎水，水本在澤上，而坎水反在兌澤之下，故澤中無水爲困。君子處困窮亂世，雖致命喪身，但必達成其心志理想。

王弼注：「困必通也。處窮而不能自通者，小人也。處困而得『无咎』，吉乃免也。」孔穎達《正義》：「『困』者，窮厄委頓之名，道窮力竭，不能自濟，故名爲『困』。亨者，卦德也。小人遭困，則『窮斯濫矣』。君子遇之，則不改其操。君子處困而不失，其自通之道，故曰『困，亨』也。處困而能自通，必是履正體大之人，能濟於困，然後得吉而『无咎』，故曰『貞，大人吉，无咎』也。處困求濟，在於正身脩德。若巧言飾辭，人所不信，則其道彌窮，故誡之以『有言不信也』。」

惠玲案：困卦水在澤上，因此有困象。《彖傳》以爲二、五之爻剛正中直，故有「貞，大人吉」之象。處困之時，如果只是尙口說，爲人所不信，將更致困窮。王弼以爲君子處困必能自通，因而得无咎。孔穎達以爲處於困之時，應正身修德，如果只是騁其言辭，人所不信，其道更窮困。據此，今本卦辭的意思是說「處困窮之時而能求得出困之道，則能亨通。貞正守道，只有大人君子能爲之，所以吉而无災咎。處困之時，如果只是騁其言辭，將爲人所不信。」

② **初六：臀困于株木，入于幽谷，三歲不覿**：初六有處於《困》卦之底，而受

困於株木的現象，因困而隱遁於幽谷，三年不見。

　　今本「臀困于株木，入于幽谷，三歲不覿」，《象》曰：「『入于幽谷』，幽不明也。」王弼注：「最處底下，沈滯卑困，居无所安，故曰『臀困于株木』也。欲之其應，二隔其路，居則困于株木，進不獲拯，必隱遁者也，故曰『入于幽谷』也。困之爲道，不過數歲者也。以困而藏，困解乃出，故曰『三歲不覿』也。」孔穎達《正義》：「『臀困于株木』者，初六處困之時，以陰爻最居窮下，沈滯卑困，居不獲安，若臀之困于株木，故曰『臀困於株木』也。『入于幽谷』者，有應在四，而二隔之，居則困株，進不獲拯，勢必隱遁者也，故曰『入于幽谷』也。『三歲不覿』者，困之爲道，不過數歲，困窮乃出，故曰『三歲不覿』也。」

　　惠玲案：初六以陰爻處陽位，在困卦之底，沉滯卑困，居無所安，就像臀困於株木。《說文》：「株、木根也。」指冒出地面的樹根（參季師旭昇〈說朱〉）。六二欲往應九四，被九二阻隔，只好隱遁。以困而藏，不過幾年之間就會解困而出。據此，今本初六爻的意思是說「初六有處於《困》卦之底，而受困於株木的現象，因困而隱遁於幽谷，但是不過數歲即能解困而出，所以只有幾年見不到。」三，形容多，虛數。

③ 九二：**困于酒食，朱紱方來，利用亨祀，征凶，无咎**：九二爻象以謙待物，所以物皆歸向，有酒食之豐美，多到造成困擾，遠方之公卿亦能來歸，此時利於祭祀受福，但征討則凶，因爲是自進而致凶，所以不應有怨咎。

　　王弼注：「以陽居陰，尙謙者也。居困之時，處得其中。體夫剛質，而用中履謙，應不在一，心无所私，盛莫先焉。夫謙以待物，物之所歸；剛以處險，難之所濟。履中則不失其宜，无應則心无私恃，以斯處困，物莫不至，不勝豐衍，故曰『困于酒食』，美之至矣。坎，北方之卦也。朱紱，南方之物也。處困以斯，能招異方者也，故曰『朱紱方來』也。豐衍盈盛，故『利用亨祀』。盈而又進，傾之道也。以此而征，凶誰咎乎？故曰『征凶无咎』。」孔穎達《正義》：「『困于酒食』者，九二體剛居陰，處中无應。體剛則健，能濟險也。居陰則謙，物所歸也。處中則不失其宜，无應則心无私黨。處困以斯，物莫不至，不勝豐衍，故曰『困于酒食』也。『朱紱方來利用亨祀』者，紱，祭服也。坎，北方之卦也。紱，南方之物。處困用謙，能招異方者

也，故曰『朱紱方來』也。舉異方者，明物无不至，酒食豐盈，異方歸向，祭則受福，故曰『利用享祀』。『征凶无咎』者。盈而又進，傾敗之道，以征必凶，故曰『征凶』。自進致凶，无所怨咎，故曰『无咎』也。」

　　惠玲案：王弼以為九二陽居陰爻，用中履謙，處困而以謙待物，所以物歸而豐，多到困擾，這就是「困于酒食」。處困之時，而能招來遠方的公卿（坎是北方之卦；紱是南方之物。《易緯‧乾鑿度》引孔子曰：「天子三公疑卿朱紱，諸侯赤紱。」），這就是「朱紱方來」。此時利於祭祀受福，征討則有凶，因為是自己進伐而得凶，故不應有有怨咎。學者或以為「征凶」後「无咎」二字為衍文，不過帛書《周易》也有「无咎」二字，所以應該不是衍文。

④ 六三：困于石，據于蒺蔾，入于其宮，不見其妻，凶：六三爻有困於九四之石、握持九二之蒺蔾草的象徵。進入宮室，沒有看見妻子，這是凶的。

　　王弼注：「石之為物，堅而不納者也，謂四也。三以陰居陽，志武者也。四自納初，不受己者。二非所據，剛非所乘。上比困石，下據蒺蔾，无應而入，焉得配偶？在困處斯，凶其宜也。」

　　惠玲案：王弼以為六三以陰居陽位，志懷剛武。但是要上附九四，九四已納初齊；下欲乘九二爻，九二陽剛也不是六三所能據。所以象上困於石，下據蒺蔾，無應而入，如何能得配偶？據此，今本六三爻的意思是說「六三爻有困於九四之石、握持九二之蒺蔾草的象徵。進入宮室，沒有看見妻子，這是凶的。」據，《說文》：「杖持也。」

⑤ 九四：來徐徐，困于金車，吝，有終：九四爻往而畏九二，故心有疑懼，被困於九二金車，與初六應而不能濟，是鄙吝的。但以陽居陰，有謙虛之道，人民將歸附，因此最後是好的。

　　王弼注：「金車，謂二也，二剛以載者也，故謂之金車。徐徐者，疑懼之辭也。志在於初，而隔於二，履不當位，威令不行，棄之則不能；欲往則畏二，故曰『來徐徐，困於金車』也。有應而不能濟之，故曰吝也。然以陽居陰，履謙之道，量力而處，不與二爭，雖不當位，物終與之，故曰有終也。」

　　惠玲案：王弼以為九四陽爻居陰位，不當位。與初六爻可以相應，但是卻隔著九二爻，九二爻剛而能載（所以叫它做金車），九四爻履不當位，威令不行，往而畏二，因此困于金車（九二）。有應而不能成功，所以是「吝」。

不過，九四雖不當位，但以陽居陰，是履謙之道，人民最後會來歸附，所以是「有終」。據此，今本九四爻的意思是說「九四爻往而畏九二，故心有疑懼，被困於九二金車，與初六應而不能濟，是鄙吝的。但以陽居陰，有謙虛之道，人民將歸附，因此最後是好的。」

⑥ 九五：劓劅，困于赤紱，乃徐有說，利用祭祀：九五爻以陽爻居陽位，不能以謙和收攬人心，因此有危險不安，困於穿著赤色蔽膝的諸侯。如果能困而後和緩，就可以改善而得喜，利於祭祀得福。

今本「劓劅，困于赤紱，乃徐有說，利用祭祀」，王弼注：「以陽居陽，任其壯者也。不能以謙致物，物則不附。忿物不附而用其壯猛，行其威刑，異方愈乖，遐邇愈叛。刑之欲以得，乃益所以失也，故曰『劓劅，困于赤紱』也。二以謙得之，五以剛失之，體在中直，能不遂迷，困而徐能，用其道者也。致物之功，不在於暴，故曰『徐』也。困而後乃徐，徐則有說矣，故曰『困于赤紱，乃徐有說』也。祭祀，所以受福也。履夫尊位，困而能改，不遂其迷，以斯祭祀，必得福焉，故曰『利用祭祀』也。」

惠玲案：王弼以為九五以陽爻居陽位，不能以謙收攬人心，氣忿人不附己，於是一味地用威刑，結果不能感動遠方之人，更加受困。如果能困而後和緩，就可以改善而得喜。九五履居尊位，困而能改，不執其迷，祭祀必得福。

本爻「劓劅」二字，有不同說法。《經典釋文》：「劓劅，荀、王肅本劓劅作臲卼，云：『不安貌。』陸同。鄭云：『劓劅當為倪仉。』京作劓劊。」馬王堆本作「貳掾」，同一詞又見上六爻「貳掾」，學者多讀為「臲卼」；漢石經作「剿劊」。據此，今本「劓劅」當為「臲卼」之訛。「劓」（疑／月）、「臲」（疑／月），二字同音；「劅」（疑／元）、「卼」（疑／沒），二字聲同韻近，因此致誤。「臲卼」，危險不安貌。據此，本爻應作「九五：臲卼，困于赤紱，乃徐有說，利用祭祀」，意思是：九五爻以陽爻居陽位，不能以謙和收攬人心，因此有危險不安，困於穿著赤色蔽膝的諸侯。如果能困而後和緩，就可以改善而得喜，利於祭祀得福。簡本當同。

⑦ 上六：困于薛（葛）蘽（藟），于劓（臲）卼，曰：迲（動）愻（悔），又（有）愻（悔），征吉：上六處困的極點，乘剛无應，有困于葛藟纏繞，居處不安

的象徵。在處困之時，動雖生悔，但有悔而解悔求通，故能往征而獲吉。

「蕚」，原考釋以爲或讀爲「葎」，《廣韻》：「葎，蔓草有刺。」惠玲案：「蕚」（疏／物），「葎」（來／物），可以通轉；今本作「葛」（見／月），與「蕚／葎」聲紐不近，相通假機會不大，但知應皆爲草名。

「藟」，原考釋以爲即「藟」字。可從。「达」，原考釋以爲「有移動」義。徐在國先生〈周易補正〉以爲隸定作「达」字，正確，當釋爲「逐」：

> 作者隸定是正確地。此字當釋爲"逐"。齊陳曼瑚、楚璽"逐"（《古璽彙編》0263）字可以爲證（從吳振武先生釋，參《陳曼瑚"逐"字新證》，《吉林大學古籍所建所十五周年紀念文集》46-47 頁，吉林大學出版社 1998 年）。《說文》："逐，追也。"《廣韻》："逐，走也，驅也。"今本作"動"，當屬於同義關係。

惠玲案：「达」字，從辵從犬，對照今本《周易》作「動」。吳振武在〈陳曼瑚"逐"字新證〉云：

> 在戰國文字資料中，屢見"豕"、"犬"二旁互替之例。因此，把"达看成"逐"字異體是有道理的。《汗簡》犬部"逐"字作"达"，楚璽人名"追逐"作"邋达"（《古璽彙編》0263，二字舊皆不識）是"达"應釋"逐"的硬證。

簡文「达」字，隸定爲「达」，釋爲「逐」是可從的。「逐」字，《汗簡‧義雲章》作「达」，《古璽彙編‧0263》作「达」，吳振武釋爲「逐」。徐在國先生引吳氏之說可從。楚簡本「达」字，釋作「逐」（定／東），今本《周易》作「動」（澄／覺），聲同爲舌音，韻爲旁對轉，二字可通假。

今本「困于葛藟，于臲卼。曰：動悔，有悔，征吉」，王弼注：「居困之極，而乘於剛，下无其應，行則愈繞者也。行則纏繞，居不獲安，故曰『困于葛藟于臲卼』也。下句无困，因於上也。處困之極，行无通路，居无所安，困之至也。凡物窮則思變，困則謀通，處至困之地，用謀之時也，『曰』者，思謀之辭也。謀之所行，有隙則獲，言將何以通至困乎？『曰動悔』，令生有悔，以征則濟矣，故曰『動悔有悔，征吉』也。」孔穎達《正義》：「葛藟、引蔓纏繞之草，臲、卼動搖不安之辭。上六處困之極，極困者也。而乘於剛，下又无應，行則纏繞，居不得安，故曰『困於葛藟於臲卼』也。應亦言『困

於臲卼』，『困』因於上，省文也。『凡物窮則思變，困則謀通，處至困之地』，是用謀策之時也。『曰』者，思謀之辭也。謀之所行，有隙則獲，言將何以通至困乎？爲之謀曰：必須發動其可悔之事，令其有悔可知，然後處困求通，可以行而獲吉，故曰『動悔，有悔，征吉』。」高亨《周易古經今注》：「『困于葛藟于臲卼』猶云『困于葛藟困于臲卼』也。……臲卼二字，易之初文，疑僅作臬兀，今作臲卼者，後人依九五增危也。臬兀者木橛也。說文：『臬射準的也，从木，自聲。』蓋立木橛以爲射之準的謂之臬引申其它木橛亦謂之臬。……易之臲卼初文當作臬兀，即臬黜。木橛在地者，在門者，作射準的者，皆可名臬，皆可名黜，連言之曰臬黜，自經生誤釋爲不安，而於臬兀增危旁，於是易之原意，湮矣。王引云：『曰之言聿，語助也。有讀爲又。』詳見豫卦困于葛藟者，足爲葛藟所絆而躓也。困于臲卼者，足爲木橛所礙而躓也。葛藟木橛皆小物，尚爲所困，如此者動必悔而又悔，故曰，困于葛藟于臲卼，曰動悔有悔。征伐之事，步步削除障礙物。葛藟木橛皆易刈斬而去之，故曰征吉。」

惠玲案：「困于葛藟，于臲卼。曰：動悔，有悔，征吉」，王弼以爲上六居困之極，乘剛无應，行則纏繞，居不獲安。困則謀通，動而能生悔，則出征可得吉。高亨以爲「葛藟」、「臲卼」爲使人絆倒的障礙物，皆易斬去，故曰「征吉」。高亨釋讀雖通，但同樣一詞「臲卼」，又見九五爻，便無法釋爲「臬黜」，故不從。今本上六爻的意思是說「上六處困的極點，乘剛无應，有困于纏繞之物，居處不安的象徵。在處困之時，動雖生悔，但有悔而解悔求通，故能往征而獲吉。」簡本除少數異文外，意旨當同。

# 二五、汬（井）卦(48)

☲☴ 汬（井）▨：改邑不改汬，亡（无）喪亡（无）旻（得），迲（往）枼（來）汬＝。气（汔）至，亦母（毋／未）�‍（繘）汬（井），羸（臝）丌（其）缾（瓶），凶①。初六：汬普（泥）不歆（食），舊汬（井）亡（无）盒（禽）②。九二：汬（井）浴（谷）弞（射）豺（鮒），隹補【四十四】縷③。九晶（三）：

**汬（井）朻（斞）不飤（食），爲我心寨，可吕（以）汲，王明，並受丌（其）福④。六四：汬（井）𩩲（疏），亡（无）咎⑤。九五：汬（井）𥓓（洌），寒湶（泉）飤（食）⑥。上六：汬（井）朻（斞）。勿寞，又（有）孚，元【四十五】吉▣【四十六】⑦。**

帛書本作「䷯ 井：茝（改）邑不茝（改）井，无亡（喪）无得。往來井井，歖（汽）至亦未汲井，纍（羸）其刑垪（瓶），凶。初六：井泥不食，舊井无禽。九二：井瀆（谷）射付（鮒），唯敝句。九三：井莛（渫）不食，爲我心塞（惻），可用汲，王明並受其福。六四：井椒（甃），无咎。九五：井戾（洌）寒湶（泉），食。尙（上）六：井收，勿幕，有復（孚），元吉。」

今本作「䷯ 井：改邑不改井，无喪无得，往來井井。汔至，亦未繘井，羸其瓶，凶。初六：井泥不食，舊井无禽。九二：井谷射鮒，甕敝漏。九三：井渫不食，爲我心惻，可用汲，王明，並受其福。六四：井甃，无咎。九五：井洌，寒泉食。上六：井收。勿幕，有孚，元吉。」

## 【注釋】

① **汬（井）：改邑不改汬（井），亡喪亡旻（得），逩（往）麥（來）汬＝（井井）。气（汽）至，亦母（毌／未）龑（䋣／繘）汬（井），羸（羸）丌（其）缾，凶**：井卦有不變的象徵，雖遷移都邑，但不改井體；井水有汲取而無所喪、泉湧而不外溢；僅管人們來來往往，井永遠保持潔靜之貌。但是，汲水已至井上，但未出井，卻翻覆汲水瓶，不能得水，這是凶象。

《說文》：「丼，八家一井。象構韓之形，•、罋象也。古者伯益初作井。」《井》卦，上坎水，下巽風，《說卦傳》：「巽爲木。」鄭玄云：「巽木，桔槔也。」古代北方用桔槔從井中提水，在井口設一木樁，將橫木吊在木樁上，一端用繩索掛水桶，另一端繫上石頭，以中間木樁爲杠桿使兩端上下運動汲井水，因此，《井》卦巽，有以桔槔之木掛桶入井之象，坎有提水出井的現象。《象》曰：「木上有水，井。君子以勞民勸相。」木上有水，即木受水得滋潤而養，這是井卦的象徵。君子能鼓勵人民勤勞，勸助百姓，以此獲得生養不息之道。

「汬」，原考釋以爲古文「阱」字，或讀爲「井」。惠玲案：《說文》：

「，古文阱，从水。」其實「㳍」係「井」加義符，實即「井」之異體，與《說文》古文「阱」字同形而已。「㳍」與帛書、今本《周易》作「井」同字。「」即「喪」字，見《槷》卦初九爻考釋。「」原考釋以爲「气」借爲「汔」。今本《周易》作「汔」。「母」，帛書、今本《周易》皆作「未」。簡本作「母」上古音明紐之部，可讀爲「毋」，上古音爲微紐魚部，同爲唇音之、魚韻旁轉，作「無」、「沒有」之義，爲否定副詞。「未」上古音爲微紐物部，與「毋」同物部韻，故二字通用。「」，原考釋「榘」字，謂待考。徐在國先生〈周易補正〉以爲「榘」從惟，從類字異體，「惟」、「類」都作聲符，當讀爲「繘」：

> T（惠玲案：指字）所從的"米"、"犬"、"月（即肉）"，疑爲"類"字異體。另外一部分是"惟"。類、律二字古通。《禮記·樂記》："律小大之稱。"《史記·樂書》"律"作"類"。律、聿二字古通。《爾雅·釋言》："律、遹、述也。"《詩·大雅·文王有聲》《正義》引"律"作"聿"。聿、繘二字古通。《詩·大雅·文王有聲》："遹追來孝。"《禮記·禮器》引"遹"作"聿"。《詩·小雅·楚茨》："神保聿歸。"《宋書·樂志》引"聿"作"遹"。《集韻》"毵"的或體作"氄"。"隼"字從"隹"聲。T所從的"類"、"惟"都是聲符，當讀爲"繘"。"繘"、"汲"二字當屬同義關係。

惠玲案：「類」，從犬頪聲。簡文「」字的左半及下方部件，從徐在國先生之說，可能爲「類」的異體字。右上半部，上爲隹，下爲心，應是「惟」無誤。今本作「繘」（喻／質），與「類」（來／微），上古同爲舌音，質、微二部旁對轉，可通（《古音學發微》頁1081）。

今本「井：改邑不改井，无喪无得，往來井井。汔至，亦未繘井，羸其瓶，凶」，王弼注：「井以不變爲德者也。『无喪无得』，德有常也；『往來井井』，不渝變也；『汔至，亦未繘井』，已來至而未出井也；『羸其瓶，凶』，井道以已出爲功也；幾至而覆，與未汲同也。」

惠玲案：井卦以井喻君子，井養人而無窮已，井水有常而不改變，是「改邑不改井」，喻君子德行有常。汲之不損，泉注不溢，是「無喪無得」。井水恆潔淨，不以有人往來而改變，是「往來井井」。但是，如果汲水未及井

口，鉤子就脫離水瓶，那就是凶了。簡本與今本文字小異而義同。

② **初六：荥（井）替不飤（食），舊荥（井）亡含（禽）**：初六以陰處陽，在井卦之下，有井已荒廢不能吃，舊的井，無禽獸到來的現象。

簡文「𦣎」，原考釋隸「普」，謂即「普」之本字，釋爲博也、大也。陳偉〈周易試釋〉以爲字當釋爲「替」，與「泥」的辭義相通。孟蓬生〈字詞考釋〉舉出中山王鼎有「𣥠」字，張政烺釋爲「替」的初文，以爲簡文應爲「替」字初文，於此釋爲「廢棄」。楊澤生先生〈上博三零釋〉以爲此字即「塱」的異體字「淰」（義爲「深泥也」），「塱」爲「泥」的加旁字，廣州話還把 "爛泥" 叫做 "泥淰"，把 "泥漿" 叫做 "泥淰漿"。（「淰」字，據網路版《粵語審音配詞字庫》，其讀音爲 baan6，ㄅㄢˋ，網址爲：http://humanum.arts.cuhk.edu.hk/Lexis/lexi-can/）

惠玲案：以上三說，釋爲「普」字，於義不妥。「淰」，《廣韻》「薄鑑切」，與今本「泥」字聲韻俱遠，其異體字作「塱」，當爲會意俗字，並非「泥」的加旁字；「替」（透／質），帛書、今本《周易》作「泥」（泥／脂），二字同爲舌頭音，質、脂二韻對轉，音韻上是可相通的；字形上，「替」字初文作「𣥠」，其後下加「口」形、「口」形又訛爲「甘」形，遂作「𦣎」，與「普」字字形相近，難以區分，漢人遂以音義相近之「泥」字替換。據此，簡文此字以釋爲「替」，形音義最合適。替，廢置也。

今本「井泥不食，舊井无禽」，王弼注：「最在井底，上又无應，沈滯滓穢，故曰『井泥不食』也。井泥而不可食，則是久井不見渫治者也。久井不見渫治，禽所不嚮，而況人乎?一時所共棄舍也。井者不變之物，居德之地，恒德至賤，物无取也。」高亨《周易古經今注》：「井泥不食者，汲水之井不可用也。舊井无禽者，陷獸之井不可用也。此二句皆物不可用之象，筮者當從事改造也。」《上博三‧周易》原考釋云：「古人以阱擒獸，甲骨文恆言『阱禽』（《殷墟文字丙編》七三）。荥多已廢，不能依食，舊荥也已不能擒獲禽獸。」

惠玲案：初六爻以陰爻在下，與六四爻又不相應，象井底泥滓沈積，不可汲飲，這種舊井連禽鳥都不肯來飲用。高亨以前句爲飲水之井，以後句爲捕獸之阱。衡諸全卦，井卦似僅指飲水之井，不能指捕獸之阱。據此，今本

初六爻的意思是說「初六以陰處陽，在井卦之下，有井中泥巴不能吃，舊的井，無禽獸到來的現象（喻德之至賤）。」簡本「泥」作「替」，餘義同。

③ **九二：汬（井）浴（谷）弜（射）豨（／鮒），隹褙縷（／甕敝漏）**：九二爻象井水應該向上養人，今反向下注射，像谿谷出水，只能養井底的癩蝦蟆，像一件不能穿的破衣服。

「浴」，原考釋謂借爲「谷」。「」，原考釋以爲「弜」字，從弓從矢，用作「射」。惠玲案：甲骨文「射」甲骨文作（《乙》7661），金文作（射女方監），正從弓從矢，楚簡與甲金文同。《上博・周易》「矢」字，作（簡三十七），足證原考釋之說可從。「豨」，原考釋云：「豨，字待考，今本作鮒，蝦蟆，一說井底小魚。」惠玲案：「」字，字書未見，字從豕丰聲，上古音爲敷紐東部，今本《周易》作「鮒」上古音爲並紐侯部，同爲唇音，東侯對轉，二字可通作。

「褙」，原考釋讀爲「敝」。惠玲案：「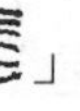」字，帛書、今本《周易》皆作「敝」。「敝」字，《說文》：「帗也。一曰：敗衣。从㡀、从攴、㡀亦聲。」甲骨文作（《拾》6.11）、（簠游 122），戰國文字作（《秦》詛楚・巫咸），簡文可能是省去「攴」形，再加上義符「衣」。故「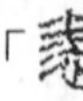」字從㡀聲，與馬王堆本、今本作「敝」通同。

簡文「隹褙縷」，今本作「甕敝漏」，應該是取象不同。

今本「井谷射鮒，甕敝漏」，王弼注：「谿谷出水，從上注下，水常射焉。井之爲道，以下給上者也。而无應於上，反下與初，故曰『井谷射鮒』。鮒，謂初也。失井之道，水不上出，而反下注，故曰『甕敝漏』也。夫處上宜下，處下宜上，井已下矣，而復下注，其道不交，則莫之與也。」

惠玲案：九二爲陽爻，本可以養人濟物，但是因爲處下卦之中，不得位，又與九五不應，因此沒有奧援。就像井水應該向上養人，今反向下注射，像谿谷出水，只能養井底的癩蝦蟆，汲水的甕也破漏不堪用。簡本作「九二：汬（井）浴（谷）弜（射）豨（鮒），隹（唯）褙（敝）縷。」「豨」似借爲「鮒」；「隹褙縷」的意思是：「猶如破敗的衣服不堪用。」

④ **九晶：汬（井）朻（㓹）不飤（食），爲我心寨（惻）。可吕（以）汲，王明，並受丌（其）福**：九三得位應上，但因爲還在下卦，未能發揮，猶如井已經

疏濬好了，卻沒有被汲取；象徵修己全潔而不被見用，因此使我心悽惻。井可以汲用，猶如臣子如能遇明主，嘉其行，欽其用，就能「並受其福」。

「杸」，原考釋讀爲「救」或「收」。孟蓬生〈字詞考釋〉以爲「杸」當是「斠」的借字，與今本作「渫」皆有「淘井」義。惠玲案：「杸」字，從木、丩聲，原考釋隸定爲「杸」無誤。但讀爲「救」（見／幽），與馬王堆本作「芷」、今本作「渫」（心／月）音不近，義亦無涉。孟蓬生讀爲「斠」（見／幽），與簡文「杸」（見／幽），聲韻畢同可通，《說文‧斗部》：「斠，挹也」，〈手部〉：「抒，挹也」，〈水部〉：「浚，抒也」，輾轉遞訓，「斠」當有「浚」義，和帛書作「芷」、今本作「渫」意思類似。「渫」和「斠」的上古相差甚遠，可能是同義換字。

「寋」，原考釋以爲可有二種讀法，一爲「從心，寋聲」有「實」的意思，二讀爲「愆」有「過失」的意思。原考釋較傾向讀爲「愆」，從寒省。季師旭昇〈周易七則〉以爲簡文此字隸定爲「寋」是正確的，但又謂「從寒省」恐有誤。「寋」即「塞」之本字。簡文「寋」，從心寋聲，和帛書「塞」字同從「寋」（心／職）聲，和今本「惻」（初／職），韻同聲近。也有可能「寋」從心、寋聲，就是「惻」的異體字。

今本「井渫不食，爲我心惻。可用汲，王明，並受其福」，王弼注：「渫，不停污之謂也。處下卦之上，復得其位，而應於上，得井之義也。當井之義而不見食，脩己全潔而不見用，故『爲我心惻』也。爲，猶使也。不下注而應上，故『可用汲』也。王明則見照明，既嘉其行，又欽其用，故曰『王明，並受其福』也。」孔穎達正義：「『井渫不食』者，渫，治去穢污之名也。井被渫治，則清潔可食。九三處下卦之上，異初六『井泥』之時，得位而有應於上，非『射鮒』之象。但井以上出爲用，猶在下體，未有成功。功既未成，井雖渫治，未食也，故曰『井渫不食』也。『爲我心惻』者，爲、猶使也。井渫而不見食，猶人脩己全潔而不見用，使我心中惻愴，故曰『爲我心惻』也。『可用汲，王明，並受其福』者，不同九二下注而不可汲也，有應於上，是可汲也。井之可汲，猶人可用。若不遇明王，則滯其才用。若遭遇賢主，則申其行能。賢主既嘉其行，又欽其用，故曰『可用汲，王明，並受其福』也。」于省吾《易經新證》「王明應讀作王盟，王盟並受其福。王引之讀並

為普，是也。井下巽，孟氏逸象，巽為齊為同，亦普徧之義，言王之盟祀，普受其福也。其指鬼神言，此與詩賓之初筵，並受其福，語例同。」

惠玲案：「井渫不食，為我心惻。可用汲，王明，並受其福」，王、孔以為九三得位應上，但因為還在下卦，未能發揮，猶如井已經疏濬好了，卻沒有被汲取；象徵修己全潔而不被見用，因此使我心悽惻。井可以汲用，猶如臣子如能遇明主，嘉其行，欽其用，就能「並受其福」。簡本除「枓」、「寒」二字小異外，餘與今本同。

⑤ **六四：汬（井）䑕（疏），亡咎**：六四象井已疏通，（只能自守，不能上給養人）這是無咎的。

「䑕」，原考釋以為從鼠，膚聲，讀為「扶」。惠玲案：隸「䑕」可從，但讀「扶」（奉／魚），恐有可商。此字今本作「甃」（側救反，莊／幽），唇音與齒音不近，要相通恐不易。本文以為或可讀為「疏」，有滌除的意思，即對井中的污穢加以排除、疏通。《國語·楚語·上》：「教之樂，以疏其穢而鎮其浮。」韋昭注：「疏，滌也。」今本《周易》作「甃」，《象》曰：「井甃无咎，修井也。」「疏」、「甃」皆有整頓、治理的意思。「䑕」上古音為書紐魚部，「疏」上古音為審紐魚部，二字上古音為舌音魚部字，可通作。「疏」和今本作「甃」上古音為莊紐幽部，上古舌、齒音有相通之例，且魚幽旁轉，二字相通假。

今本「井甃，无咎」，《象》曰：「井甃无咎，脩井也。」王弼注：「得位而无應，自守而不能給上，可以修井之壞，補過而已。」孔穎達《正義》：「『六四，井甃无咎』者，案：《子夏傳》曰：『甃亦治也，以磚壘井，脩井之壞，謂之為甃。』六四得位而无應，自守而已，不能給上，可以脩井崩壞；施之於人，可以脩德補過，故曰『井甃无咎也』。」

惠玲案：《說文》：「甃井壁也。」釋文：「甃，馬云：『為瓦裏下達上也。』干云：『以甎累井曰甃。』」王弼以為六四得位无應，自守而不能給上。因此，只可以修井之壞，補過而已。據此，今本的意思是說「六四象井已修治，（只能自守，不能上給養人）這是無咎的。」簡本作「六四：汬（井）䑕（疏），亡（无）咎。」意思是說「六四象井已疏通，（只能自守，不能上給養人）這是無咎的。」

⑥ **九五：茶（井）㵠（洌），寒滾（泉）馸（食）**：九五爻居中得正，象一定要井水清洌、寒涼，然後才肯飲用。

「㵠」，原考釋提出二說：其一以為從水、圙聲，圙為烈之或體；其二釋為「剜」，據《說文》為「銳」之籀文。於本簡則讀「㵠」為「洌」。黃錫全先生〈札記數則〉認為可能就是「湛」字古文，增加刀旁。或者「戡」字，增加水旁：

> 包山楚簡3、10、170等簡有此字，右從戈作𢧜。戈、刃義近，當為同字異體。……我們曾疑包山楚簡的這個字為"戡"字，如同《說文》湛字古文作𤄷。《周易》簡45從"水"，同"洌"，指水潔、水清，很可能就是"湛"字古文或體增從刀作，或者"戡"字增從水作。指"分列"的𣂰，當同包山楚簡，為"戡"字。其與洌、列的關係，當是義近。《說文》："洌，水清也。從水，列聲。《易》曰'井洌寒泉食'。"……王弼注："洌，潔也。"……是洌、湛有某些義近之處。《說文》戡，"刺也。"列，"分解也。"分裂與刺殺義近。

> 上列諸形似從"炎"。湛、淡音近。湛，定母侵部。炎，匣母談部。淡，定母談部。剡，定母談部。但是，似乎又不能直接將這些字釋為"淡"或者從"炎"，更不能直接釋為"列"。因為其與目前見到的淡、列畢竟有別。因此，我們還是堅持原來的意見，主張其構形與"湛"字古文有關。然最終如何確定，可能還需要更多的材料。

旭昇案：從「𤇾」或「医」形所構字，舊見包山楚簡，如《滕編》頁351隸為「㓞」的字形有：𣂰（《包》2.77）、𣂰（《包》2.82）、𣂰（《包》2.42）、𣂰（《包》2.42）；頁871隸為「戡」的字形有：𢧜（《包》2.3）、𢧜（《包》2.10）等。舊多據《說文》「湛」之古文作「𤄷」、《古文四聲韻》「湛」字作𤄷（古老子）、𤄷（崔希裕纂古）、《說文》「銳」之籀文作「𣂰」來思考此字。但《上博二‧容成氏》簡16有「𤇾役」，李零考釋隸「瘴役」，謂：「上字，楚簡或用為『列』，疑是古『烈』字。」《上博三‧周易》簡45「𢧜」字，馬王堆本作「戾」，今本作「洌」；簡四十九亦有類似字形作「𣂰」，馬王堆本作「戾」，今本作「列」。綜合以上資料，疑此字應從「𤇾」，「𤇾」從L、從二火，會烈火燒L（乚，區之初文，象一個的區域、或隱蔽之地，

戰國文字「或（域）」、「區」多從此形）之意，爲「烈」之象意本字。「剡」、「圝」則讀爲「列」；《說文》訛爲「剠」，又誤以爲「銳」之籀文。「烈、列」（來／月）、「銳」（喻／月），韻同，聲母同爲舌音，音近可通。至於《說文》「湛」之作「𣵽」，可能是另一個不同來源的字形，「湛」（定／侵）、「淡」（定／談）、「剡」（定／談）音近可通。據此，《上博三·周易》簡45「㸐」應即「列」字，與今本同字。

今本「井洌，寒泉食」，王弼注：「洌，潔也。居中得正，體剛不撓，不食不義，中正高潔，故『井洌寒泉』，然後乃『食』也。」

惠玲案：九五陽剛，居中得位，不食污穢之物，故「井洌寒泉」，而後食。象徵剛正之主，一定要行爲剛潔的賢人，才肯納用。簡本同。

⑦ 上六：汬（井）杽（收）。勿宾（幕），又（有）孚，元吉：上六象處井之極，水已出井，此可收井之大功。如能不自掩覆，有孚信而致功，則可獲大吉。

「杽」，原考釋讀爲「救」或「收」。惠玲案：帛書、今本《周易》皆作「收」（書／幽），與簡本「杽」（見／幽），韻同，聲紐雖有舌牙之異，但《說文》「收」字從「丩」得聲，「杽」亦從「丩」，二字當可通假。「宾」，原考釋以爲有寂寞、冷落之義。惠玲案：帛書、今本《周易》皆作「幕」。「宾」、「幕」上古音皆爲明紐鐸部，「宾」當讀爲「幕」，義爲「遮蓋」。

今本「井收。勿幕，有孚，元吉」，王弼注：「處井上極，水已出井，井功大成，在此爻矣，故曰『井收』也。群下仰之以濟，淵泉由之以通者也。幕猶覆也。不擅其有，不私其利，則物歸之，往无窮矣，故曰『勿幕有孚，元吉也』。」

惠玲案：王弼以爲上六處井之上極，水已出井，井功大也，孔疏謂「收」讀去聲，有「成」的意思。能不擅其有，不私其利，則物歸之，可有元吉。幕釋爲覆，謂獨自掩覆私利。簡本義同。

# 二六、革卦(49)

䷰ 革▨：改（巳）日卤（乃）孚，元羕（永）貞，利貞，㗲（悔）亡（无）①。初九：娿（革）用黃牛之革②。六二：改（巳）日乃革之，征吉，亡（无）咎③。九晶（三）：征凶。革言晶（三）就，又（有）孚④。【四十七】【九四：悔亡，有孚改命，吉⑤。九五：大人虎變，未占有孚⑥。上六：君子豹變，小人革面，征凶，居貞吉⑦。】

帛書本作「䷰ 勒（革）：巳日乃復（孚）。元亨，利貞，悔亡。初九：共（鞏）用黃牛之勒（革）。六二：巳日乃勒（革）之，正（征）吉，无咎。九三：征凶，貞厲。革言三就，有復（孚）。九四：悔亡，有復（孚）苣（改）命，吉。九五：大人虎便（變），未占有復（孚）。尚（上）六：君子豹便（變），小人勒（革）面，征凶。居，貞吉。」

今本作「䷰ 革：巳日乃孚，元亨利貞，悔亡。初九：鞏用黃牛之革。六二：巳日乃革之，征吉，无咎。九三：征凶，貞厲。革言三就，有孚。九四：悔亡，有孚改命，吉。九五：大人虎變，未占有孚。上六：君子豹變，小人革面，征凶，居貞吉。」

## 【注釋】

① 革：改（巳）日卤（乃）孚，元羕貞，利貞，㗲（悔）亡：革卦象不能驟變，要讓人有一段適應的改革時日，才能能孚信於民，因此大通永貞，利於貞正，无所後悔。

《說文》：「革，獸皮治去其毛革曰革。革，更也。」引伸有改革、變革之義。《革》卦上兌澤，下離火，兌為少女，離為中女，離火炎上，兌水潤下，二女同居，上下異志，故不相得，而有變革。《象》曰：「澤中有火，革。君子以治曆明時。」水澤之中有離火，水火相克，因此有變革。君子體察四時日夜的變化，治定曆法，昭明天下。

「改」即「改」，原考釋依形隸定作「改」，並據《說文》「改，殺改，大剛卯已逐鬼也」，釋為「逐鬼禳祟之日」。惠玲案：此字依形隸作「改」，

可從。然釋「改日」為「逐鬼禳祟之日」，則可不必。今本《周易》作「巳」，與「改」可通。「改日」即「改日」，即「改革、改變之日」。

今本「革：巳日乃孚，元亨利貞，悔亡」，王弼注：「夫民可與習常，難與適變；可與樂成，難與慮始。故革之為道，即日不孚，『巳日乃孚』也。孚，然後乃得『元亨利貞，悔亡』也。巳日而不孚，革不當也。悔吝之所生，生乎變動者也。革而當，其悔乃亡也。」

惠玲案：「巳日」說法有六，一讀「巳」為「已」，釋為「過往之義」，如王弼、孔穎達；二為「天命已至之日」，如干寶；三為「十干的己日」，如虞翻；四為「祀社之日」如于省吾《易經新證》、高亨《周易古經今注》；五為「改革之日」如顧炎武、吳棱雲、屈萬里先生（以上三家參屈萬里先生《讀易三種》）。以義理而言，一、五兩說最好。

革卦兌澤在上，離火在下。火然則水乾，水決則火滅，改革是很激烈的。所以王弼以為民難以適變，改革之初，未能信服，但「巳曰乃孚」，即需要一段時日，讓人慢慢適應，改革得當，就能元亨利貞，無悔。簡本「巳」作「改」，謂改革。「元亨利貞」作「元羕貞，利貞」，義謂「大通永貞，利於貞正」。

② **初九：娿（鞏）用黃牛之革**：初九得位無應，象以黃牛的皮革堅固綑縛，有不可為的象徵。

「娿」，原考讀為「鞏」，釋為固也。惠玲案：「𡚗」字，從原考釋之說，從女，巩聲，與今本《周易》作「鞏」皆「巩」聲，故可通作。

今本「鞏用黃牛之革」，王弼注：「在革之始，革道未成，固夫常中，未能應變者也。此可以守成，不可以有為也。鞏，固也。黃，中也，牛之革，堅仞不可變也。固之所用常中，堅仞不肯變也。」

惠玲案：初九居革之始，得位，但與九四不應，可以守成，不可以有為，就像用黃牛皮來綁縛鞏固，雖堅韌而不能應變改革。像能得其常中之道，但不能改革。黃於五行屬中央。簡本義同。

③ **六二：改（巳）日乃革之，征吉，亡（无）咎**：六二爻象改革日子巳至，別人已經發動改革，然後才跟進，此時前往而獲吉，沒有災咎。

今本「巳日乃革之，征吉，无咎」，王弼注：「陰之為物，不能先唱，順

從者也。不能自革，革已乃能從之，故曰『巳日乃革之』也。二與五雖有水火殊體之異，同處厥中，陰陽相應，往必合志不憂咎也，是以征吉而无咎。」

惠玲案：六二陰柔，只能順從，不能自革，一定要別人已經發動改革之後，才能跟進。六二與九五相應，雖有水火殊體的不同，但相應合志，所以不必耽憂有災咎。簡本同。

④ **九晶（三）：征凶。革言晶（三）就，又（有）孚**：九三爻象前往征討，是凶的。已經進行改革，而有上三爻來依附，有誠信讓人信服。

「革言」，原考釋從舊說釋爲「革之言論」。可商。「就」，原考釋隸作「敠」，讀爲「就」，以爲字形待考。季師旭昇〈周易七則〉指出此字即楚系文字「就」字：

> 此字左旁不作「京」，實即楚系文字「就」字，見鄂君啟節。簡 47 右旁疊加義符耳。

惠玲案：「就」字，甲骨文作〔字〕（《前》7.14.2），〔字〕金文作（子毫鼎），楚系文字作〔字〕（鄂君啓節）、〔字〕（《郭》5.21），秦文字作〔字〕（《睡》田律 48），字從亯在京上，表示就高處爲宗廟以祭之意（參《說文新證》頁 452）。此處指依附、依靠之意。

「征凶」，今本作「征凶，貞厲」，由各本對照看來，楚簡本似乎疑漏「貞厲」二字。也有可能「征凶」與「貞厲」皆爲不吉之事，類同之辭，書手擇一而用。

今本「征凶，貞厲。革言三就，有孚」，王弼注：「己處火極，上卦三爻，雖體水性，皆『從革』者也。自四至上，從命而變，不敢自違，故曰『革言三就』。其言實誠，故曰『有孚』。『革言三就有孚』而猶征之，凶其宜也。」

旭昇案：「革言三就」，古今學者意見紛紜。王、孔以爲九三陽爻而居陽位，處下卦離火之極，其上澤卦三爻，都會跟著九三而變革，這就是「革言三變」。其說合於卦象，似較合理。「就」釋「依附」，謂上三爻依附九三爻。「言」，各家多依字解，謂言語；高亨則釋爲「罪辛」，似皆難通。疑此處當用爲連詞，如《詩經》「靜言思之」、「駕言出游」等，語譯作「而」，則「革言三就」似可語譯爲「改革而有三爻來依附」。「征凶」，王弼以爲已經進行改革，三爻來附，仍然前往征討，則自然是凶。雖貞正而有危厲。簡本除無

「貞厲」二字外，餘均同意。

⑤ 九四：悔亡，有孚改命，吉：九四爻與初九不相應，但能有改革，即可無悔，以孚信而改其命，則能得吉。

王弼注：「初九處下卦之下，九四處上卦之下，故能變也。无應，悔也。與水火相比，能變者也，是以『悔亡』。處水火之際，居會變之始，能不固吝，不疑於下，信志改命，不失時願，是以『吉』也，有孚則見信矣。見信以改命，則物安而无違，故曰『悔亡，有孚改命，吉』也。處上體之下，始宣命也。」

惠玲案：九四爻處上卦之下，與初九爻不相應，本應有悔。但是它是由下卦火轉爲上卦澤的開始，象能改革，所以無悔。能真正信從九三爻而改革，信志改命，所以是吉。

⑥ 九五：大人虎變，未占有孚：九五居中處尊，象以大人之德爲革之主，創制立法，有如老虎般威猛的變革，不勞占決，而信德自著。

王弼注：「『未占而孚』，合時心也。」《象》曰：「大人虎變，其文炳也。」孔穎達《正義》：「九五居中處尊，以大人之德爲革之主，損益前王，創制立法，有文章之美，煥然可觀，有似『虎變』，其文彪炳。則是湯、武革命，廣大應人，不勞占決，信德自著，故曰『大人虎變，未占有孚』也。」高亨《周易古經今注》：「變疑借爲辯，古字通用。……大人虎辯猶云大人虎文矣。」

惠玲案：九五爻居中處尊位，以大人之德爲革之主，來創制立法，有似「虎變」，不勞占決，就能信德自著。高亨釋「虎變」爲「虎辯」，與《象》「大人虎變，其文炳也」看起來好像頗有關係，不過考慮到「變」與《革》的關係，「虎變」還是釋爲「像老虎一樣的改變」比較合於卦義。

⑦ 上六：君子豹變，小人革面，征凶，居貞吉：上六象處革變之終，革道已成，君子處之，有如豹一般的改變，文彩斑斕；小人處之，則能變其顏面，和悅順上。此時征則凶，居而守正則吉。

《象》：「君子豹變，其文蔚也；小人革面，順以從君也。」鄭玄注：「面，猶向也。」王弼注：「居變之終，變道已成，君子處之，能成其文。小人樂成，則變面以順上也。改命創制，變道已成，功成則事損，事損則无爲。故居則得正而吉，征則躁擾而凶也。」惠玲案：上六居變革之終，變道已成，

陰爻不如陽爻之盛，故君子處之，能如豹變而文彩斑斕。小人處之，則能變面以順上。此時居而得正則吉。

## 二七、艮卦(52)

**䷳ 艮▣：丌（其）伓（背），不膿（獲）丌（其）身，行丌（其）廷，不見其人，无咎①。初六：艮丌止，亡（无）咎，利羕（永）貞②。六二：艮丌（其）足，不陞（拯）丌（其）陵（隨），丌（其）心不悸③。九晶（三）：艮丌（其）瞳（限），【四十八】剟（洌）丌（其）衝（夤），礪（厲）𠫤（熏）心④。六四：艮丌（其）躳⑤。六五：艮丌（其）頌（輔），言又（有）畬（序），慇（悔）亡（无）⑥。上九：辜（敦）艮，吉▣⑦。【四十九】**

帛書本作「䷳ 根（艮）：根（艮）其北（背），不濩（獲）其身，行其廷，不見其人，无咎。初六：根（艮）其止（趾），无咎，利永貞。六二：根（艮）其肥（腓），不登（拯）其隨，其心不快。九三：艮其限，戾（列）其肥（夤），厲薰心。六四：根（艮）其竆（躬）。六五：根（艮）其胺（輔），言有序，悔亡。尙（上）九：敦根（艮），吉。」

今本作「䷳ 艮：其背，不獲其身，行其庭，不見其人，无咎。初六：艮其趾，无咎，利永貞。六二：艮其腓，不拯其隨，其心不快。九三：艮其限，列其夤，厲熏心。六四：艮其身，无咎。六五：艮其輔，言有序，悔亡。上九：敦艮：吉。」

**【注釋】**

① **艮：丌伓，不膿丌身，行丌廷，不見其人。无咎**：艮卦爲艮止之象，就像止於背，看不到前身（欲望就不會發作）；又像走到庭中，看不到人，這是沒有災咎的。

《說文》：「艮，很也。从匕目，匕目猶目相匕，不相下也。《易》曰『艮其限。』匕目爲艮，匕目爲真。」「艮」字，本義爲「顧、向後看」的意思，本卦假借爲「止」。《艮》卦有兩山相重的象徵，艮爲止，兩山相疊，止義更

顯。所以君子能體察所止，思慮所及，不超出自己的職位。

「伓」，原考釋以爲「伓」，或讀爲「背」。惠玲案：帛書作「北」，今本作「背」。簡文「伓」（幫／職），「背」（幫／之），聲同韻對轉，「伓」可假爲「背」。「膄」，原考釋隸定作「夒」，非，應作「膄」，參見《隨》卦九四爻文字考釋。

今本「艮：其背，不獲其身，行其庭，不見其人，无咎」，王弼注「艮其背」謂：「目无患也。」注「不獲其身」謂：「所止在後，故不得其身也。」注「行其庭，不見其人」謂：「相背故也。」注「无咎」謂：「凡物對面而不相通，『否』之道也。艮者，止而不相交通之卦也。各止而不相與，何得无咎？唯不相見乃可也。施止於背，不隔物欲，得其所止也。背者，无見之物也。无見則自然靜止，靜止而无見，則『不獲其身』矣。『相背』者，雖近而不相見，故『行其庭，不見其人』也。夫施止不於无見，令物自然而止，而強止之，則姦邪並興，近而不相得則凶。其得『无咎』，『艮其背，不獲其身，行其庭，不見其人』故也。」

孔穎達《正義》：「目者，能見之物，施止於面，則抑割所見，強隔其欲，是目見之所患。今施止於背，則『目无患也』。『艮其背，不獲其身，行其庭，不見其人，无咎』者，艮、止也，靜止之義，此是象山之卦，其以『艮』爲名。施之於人，則是止物之情，防其動欲，故謂之止。『艮其背』者，此明施止之所也。施止得所，則其道易成；施止不得其所，則其功難成，故《老子》曰：『不見可欲，使心不亂也。』背者、无見之物也，夫无見則自然靜止。夫欲防止之法，宜防其未兆。既兆而止，則傷物情，故施止於无見之所，則不隔物欲，得其所止也。若施止於面，則對面而不相通，強止其情，則姦邪並興，而有凶咎。止而无見，則所止在後，不與而相對，言有物對面而來，則情欲有私於己。既止在後，則是施止无見，所止无見，何見其身，故不獲其身。既不獲其身，則相背矣。相背者，雖近而不相見，故行其庭，不見其人。如此乃得无咎，故曰『艮其背，不獲其身，行其庭，不見其人，无咎』也。又若能止於未兆，則是治之於未萌，若對面不相交通，則是『否』之道也。但止其背，可得『无咎』也。」

惠玲案：《艮》卦上艮山、下艮山，都是一陽在二陰之上，所以有艮止

之象。《彖》：「時止則止，時行則行，動靜不失其時，其道光明。」背是人身中不能見到的部位，艮止於背，不見其身，因此可以自然靜止而無見，防患物欲於未發。猶如走在庭中，而不見其人。因爲物欲未萌，所以無咎。簡本卦末稍殘，但當與今本同義。

② 初六：艮亓（其）止（趾），亡（无）咎，利羕（永）貞：初六爻有艮止於腳止之象，無咎，利於永遠固守貞正。

「⼞」，原考釋隸「止」，以爲同「趾」，「足也」。惠玲案：字，原考釋隸爲「止」無誤，但以爲是甲骨文「足」之象形，則非。「止」應爲人的腳掌，「趾」字初文，「足」是從臀部到腳底，參《說文新證》頁97。

今本「艮其趾，无咎，利永貞」，王弼注：「處止之初，行无所之，故止其趾，乃得『无咎』；至靜而定，故利永貞。」

惠玲案：初六以陰爻在下卦之初，故爲艮止之初，於人身取象則爲腳趾。剛開始行動，不知所往，因此止其趾，停止不行，才能无災咎。此爻需靜，因此說利於永遠守著貞正。簡本同。

③ 六二：艮亓（其）足（／腓），不陞（拯）亓（其）陵（隨），亓（其）心不悸（快）：

「足」，廖名春先生〈校釋記二〉在釋《欽》卦九三爻時，提到「腓」、「足」義近通用，因此和今本《周易》義近通用。或迻以楚簡本「足」字解釋，雖與帛書、今本《周易》異文，但可通。「陞」，原考釋讀爲「陞」或「抍」，與今本《周易》作「拯」同。又引《集韻》：「抍，古或作承、橙、拯、丞。」謂「阩」、「拯」義同。惠玲案：帛書《周易》作「登」，今本《周易》作「拯」。其字京房作「抍」，《釋文》作「承」。楚簡本作「陞」，可見京房是有所本。如原考釋所引「抍、承、橙、拯、丞」音義並同，可通。

「陵」，原考釋讀爲「墮」，釋文隸定則作「隨」。惠玲案：原考釋隸定爲「陵」無誤，讀爲「隨」與帛書、今本《周易》同。見《隨》卦卦辭文字考釋。

「悸」，原考釋引《說文》釋云：「心動也。」惠玲案：「悸」（群／質），帛書、今本《周易》作「快」（溪／月），二字聲韻俱近，可通假。

今本「艮其腓，不拯其隨，其心不快」，王弼注：「隨謂趾也。止其腓，

故其趾不拯也。腓體躁而處止，而不得拯其隨，又不能退聽安靜，故『其心不快』也。」孔穎達《正義》：「『艮其腓，不拯其隨』者，腓、腸也，在足之上。腓體或屈或伸，躁動之物，腓動則足隨之，故謂足為隨。拯、舉也，今既施止於腓，腓不得動，則足无拯舉，故曰『艮其腓，不拯其隨』也。『其心不快』者，腓是躁動之物，而強止之，貪進而不得動，則情與質乖也，故曰『其心不快』。此爻明施止不得其所也。」

惠玲案：六二爻象小腿肚，處於艮卦，不能動，因此不能舉趾（初六爻為趾，隨著六二爻，所以王弼說「隨謂趾」）。孔穎達以為「拯，舉也」，證諸簡本作「陞」，與「舉」義相合，孔說可從。小腿肚是好動的，現在不能動，所以「其心不快」。簡本「其心不快」作「其心不悸」，義無不同。

④ **九晶（三）：艮亓（其）瞳（限），翽（列）亓（其）衜（胤／夤），礪（厲）㪣（薰）心：**九三爻象腰部停止不動，背夾肉則感到分裂，因此有危厲熏染其心的現象。

「瞳」，原考釋隸定作「瞙」，義為「閉目」。徐在國先生〈周易補正〉以為此字從目、堇聲，讀為「限」，惠玲案：何琳儀先生《戰國古文字典》下冊 975 頁謂「莫」字下加土分化成「堇」字。察簡文此字左下方有「土」形，故當隸為「堇」。徐在國先生以為此字應從目、堇聲，讀為「限」可從。「瞳」（見／諄），今本《周易》作「限」（匣／諄），聲近韻同，可相通假。

「翽」，原考釋讀為「列」，可從。參簡 45 注。「衜」，原考釋謂「疑胤字」。季師旭昇〈周易七則〉謂此字從行、胤聲，讀為「胤」。此字於今本《周易》作「夤」，上古音皆為喻紐真部，二字可通假。

「㪣」，字形作「㪣」，原考釋隸為「同」，讀為「痛」。徐在國先生〈周易補正〉疑釋「谷」，《說文》「谷」讀為「沈」，「沈」從「允」（匣／文）聲，可以和今本「薰」（曉／文）通；黃錫全先生〈札記數則〉釋作「同」（匣／耕），謂與「薰」音近可通。

惠玲案：「同」，楚文字作㪣（《包》2.138 反），「谷」，戰國文字作㪣（《貨系》205 布空），楚文字作「同」，楚文字作㪣（《帛書甲》7）。「同」、「谷」、「同」和簡文「㪣」字似乎皆無形音吻合。

旭昇案：釋「同」，字形差近，但音讀與「薰」的韻部相去較遠。釋「谷」，

字形也可以說得過去，戰國文字常在「八」形下多寫一橫畫，如「尙」，西周中智鼎作「尙」、戰國中山王壺作「尙」，是其證。但是音讀通不過，「合」（以轉切，喻紐元部），《說文》以爲「讀若沈州之沈」；「沈」（以轉切）從水、「允」聲；「允」（余準切，喻紐諄部），上古音都在喻紐，不在匣紐，與今本「薰」（曉／諄）聲母相去太遠。疑此字上從「ㅿ」或可視爲「夰」（夰）省，「夰」字「八」形下一般作二橫畫，但是也有作一橫畫的，如《望山》2.13作「夰」。「呇」字從「口」、「夰」（群／元）聲，與「薰」聲韻俱近，可通。

今本「艮其限，列其夤，厲薰心」，王弼注：「限，身之中也。三當兩象之中，故曰『艮其限』。夤，當中脊之肉也。止加其身，中體而分，故『列其夤』而憂危薰心也。『艮』之爲義，各止於其所，上下不相與，至中則列矣。列加其夤，危莫甚焉。危亡之憂，乃薰灼其心也。施止體中，其體分焉。體分兩主，大器喪矣。」孔穎達正義：「『限，身之中』，人□帶之處[1]，言『三當兩象之中』，故謂之『限』。施止於限，故曰『艮其限』也。夤，當中脊之肉也。薰，燒灼也。既止加其身之中，則上下不通之義也，是分列其夤。夤既分列，身將喪亡，故憂危之切，薰灼其心矣。然則君臣共治，大體若身，大體不通，則君臣不接，君臣不接，則上下離心，列夤則身亡，離心則國喪，故曰『列其夤，厲薰心』。」

惠玲案：限、身之中也，即腰部；夤、當中脊之肉也（旭昇案：夤字於秦公簋作「夤」，實從肉。《說文》訛爲從「夕」）。九三處於下卦之上，因此象腰。上下卦皆爲艮卦，九三在兩象之中，象艮止於腰，中體而分，象分裂脊肉，因此有危厲薰染其心的現象。孔穎達以爲喻君臣共治，大體不通，則君臣不接，上下離心，國喪。其說可從。簡本義同。

⑤ 六四：艮丌（其）躳（／身）：六四爻象止於其上身的象徵，這是无災咎的。

「躳」，《說文》「躳，身也。」今本「艮其身，无咎」，王弼注：「中上稱身，履得其位，止求諸身，得其所處，故不陷於咎也。」

惠玲案：六四爻象徵當腰以上，六四爻以陰爻居陰位，履得其位，時止則止。今本有「无咎」兩字，亦可。今本六四爻的意思是說「六四爻象止於

---

[1] □字殘，以意求之，本句當作「人當帶之處」。

其上身的象徵，這是无災咎的。」簡本除無「无咎」二字外，餘同。

⑥ 六五：艮亓（其）頠（頷），言又（有）舍（序），悬（悔）亡：六五以陰居
尊位，象止於口輔，言語有秩序，沒有後悔。

「頠」，原考釋疑爲「輔」之或體。惠玲案：「頠」從父、從頁，疑即「頷」
字，和今本《周易》「輔」均屬奉紐魚部，面頰也。「舍」，原考釋以爲或釋「舒」，
讀爲「序」。

惠玲案：「舍」從余、呂聲，即「舒」字。今字「舒」從舍，「舍」本從
「余」聲；從「予」聲，「予」本從「呂」分化（參《說文新證》上冊頁314）。
帛書、今本《周易》皆作「序」。「序」本從广、予聲，與「舒」同出一聲，
可相通假。

今本「艮其輔，言有序，悔亡」，王弼注：「施止於輔，以處於中，故口
无擇言，能亡其悔也。」惠玲案：「輔」的本義是車輪外側增縛的兩條直木，
用以增強車輪的承載力。人的兩頰像車輪的兩輔，所以臉頰也叫輔，也作頷。
六五以陰爻處中，故有止於口輔之象，因此口中說出來的言語都能有序，因
此能亡悔。簡本義同。

⑦ 上九：敦（敦）艮，吉：上九爻象居艮止之極，有敦厚以自止的象徵，這是
吉利的。

今本「敦艮，吉」，王弼注：「居止之極，極止者也。敦重在上，不陷非
妄，宜其『吉』也。」惠玲案：艮爲山，上九爻爲山之極，艮山有止義，山
之極則厚止，即靜之極。王弼以爲上九居於止之極，有極止的意思。能敦厚
而止，不陷入非妄，故爲吉。簡本義同。

## 二八、漸（漸）卦(53)

☶ 漸（漸）▨：女遝（歸）吉，利貞①。初六：鴋（鴻）漸（漸）于䳾（淵），
少（小）子礪（厲），又（有）言，不冬（終）②。六二：鴋（鴻）漸于堅（阪），
舍（飲）飤（食）鼉-（衎衎），吉③。九晶（三）：鴋（鴻）漸于陸，夫征不遝
（復），婦孕而【五十】【育，凶。利禦寇④。六四：鴻漸于木，或得其桷，无

咎⑤。九五：鴻漸于陵，婦三歲不孕，終莫之勝，吉⑥。上九：鴻漸于陸，其
羽可】【用爲儀，吉】⑦

　　帛書本作「☰☰☰」　漸：女歸吉，利貞。初六：鳿（鴻）漸于淵，小子瘳（厲），
有言，无咎。六二：鳿（鴻）漸于坂（磐），酒食衍（衎）衍（衎），吉。九三：
鳿（鴻）漸于陸，夫征不復，婦繩（孕）不育，凶。利所寇。六四：鳿（鴻）
漸于木，或直其寇，戢，无咎。九五：鳿（鴻）漸于陵，婦三歲不繩（孕），終
莫之勝，吉。佝（上）九：鳿（鴻）漸于陸，其羽可用爲宜（儀），吉。」

　　今本作「☰☰☰」　漸：女歸吉，利貞。初六：鴻漸于干，小子厲，有言，无咎。
六二：鴻漸于磐，飲食衎衎，吉。九三：鴻漸于陸，夫征不復，婦孕不育，凶，
利禦寇。六四：鴻漸于木，或得其桷，无咎。九五：鴻漸于陵，婦三歲不孕，
終莫之勝，吉。上九：鴻漸于陸，其羽可用爲儀，吉。」

## 【注釋】

① **漸（漸）：女逗（歸）吉，利貞**：漸卦有漸進的意思，女子的嫁人，也是經
　過漸進的方式，如此能得吉。漸進而嫁，利於貞正自守。

　　《說文》「漸」爲水名。「漸」在文獻中有「進」的意思，見《漢書‧郊
　祀志》集注。《漸》卦上巽木，下艮山，木之長是漸成的，非一朝一夕所致，
　這便是《漸》卦的道理。君子體察於此，求賢得使居位，化風俗使清善，皆
　須以漸進之。

　　「漸」，原考釋隸作「漸」云：「同漸字，本簡六二、九三爻辭又作漸。」
　惠玲案：「𣶏」字，直接隸定當作「漸」，同「漸」。「逗」，原考釋以爲同「歸」。

　　今本「漸：女歸吉，利貞」，王弼注：「漸者，漸進之卦也。『止而巽』，
　以斯適進，漸進者也。以止巽爲進，故『女歸吉』也。進而用正，故『利貞』
　也。」

　　惠玲案：《漸》卦下爲艮止，上爲巽風，有漸進之義，女歸有漸，則得
　吉。婦人出嫁，五禮完備才能出嫁，故漸之所施，吉在女嫁，這就是「女歸
　吉」。女歸有漸，得禮之正，故曰『利貞』也。可從。今本卦辭的意思是說
　「漸卦有漸進的意思，女子的嫁人，也是經過漸進的方式，如此能得吉，漸

進而正，才能利於貞正自守。」簡本同。

② **初六：瑪（鴻）漸于鮨（澗），少（小）子礦（厲），又（有）言，不冬（終）：**
初六爻象鴻鳥漸進在水澗，有小子謗言的危厲，但不會危厲至終。

「瑪」，原考釋以爲同「鴻」。可從。此與《說文》釋爲「鳥肥大隹隹也」的「瑪」（「隹」的或體字）不同字。「鮨」原考釋以爲亦「澗」字，通「干」。李零〈釋"利津鮨"和戰國人名中的𡎉與𡎉字〉以《侯馬盟書》中「𤲖」字又可以寫成「𡎉」（通「𡎉」），因而主張「鮨」字當釋「衍」。禤健聰〈上博簡（三）小札〉指出此字也見於青川木牘《爲田律》和朱家集幾件鑄客器（集成 1803−1806、1250）。並據帛書本《周易》的對應此字作「淵」，因而主張此字應釋「淵」。

旭昇案：以字形而言，「鮨」字釋爲「兩山夾水」之「澗」（見／元）似乎最合理。今本作「干」（見／元），二字音義俱近。馬王堆本作「淵」（影／真），聲韻亦近。李零以「𡎉」（「𡎉」）或作「𤲖」（溪／元），因謂「鮨」當即「衍」（喻／元），當視爲「澗」假借爲「衍」。「衍」與「澗」聲紐雖不同，但「愆」（溪／元）從「衍」（喻／元）聲，與「澗」音近。

今本「鴻漸于干，小子厲，有言，无咎」，虞翻云：「鴻，大雁也。離五，鴻。漸，進也。小水從山流下稱『干』。」惠玲案：「干」字有「水涯」與「澗」二義，虞翻釋「干」爲「小水從山流下」，實取「澗」義，與簡本同。

王弼注：「鴻，水鳥也。適進之義，始於下而升者也，故以鴻爲喻之。又皆以進而履之爲義焉，始進而位乎窮下，又无其應。若履于干，危不可以安也。始進而未得其位，則困於小子，窮於謗言，故曰『小子厲有言』也。困於小子讒諛之言，未傷君子之義，故曰『无咎』也。」孔穎達《正義》：「『鴻漸于干』者，鴻，水鳥也。干，水涯也。漸進之道，自下升高，故取譬。鴻飛，自下而上也。初之始進，未得祿位，上无應援，體又窮下，若鴻之進于河之干，不得安寧也，故曰『鴻漸于干』也。『小子厲有言，无咎』者，始進未得顯位，易致陵辱，則是危於小子，而被毀於謗言，故曰『小子厲有言』。小人之言，『未傷君子之義』，故曰，『无咎』也。」

惠玲案：王弼以爲《漸》卦以水鳥喻人事，初六處於窮下，又與六四不相應，因此危不可安，有小子謗言的危厲，但未傷君子之義，所以無咎。孔

疏釋「干」爲「水涯」，與簡本「澗」不同，但對卦爻取義則並無歧異。據此，今本初六爻的意思是說「初六爻象鴻鳥漸進在水涯邊，雖有小子謗言的危厲，但未傷君子之義，因此无災咎。」「无咎」，簡本作「不終」。

　　簡本作「初六：瑪（鴻）漸于鵵（澗），少（小）子礪（厲），又（有）言，不冬（終）。」初六爻的意思是說「初六爻象鴻鳥漸進在水澗，有小子謗言的危厲，但不會危厲至終。」「不終」謂「咎厲不終」，與今本「无咎」義無不同。

③ **六二：瑪（鴻）漸于堅（磐），畲（飲）𩙞（食）蠱＝（衎衎），吉：**六二爻象鴻鳥漸進於山石，飲食和樂，這是吉利的。

　　原考釋讀「堅」爲「磐」；謂「畲」即「飲」。均可從。

　　原考釋隸「𩙞」爲「蠱」，以爲字待考。陳偉〈周易試釋〉以爲此字從「侃」、從二「虫」，「侃」聲與今本《易經》「衎」聲音近可通。惠玲案：陳說可從，此字上部確從「侃」，不從「儋」。

　　今本「鴻漸于磐，飲食衎衎，吉」，王弼注：「磐，山石之安者，少進而得位，居中而應，本无祿養，進而得之，其爲歡樂，願莫先焉。」孔穎達《正義》：「磐，山石之安者也。衎衎，樂也。六二『進而得位，居中而應』，得可安之地，故曰『鴻漸于磐』。既得可安之地，所以『飲食衎衎』然，樂而獲吉福也，故曰『鴻漸于磐，飲食衎衎，吉』也。……馬季良云：『山中石磐紆，故稱磐也。』鴻是水鳥，非是集於山石陵陸之禽，而爻辭以此言『鴻漸』者，蓋漸之爲義，漸漸之於高，故取山石陵陸，以應漸高之義，不復係水鳥也。」

　　惠玲案：今本《周易》「磐」字，帛書《周易》作「坂」、楚簡本作「堅」。《史記‧封禪書》、《漢書‧郊祀志》引作「般」。王引之云「西漢以前之書，言磐石者，皆連石字爲文，無單稱磐者。今案《史記‧孝武紀》、〈封禪書〉、〈郊祀志〉並載武帝詔曰：『鴻漸于般。』孟康注曰：『般，水涯堆也。』其義爲長。」（參《讀易三種》頁325）「磐」字，有四說：一爲「山石」，如王弼、孔穎達。二爲「大石」，如朱熹。三爲「水涯堆」，如王引之。四爲「泮」，如高亨。今本初六爻作「干」、六二爻作「磐」、九三爻作「陸」、六四爻作「木」、九五爻作「陵」、上九作「陸」。九三「陸」字，《釋文》引馬云：「山

上高平曰陸。」後四爻並與水無關，故六二「磐」作「山石」解，義無不通。

　　王弼以爲六二爻得位居中，上應六五，像鴻鳥漸進於磐石。因此六二爻雖然在下卦，本無祿養，但漸進而得之，心中沒有比這個更快樂的了。據此，今本六二爻的意思是說「六二爻象鴻鳥漸進於山石，飲食和樂，這是吉利的。」簡本同。

④ 九晶（三）：鴻（源）漸于陰（陸），夫征不返（復），婦孕而 不育，凶。利 禦寇：九三象鴻鳥漸進於山之高平處，象丈夫出征不返，妻子非夫而孕，因而不得養育，這是凶的。丈夫在外能結合他人，是有利於禦寇的象徵。

　　今本「鴻漸于陸，夫征不復，婦孕不育，凶；利禦寇」，王弼注：「陸，高之頂也。進而之陸，與四相得，不能復反者也。『夫征不復』，樂於邪配，則婦亦不能執貞矣。非夫而孕，故『不育』也。三本艮體，而棄乎群醜，與四相得，遂乃不反，至使婦孕不育。見利忘義，貪進忘舊，凶之道也。異體合好，順而相保，物莫能間，故『利禦寇』也。」孔穎達《正義》申之云：「陸，高之頂也。九三居下體之上，是進而得高之象，故曰『鴻漸于陸』也。進而之陸，无應於上，與四相比，四亦无應，近而相得。三本是艮體，與初二相同一家，棄其群類，與四合好，即是夫征而不反復也。夫既樂於邪配，妻亦不能保其貞。非夫而孕，故『不育』也。『見利忘義，貪進忘舊，凶之道也』，故曰『夫征不復，婦孕不育，凶』也。『利禦寇』者，異體合好，恐有寇難離間之者。然和比相順，其相保安，物莫能間，故曰『利用禦寇』也。

　　惠玲案：《釋文》引馬云：「山上高平曰陸。」《漸》卦內卦爲艮爲山，九三爻居下卦之上，故有高平之象。九三過剛不中而無應，又與六四相比，拋棄下二爻，有「夫征不復」之象，因此導致「婦孕不育」，這是凶的。但三、四爻異體相順相保，也有「利禦寇」之象。簡本義同。

⑤ 六四：鴻漸于木，或得其桷，无咎：六四象鴻鳥漸進於木，能得平直如屋椽的樹枝棲息，這是無災咎的。

　　王弼注：「鳥而之木，得其宜也。『或得其桷』，遇安棲也。雖乘于剛，志相得也。」孔穎達正義：「『鴻漸于木』者，鳥而之木，得其宜也。六四進而得位，故曰『鴻漸于木』也。『或得其桷无咎』者，桷，榱也。之木而遇

堪爲桷之枝，取其易直可安也。六四與二相得，順而相保，故曰『或得其桷』。既與相得，无乘剛之咎，故曰『无咎』。」

惠玲案：六四雖乘九三之剛，但第四爻爲陰爻而得位，故能無咎，象鴻鳥能得平直如屋桷的樹枝而安棲。據此，今本六四爻的意思是說「六四象鴻鳥漸進於木，能得平直如桷的樹枝棲息，這是无災咎的。」

⑥ 九五：鴻漸于陵，婦三歲不孕，終莫之勝，吉：九五象鴻鳥漸進於山陵，婦人三年不能懷孕的象徵，但最後終能得其願，此爲吉象。

今本「鴻漸于陵，婦三歲不孕，終莫之勝，吉」，王弼注：「陵，次陸者也。進得中位，而膈乎三四，不得與其應合，故『婦三歲不孕』也。各履正而居中，三四不能久塞其塗者也。不過三歲，必得所願矣。進以正邦，三年有成，成則道濟，故不過三歲也。」孔穎達正義：「『鴻漸于陵』者，陵，次陸者也。九五進于中位，處於尊高，故曰『鴻漸于陵』。『婦三歲不孕』者，有應在二而隔乎三、四，不得與其應合，是二、五情意，徒相感說，而隔礙不交，故曰『婦三歲不孕』也。『終莫之勝，吉』者，然二與五合，各履正而居中，三、四不能久塞其路，終得遂其所懷，故曰『終莫之勝，吉』也……『進以正邦，三年有成』者，九五居尊得位，故曰『進以正邦』也。三年有成，則三、四不敢塞其路，故曰『不過三歲』也。」

惠玲案：王弼以爲九五得中位，但隔於三、四爻，不得與六二應，故曰「婦三歲不孕」。但三、四爻不能久塞其路，所以最後終能得其願，此爲吉象。

⑦ 上九：鴻漸于陸，其羽可用爲儀，吉：上九象鴻鳥漸進於陸，處於高潔之位，其羽可用作物的儀表，這是吉的。

王弼注：「進處高潔，不累於位，无物可以屈其心而亂其志。峨峨清遠，儀可貴也，故曰『其羽可用爲儀，吉』。」孔穎達正義：「『鴻漸于陸』者，上九與三皆處卦上，故並稱『陸』。上九最居上極，是『進處高潔』，故曰『鴻漸于陸』也。『其羽可用爲儀，吉』者，然居无位之地，是『不累於位』者也。處高而能不以位自累，則其羽可用爲物之儀表，可貴可法也，故曰『其羽可用爲儀，吉也』。必言『羽』者，既以鴻明漸，故用羽表儀也。」

惠玲案：據王、孔，上九與九三皆處卦上，故稱「陸」，上九居《漸》

卦之極，故有高潔之義。

## 二九、豐卦(55)

**【䷶　豐：亨。王假之，勿憂，宜日中①。初九：遇其配主，雖旬，无咎，往有尙②。六二：豐其蔀，日中見斗，往得疑疾，有孚發若，吉③。】九晶（三）：豐丌（其）芾（旆），日中見茇（沬），折丌（其）右拡（肱），亡（无）咎④。九四：豐丌（其）坿（蔀），日中見斗，遇丌（其）巳（夷）宔（主），吉⑤。六五：𨑨（來）章，又（有）慶懇（譽），吉⑥。上六：豐丌（其）芾（旆／屋），【五十一】坿（蔀）丌（其）豙（家）。閨（闃）丌（其）戹（戶），𩏂（闃）丌（其）亡（无）人，晶（三）戢（歲）不覿，凶▣⑦。【五十二】**

帛書本作「䷶　豐：亨，王叚（假）之，勿憂，宜日中。初九：禺（遇）其肥（配）主，唯（雖）旬无咎，往有尙。六二：豐其剖（蔀），日中見斗，往得疑疾，有復（孚）洫（發）若。九三：豐其薠（旆），日中見茉（沬），折其右弓（肱），无咎。九四：豐其剖（蔀），日中見斗，禺（遇）其夷主，吉。六五：來章有慶舉（譽），吉。尙（上）六：豐其屋，剖（蔀）其家，閨（闃）其戶，㝻（闃）其无人，三歲不遂，兇。」

今本作「䷶　豐：亨。王假之，勿憂，宜日中。初九：遇其配主，雖旬无咎，往有尙。六二：豐其蔀，日中見斗，往得疑疾，有孚發若，吉。九三：豐其沛，日中見沬，折其右肱，无咎。九四：豐其蔀，日中見斗，遇其夷主，吉。六五：來章，有慶譽，吉。上六：豐其屋，蔀其家。闚其戶，闃其无人，三歲不覿，凶。」

**【注釋】**

① **豐：亨。王假之，勿憂，宜日中**：豐卦盛大而亨通，是王者才能夠達到的。王能至於豐盛亨通，沒有憂慮，可以如日在中天，遍照天下。

「豐」字從壴（鼓之初文），丰聲，謂擊鼓之聲蓬蓬然，此引伸有大、滿等義（參《說文新證上冊》頁 400）。《豐》卦下離爲明，上震爲動，明而

動，所以能至豐大，雷電相交而至，這是振動鼓躁的現象。君子體察此現象，以折斷獄情，決定刑罰。

王弼注：「大而亨者，王之所至。豐之爲義，闡弘微細，通夫隱滯者也。爲天下之主，而令微隱者不亨，憂未已也，故至『豐亨』，乃得勿憂也。用夫豐亨不憂之德，宜處天中，以偏（徧）照者也，故曰『宜日中』也。」孔穎達正義：「『豐』，卦名也。《彖》及《序卦》皆以『大』訓『豐』也，然則豐者，多大之名，盈足之義，財多德大，故謂之爲豐。德大則无所不容，財多則无所不濟，无所擁礙謂之爲『亨』，故曰『豐，亨』。『王假之』者，假，至也，豐亨之道，王之所尙，非有王者之德，不能至之，故曰『王假之』也。勿，无也。王能至於豐亨，乃得无復憂慮，故曰『勿憂也』。用夫豐亨无憂之德，然後可以君臨萬國，遍照四方，如日中之時，遍照天下，故曰『宜日中』也。」

惠玲案：豐卦有盛大義，爲王者所至，如果有微隱不通的，王者就會憂慮在心。只有秉持這種「豐亨不憂」之德，才能君臨萬國，徧照四方‧

② 初九：遇其配主，雖旬，无咎，往有尙：初九與九四同求豐大，雖然都是陽爻，但初九與九四可以互相光大，所以「無咎」。往前去做，可以有嘉美之功。

王弼注：「處豐之初，其配在四，以陽適陽，以明之動，能相光大者也。旬，均也。雖均，无咎，往有尙也。初、四俱陽爻，故曰『均』也。」孔穎達正義：「豐者，文明必動，尙乎光大者也。初配在四，俱是陽爻，以陽適陽，以明之動，能相光大者也，故曰『遇其配主』也。『雖旬，无咎，往有尙』者，旬、均也。俱是陽爻，謂之爲均，非是陰陽相應，嫌其有咎，以其能相光大，故雖均，可以无咎，而往有嘉尙也，故曰『雖均无咎，往有尙』也。」

惠玲案：王、孔以爲初九爲明（內卦）之初，九四爲動（外卦）之初，初九求九四，即「遇其配主」。「旬，均也」，謂初九與九四俱爲陽爻，本來初九應與六四相應，現在卻配九四，嫌其有咎。但初九與九四可以互相光大，所以「無咎」。往前去做，可以有嘉美之功。

配，《釋文》：「鄭作妃，云：『嘉偶曰妃。』」馬王堆本作「肥」，學者或

依鄭解，不可從。《象傳》：「雖旬，无咎，過旬災也。」意思是初九與九四均爲陽爻，但互相光大，所以無咎。但是初九如果過於陽剛，超過九四，就有災咎了。又，學者或引甲骨文「旬亡囚」來解釋本爻的「旬无咎」，謂「十日無災咎」，從《象傳》來看，可能是不適當的，爻象也看不出只有十天災咎的意思。

③ **六二：豐其蔀，日中見斗，往得疑疾，有孚發若，吉**：六二爻象在小席內求豐大，所以幽暗而不見，如正午時刻太陽被遮住，連斗星都看得到，這時前往則會得到疑疾，只有誠信存於中、發於外，才能獲吉。

王弼注：「蔀，覆曖，鄣光明之物也。處明動之時，不能自豐以光大之德，既處乎內，而又以陰居陰，所豐在蔀，幽而无睹也，故曰『豐其蔀，日中見斗』也。日中者，明之盛也；斗見者，暗之極也。處盛明而豐其蔀，故曰『日中見斗』。不能自發，故往得疑疾。然履中當位，處暗不邪，有孚者也。若，辭也。有孚可以發其志，不困於暗，故獲吉也。」孔穎達正義：「『豐其蔀』者，二以陰居陰，又處於內，幽暗无所睹見，所豐在於覆蔽，故曰『豐其蔀』也。蔀者，覆曖，障光明之物也。『日中見斗』者，二居離卦之中，如日正中，則至極盛者也。處日中盛明之時，而斗星顯見，是二之至暗，使斗星見明者也。處光大之世，而爲極暗之行，譬日中而斗星見，故曰『日中見斗』也。二、五俱陰，二已見斗之暗，不能自發，以自求於五，往則得見疑之疾，故曰『往得疑疾』也。然居中履正，處暗不邪，是有信者也。有信以自發其志，不困於暗，故獲吉也。故曰『有孚發若，吉』也。」

惠玲案：蔀，《釋文》：「馬云：『小也。』鄭、薛作菩，云：『小席。』」；王弼《周易略例》：「大闇謂之蔀。」虞翻謂「日蔽雲中稱蔀」；聞一多《周易義證類纂》引〈考工記·輪人〉「信其程（莖）圍以爲部廣」鄭眾注，謂：「部，蓋斗也。」以九三「豐其沛」、上六「豐其屋」來看，視「蔀」爲名詞，解爲「小席」似較佳。斗，《釋文》引孟喜作「主」（照／侯），與今本作「斗」（端／侯）聲韻俱同，可通假。楚簡本《豐》卦九四爻「斗」字作「」，中間疊加「主」聲，可證。

六二爻以陰爻居陰位，居中得正，但相應的六五爻卻是陰柔不正，所以象「豐大」之初始，只能在小席之內，幽暗而未能發見，像太陽受到遮蔽，

正午時刻天地昏暗，連斗星都看得到。這時前往則有疑疾，惟有以誠信存於中、發於外，才能去疑而獲吉。

　　旭昇案：星名「斗」有二義，一爲北斗七星，二爲二十八宿中之斗宿。以九三《釋文》釋「沬」爲「斗杓後星」來看，「斗」釋爲北斗七星比較能與九三相呼應。又，本爻日中見斗、九三爻日中見沬，學者或以日中有黑子解之。不過放到《豐》卦中，能取的意象有限，不如舊說。

④ **九晶（三）：豐丌（其）芾（旆），日中見芰（沬），折丌（其）右拡（肱），亡咎**：九三爻象在幡幔中求豐大，如正午時太陽被遮住，連斗杓旁的小星星都看得到，有折斷右小臂的危險。如果此時安定自守，倒還可以無咎。

　　「芾」，原考釋釋爲「沛」，義爲幡幔，或作「旆」。蕭漢明〈釋豐卦〉以爲「芾」爲本字，蔽膝也，「沛」、「旆」爲借字。惠玲案：此字帛書本作「蕦」，今本作「沛」。《釋文》：「沛，本或作旆，謂幡幔也。子夏傳作芾，鄭、干作韍，云『祭祀之蔽膝』。」（以上諸字音均相近。）虞翻曰：「日在雲下稱沛。」通觀全卦，釋爲幡幔似較佳。

　　「芰」，原考釋隸作「芾」，讀爲「瞞」或「昧」，意謂闇昧、微昧之光。蓋誤以此字下從「巿」。何琳儀先生、程燕先生〈周易選釋〉以爲此字形應作「芰」，字從「艸」、下從「犮」，讀爲「沬」，今本誤作「沬」。又謂「犮」從「大」形爲「犬」形之訛變，《戰國文字聲系》1546 頁所收從「犮」諸字皆可釋爲從「犮」。

　　旭昇案：釋「芰」可從，但字實從「犮」，不從「大」，細審原簡，此字作「▨」，乍看的確像從「大」，其實本簡中間裂開，導致左右兩半稍稍分離，而且右半向上移動，我們把這些誤差調回來以後，重新摹寫的字形作「▨」，「艸」形下所從實爲標準的「犮」字，與「大」形不同。芰，馬王堆本作茉，今本做沬，虞翻釋爲「小星」；《釋文》：「《字林》作昧，亡太反，云：『斗杓後星。』」王肅云：『音妹。』鄭作昧。服虔云：『日中而昏也。』《子夏傳》云：『昧，星之小者。』馬同。薛云：『輔星也。』」與九二「日中見斗」相比較，釋爲「斗杓後星」似乎較好。「芰、茉、沬」屬明紐月部，「沬」屬明紐沒部，音皆可通。

　　「肱」，原考釋隸作「拡」，可從。字從「厷」，下疊加義符「手」，當即

「肱」之異體。

今本「豐其沛，日中見沬，折其右肱，无咎」，王弼注：「沛，幡幔，所以禦盛光也。沬，微昧之明也。應在上六，志在乎陰，雖愈乎以陰處陰，亦未足以免於暗也，所豐在沛，日中則見沬之謂也。施明，則見沬而已，施用，則折其右肱，故可以自守而已，未足用也。」孔穎達正義：「『豐其沛，日中見沬』者，沛，幡幔，所以禦盛光也。沬，微昧之明也，以九三應在上六，志在乎陰，雖愈於六二以陰處陰，亦未見免於暗也，是所以『豐在沛，日中見沬』。夫處光大之時，而豐沛見沬，雖愈於豐蔀見斗，然施於大事，終不可用。假如折其右肱，自守而已，乃得无咎，故曰『折其右肱，无咎』。」

惠玲案：今本九三爻辭的意思是：九三爻以陽爻處陽位，但應上六，志在乎陰，因此像在幡幔中求豐大，未足以免於暗，如正午時太陽被遮住，連斗杓旁的小星星都看得到，此時不可做大事也，甚至於有「折其右肱」的危險。如果此時安定自守，倒還可以無咎。簡本與今本同意。

⑤ 九四：豐丌坿（蔀），日中見斗，遇丌（其）㠯（夷）宔（主），吉：九四爻象在小席內求豐大，所以幽暗而不見，如正午時刻太陽被遮住，連斗星都看得到。但是，九四爻與相應的初九爻都同是陽爻，能互相光大，所以是吉。

「坿」，原考釋釋爲「益也」、或讀爲「蔀」。「斗」，季師〈周易七則〉、何琳儀先生、程燕先生〈周易選釋〉都以爲此字從斗、主聲，可從。

今本「豐其蔀，日中見斗，遇其夷主，吉」，王弼注：「以陽居陰，豐其蔀也。得初以發，夷主吉也。」孔穎達正義：「『豐其蔀』者，九四以陽居陰，暗同於六二，故曰『豐其蔀』也。『日中見斗，遇其夷主，吉』者，夷，平也，四應在初，而同是陽爻，能相顯發，而得其吉，故曰『遇其夷主，吉』也。言四之與初交相爲主者，若賓主之義也。若據初適四，則以四爲主，故曰『遇其配主』。自四之初，則以初爲主，故曰『遇其夷主』也。二陽體敵，兩主均平，故初謂四爲『旬』，而四謂初爲『夷』也。」

惠玲案：今本九四爻辭的意思是：九四以陽爻居陰位，象在小席內求豐大，所以不能光顯，如正午時刻太陽被遮住，連斗星都看得到。但是，九四爻與相應的初九爻都同是陽爻（夷，平也，對等也，謂九四爻與初九爻對等），能互相光大，所以是吉。簡本同。

⑥ 六五：萊（來）章又（有）慶懃（譽），吉：六五爻能招來彰明，所以能夠有喜慶、美譽，這是吉的。

　　　「懃」，原考釋謂：「恭敬，行步安舒貌。慶懃，福慶安舒。」惠玲案：此字帛書本作「舉」、今本作「譽」，三字皆從「與」聲，可通假。今本作「譽」，王弼、孔穎達、虞翻等逕作「譽」本字解，屈萬里先生《讀易三種》以爲通「豫」，有「安樂」義。

　　　今本「來章，有慶譽，吉」，王弼注：「以陰之質，來適尊陽之位，能自光大，章顯其德，獲慶譽也。」孔穎達正義：「六五處豐大之世，以陰柔之質，來適尊陽之位，能自光大，章顯其德，而獲慶善也，故曰『來章有慶譽，吉』也。」朱熹《易本義》：「質雖柔暗，若能來致天下之明，則有慶譽而吉矣。蓋因其柔暗而設此以開之，占者能如是，則如其占矣。」

　　　惠玲案：本爻以朱熹之說較佳，「來」當釋爲「招來」；「章」謂「彰明」。「譽」，美譽，或釋爲安舒、安豫，亦可通。據此，今本六五爻辭的意思是：六五爻以陰爻而居尊位，己雖柔弱，但能招來彰明，所以能夠有喜慶、美譽，這是吉的。簡本同。

⑦ 上六：豐丌（其）芾（施／屋），坿（蔀）丌（其）豿（家）。閨（窺）丌（其）尿（戶），欪（闃）丌（其）亡（无）人，晶（三）戗（歲）不覿，凶：求豐大於幡幔之內，又席蔽其家，從門戶看去，家中空無一人，三年不得見，這是凶的。

　　　「芾」，與九三爻同。但各本三與上爻所豐頗有不同，茲列之於下：

　　　簡　本：九三豐丌芾　　上六豐丌芾
　　　帛書本：九三豐其蔬　　上六豐其屋
　　　今　本：九三豐其沛　　上六豐其屋

旭昇案：上六爻帛書、今本《周易》「屋」（影／屋），與簡本「芾」（非／月），聲韻俱遠，無法通假，當爲義近詞。「屋」本爲「帳幄」之「幄」的初文（參《說文新證》下冊頁42），與「芾」讀爲「施」，釋爲「幡幔」義近。

　　　「閨」，原考釋以爲「閨」，讀爲「闚」。惠玲案：「閨」上古音爲見紐支部，「闚」上古音爲溪紐支部，可通假。

　　　「欪」，原考釋隸作「欪」，謂從辜，夬聲，讀爲「窦」，義爲「空」。旭

昇案：此字左旁不從「韋」，實從「章」，夬（見／月）聲，與今本「闃」（溪／錫）聲近，韻爲旁轉。帛書本作「燉」，字書不見，疑爲「闃」之訛省。闃，靜無人也。

「覿」，原考釋以爲有「顯現、出現」義。旭昇案：字從「視」、「犢」聲，隸作「覿」，可從。帛書本作「遂」，徐在國先生〈周易補正〉舉《上博一·緇衣》簡 7「䍐」字黃錫全先生釋「價」通「遂」爲證，足證從「賣」得聲之字可以通「遂」。

今本「豐其屋，蔀其家，闚其戶，闃其无人，三歲不覿，凶」，王弼注：「屋，藏蔭之物，以陰處極而最在外，不履於位，深自幽隱，絕跡深藏者也。既豐其屋，又蔀其家，屋厚家覆，暗之甚也。雖闚其戶，闃其无人，棄其所處，而自深藏也。處於明動尚大之時，而深自幽隱，以高其行；大道既濟，而猶不見，隱不爲賢，更爲反道，凶其宜也。三年，豐道之成。治道未濟，隱猶可也；既濟而隱，是以治爲亂者也。」孔穎達正義：「屋者，藏蔭隱蔽之物也。上六，以陰處陰，極以處外，不履於位，是深自幽隱，絕跡深藏也，事同豐厚於屋者也。既豐厚其屋，而又覆蔀其家，屋厚家暗，蔽蔀之甚也。雖闚視其戶，而闃寂无人，棄其所處，而自深藏也。處於豐大之世，隱不爲賢。治道未濟，隱猶可也；三年豐道已成，而猶不見，所以爲凶，故曰『豐其屋，蔀其家，闚其戶，闃其无人，三歲不覿，凶』。」

旭昇案：據王孔之說，上六以陰爻處上極，不履於位，因此有深自幽隱，絕迹蔽藏的意思。既深藏於幄帳之內，又席蔽其家，實爲蔽障之甚。窺其戶，闃靜無人，有棄其所處，深自蔽藏的意思。治道未濟，蔽藏猶可，今三年豐道已成，猶蔽藏不見，因此是凶象。簡本只有首句不同，作「豐亓（其）芾」，意思是意思是求豐盛於幡幔之內，其餘與今本意同。從簡本「豐其芾」到今本「豐其屋」，取象雖小有不同，但喻義其實是一樣的，以層次而言，今本的層次較分明。

# 三十、遬（旅）卦(56)

　　☲☶　遯（旅）▓：少（小）卿（亨），遯（旅）貞吉①。初六：遯（旅）贏=（瑣瑣），此（斯）丌（其）所取懇（痼／災）②。六二：遯（旅）既宋（鳌），裹（懷）丌（其）次（資），旻（得）僮（童）讐（僕）之貞③。九晶（三）：遯（旅）焚丌（其）宋（鳌），喪丌（其）僮（童）讐（僕），貞=（貞，貞）礪（厲）④。九四：遯（旅）【五十三】【于處，得其資斧，我心不快⑤。六五：射雉一矢，亡。終以譽命⑥。上九：鳥焚其巢，旅人先笑後號咷。喪牛于易，凶⑦。】

　　帛書本作「☲☶　旅：少（小）亨。旅，貞吉。初六：旅瑣瑣，此（斯）其所，取火。六二：旅既（即）次，壞（懷）其茨（資），得童剝（僕），貞。九三：旅焚其次，喪其童僕，貞厲。九四：旅于處，得其潛（資）斧，我心不快。六五：射雉，一矢亡，多（終）以舉（譽）命。尚（上）九：鳥棼（焚）其巢，旅人先芺後掋〈號〉桃（咷），亡（喪）牛于易，兌。」

　　今本作「☲☶　旅：小亨，旅貞吉。初六：旅瑣瑣，斯其所取災。六二：旅即次，懷其資，得童僕貞。九三：旅焚其次，喪其童僕，貞厲。九四：旅于處，得其資斧，我心不快。六五：射雉一矢，亡。終以譽命。上九：鳥焚其巢，旅人先笑後號咷。喪牛于易，凶。」

## 【注釋】

① 遯（旅）：少（小）卿（亨），遯（旅）貞吉：旅，有小亨通的象徵，羈旅于外，宜守正以獲吉。

　　《說文》：「旅，軍之五百人，从扒，从从。从俱也。」可有「軍旅、行旅」二義，（《說文新證》上，頁543）引伸有「客」之義，《易・復》：「先王以至日閉關，商旅不行。」《釋文》：「鄭曰『資貨而行曰商。旅，客也。』」《旅》卦上離火，下艮山，山上之火，木燒盡火即止，不會延燒過久，有旅居不久留的現象。君子能體悟此象而明察，審慎用刑，不稽留獄訟。

　　今本「旅：小亨，旅貞吉」，王弼注：「不足全夫貞吉之道，唯足以為旅之貞吉，故特重曰『旅，貞吉』也。」孔穎達《正義》：「旅者，客寄之名，羈旅之稱，失其本居，而寄他方，謂之為旅。既為羈旅，苟求僅存，雖得自通，非甚光大，故《旅》之為義，小亨而已，故曰『旅，小亨』。羈旅而獲

小亨，是旅之正吉，故曰『旅，貞吉』也。」據此，今本卦辭的意思是說「旅，有小亨通的象徵，羈旅于外，宜守正以獲吉。」簡本同。

② **初六：遬（旅）羸＝（琑琑），此（斯）亓（其）所取愳（瘏／災）**：初六以陰爻居陽位，象寄旅不得所安，志窮且困，所以致此災病。

「羸＝」原考釋以爲可讀爲「琑＝」。惠玲案：「羸」，何琳儀先生以爲「从贏，角爲疊加音符。贏之繁文。」（《戰典》下，頁872。）唯楚文字皆從「能」、「角」聲。「羸」，上古音來紐歌部，「琑」上古音心紐歌，上古韻同爲歌部，來、心二紐可通，參王輝《古文字通假釋例》，頁647。

「愳」，原考釋以爲或讀爲「舉」。季師旭昇〈周易七則〉以爲此字可讀爲「瘏」。惠玲案：楚簡本「愳」字，帛書《周易》作「火」，今本《周易》作「災」。原考釋讀爲「舉」上古音見紐魚部，和「火」、「災」聲韻較遠。季師旭昇以爲《馬王堆帛書》作「火」讀爲「禍」（匣／歌），楚簡本「愳」（喻／魚）讀爲「瘏」（定／魚），「愳」、「瘏」同爲舌紐魚部字，可通假。且「瘏」字作「病」解，與帛書作「火（禍）」、今本作「災」義均可通，故從季師旭昇之說。

今本「旅琑琑，斯其所取災」，王弼注：「最處下極，寄旅不得所安，而爲斯賤之役，所取致災，志窮且困。」惠玲案：初六爻處下位，猶如寄旅而不得安，因此爲卑賤勞役，志窮且困，所以致災。簡本義同。

③ **六二：遬（旅）既宋（次），裏（懷）亓（其）次（資），旻（得）僮儓（僕）之貞**：六二爻象行旅已經居於旅舍，懷來資貨，得童僕之忠貞。

「宋」，原考釋隸「宋」，指出帛書本、今本、阜陽本皆作「次」同。惠玲案：甲骨文宋多讀爲次，參《帀（師）》卦六四爻文字考釋。

「既」（見／微），與帛書本同。今本作「即」（精／職），二字古音不近，當各取其義。

「次」（邪／元），原考釋以爲亦作「涎」。惠玲案：帛書本作「茨」，今本作「資」（精／脂）。元、脂二部爲旁對轉關係，邪紐在上古爲舌頭音，後來轉爲齒音，因此「次」字和今本作「資」可通。

今本「旅即次，懷其資，得童僕貞」，王弼注：「『旅即次，懷其資，得童僕貞』者，得位居中，體柔承上，以此而爲寄旅，必爲主君所安，旅得次

舍，懷來資貨，又得童僕之正，不同初六賤役，故曰『旅即次，懷其資，得童僕貞』。」

惠玲案：六二爻以陰爻居中得位，故能居於旅舍，懷來資貨，得童僕之忠貞。高亨引《釋文》以為爻辭「懷其資」下脫一「斧」字，對照楚簡本作「裹丌次」，帛書《周易》作「壞其茨」，因此不必依《釋文》、高亨。簡本作「六二：遞（旅）既宋（次），裹（懷）丌（其）次（資），旻（得）僮（童）儓（僕）之貞。」既次謂已經就旅舍，其餘與今本同。

④ 九晶（三）：遞（旅）焚丌（其）宋（次），喪丌（其）僮儓（僕）貞＝（貞，貞）礪（厲）：象行旅在外而被焚旅舍，喪童僕之忠貞，貞正而有危厲。

楚簡本作「貞＝」下有重文符，今本《周易》作「貞」。疑今本奪一貞字。貞厲，已見《訟‧九三》。又見〈小畜〉、〈噬嗑〉、〈大壯〉、〈革〉等卦。

今本作「旅焚其次，喪其童僕，貞厲」，王弼注：「居下體之上，與二相得，以寄旅之身而為施下之道，與萌侵權，主之所疑也，故次焚僕喪而身危也。」孔穎達正義：「『旅焚其次，喪其童僕貞，厲』者，九三居下體之上，下據於二，上无其應，與二相得，是欲自尊而惠施於下也。以羈旅之身，而為惠下之道，是與萌侵權，為主君之所疑也。為君主所疑，則被黜而見害，故焚其次舍，喪其童僕之正而身危也。……『與萌侵權』者，言與得政事之萌，漸侵奪主君之權勢，若齊之田氏，故為主所疑也。」

惠玲案：九三爻居下卦之上，與六二爻相比相得，有施惠於下的象徵，行旅之人而企圖參與權力，是侵犯權力的象徵，因而為主上所疑，被黜害，焚旅舍，喪童僕之忠貞。九三以陽爻居陽位，但過剛居上，所以是貞正而危厲的。簡本義同。

⑤ 九四：遞（旅）于處，得其資斧，我心不快：九四象旅居於外，沒有居所，只能得到利斧，砍除荊棘，才能有地方住，因此我心不快樂。

王弼注：「斧所以斫除荊棘，以安其舍者也。雖處上體之下，不先於物，然而不得其位，不獲平坦之地，客于所處，不得其次，而得其資斧之地，故其心不快也。」

惠玲案：九四以陽爻居陰位，又在上卦之下，因此不得旅次，僅得利斧以除荊棘（《釋文》「資斧」作「齊斧」，利斧也），而後有地方可居處。因此

我心不快。

⑥ 六五：射雉一矢，亡。終以譽命：六五爻象以一矢射雉，矢亡雉不可得。能不乘下以侵權，而承上以自保，終得美譽而獲爵命。

王弼注：「射雉以一矢，而復亡之，明雖有雉，終不可得矣。寄旅而進，雖處于文明之中，居于貴位，此位終不可有也。以其能知禍福之萌，不安其處以乘其下，而上承於上，故終以譽而見命也。」

惠玲案：六五爻象羈旅在外的人，不宜處在盛位，因此六五雖然居於尊位，但是終不可保，譬如射雉，只有一隻箭，射畢又丟失了箭。還好六五爻不利用在下的力量來侵權，而能奉承在上者以自保，終得美譽而獲爵命。

⑦ 上九：鳥焚其巢，旅人先笑後號咷。喪牛于易，凶：上九爻象鳥巢被焚，因此先笑而後號咷。有如王亥喪牛於易，凶。

王弼注：「居高危而以爲宅，巢之謂也。客旅得上位，故先笑也。以旅而處于上極，眾之所嫉也。以不親之身而當被害之地，必凶之道也，故曰『後號咷』。牛者，稼穡之資。以旅處上，眾所同嫉，故『喪牛于易』，不在於難。物莫之與，危而不扶，喪牛于易，終莫之聞。莫之聞，則傷之者至矣。」孔穎達《正義》：「『鳥焚其巢，旅人先笑後號咷，喪牛于易，凶』者，最居於上，如鳥之巢，以旅處上，必見傾奪，如鳥巢之被焚，故曰『鳥焚其巢』也。客得上位，所以『先笑』。凶害必至，故『後號咷』。眾所同嫉，喪其稼穡之資，理在不難，故曰『喪牛于易』。物莫之與，則傷之者至矣，故曰『凶』也。」

惠玲案：上九爻客旅在外居高位，非常危險，必爲眾人所嫉妒，所以會有災難，像鳥巢被焚，所以是先笑後號咷。連生活的本錢（牛者稼穡之資）都會喪失，這種道理本來是很簡單的。上九過於剛亢而高傲，沒有人幫助他，所以傷害他的人就來了，這是凶的。

「喪牛于易」，顧頡剛〈周易卦爻辭中的故事〉以爲指有易之君殺殷先公王亥，取其牛羊之事。此說蓋承王國維〈殷卜辭中所見先公先王考〉所發現「王亥」即「振」，與有易關係密切：

　　　王亥託於有易，河伯僕牛。　有易殺王亥，取僕牛。（《山海經·大荒東經》）

殷王子亥賓於有易，而淫焉，有易之君綿臣殺而放之。　是故殷主甲微假師於河伯以伐有易，遂殺其君綿臣也。（郭璞《山海經》注引《竹書紀年》）

該秉季德，厥父是臧；胡終弊於有扈（有易之訛），牧夫牛羊？　干協時舞，何以懷之？　平脅曼膚，何以肥之？　有扈（有易之訛）牧豎，云何而逢？　擊牀先出，其命何從？　恆秉季德，焉得夫朴牛？　何往營班祿，不但還來？　昏微遵跡，有狄不寧，何繁鳥萃棘，負子肆情？（《楚辭·天問》）

王說已爲學界所接受，顧說承之以解釋《周易》，有一定的道理。有易是一個國家，王亥賓於有易，是爲旅人；《史記·殷本紀》謂振（王亥）是上甲微的父親，地位很高，所以《周易·旅卦》取之以爲上九爻；淫而被殺，失其牛羊，即「喪牛于易」。據此，「喪牛于易」本取「王亥喪牛于有易」之歷史故事，以喻《旅·上九》爻象，其後歷史事件漸爲人所遺忘，王、孔釋「易」爲「難易」之「易」，義理也很好。

# 三一、奐（渙）卦(59)

☴☵　奐（渙）䷺：鄉（亨）。王叚（假）于宙（廟），利見大人，利涉大川①。初六：狂馬臧（壯），吉，愄（悔）亡（无）②。九二：觀（渙）走亓（其）尻（居），愄（悔）亡（无）③。六晶（三）：觀（渙）亓（其）躳（躬），亡（无）咎④。六四：觀（渙）亓（其）群，元吉。觀（渙）【五十四】亓（其）丘，非旤（夷）所思⑤。九五：觀（渙）亓（其）大咢（號），觀（渙）亓（其）尻（居），亡（无）咎⑥。上九：觀（渙）亓（其）血，欨（去）易出䷺⑦。【五十五】

帛書本作「☷☵　渙：亨，王叚（假）于（有）廟。利涉大川，利貞。初六：撜（拯）馬，吉。悔亡。九二：渙賁（奔）其階（机），悔亡。六三：渙其竆（躬），无咎。九〈六〉四：渙其群，元吉。渙 有丘，匪姊（夷）所思。九五：渙其肝大號，渙王居，无咎。尙（上）九：渙其血去，湯（逖）出。」

今本作「☴☵　渙：亨。王假有廟，利涉大川，利貞。初六：用拯馬壯，吉。

九二：渙奔其机（尻），悔亡。六三：渙其躬，无悔。六四：渙其群，元吉。渙
有丘，匪夷所思。九五：渙汗其大號，渙王居，无咎。上九：渙其血，去逖出，
无咎。」

【注釋】

① 龏（渙）：鄉（亨）。王叚（假）于（有）畐（廟），利見大人，利涉大川：《渙》
卦有亨通之象，王可以至宗廟祭享，利於接見大德之人，利於渡過大川。

　　《說文》：「渙，散流也。」《渙》卦上巽風，下坎水，風吹水面有離散
之義，此爲《渙》卦之象徵。先王在離散險難之時，能享祀上帝，以告太平，
建立宗廟，以祭祖考。

　　「龏」，原考釋謂從爰聲，可讀爲「渙」，字待考。惠玲案：「龏」右上
從「爰」（爲／元）聲，帛書、今本《周易》作「渙」（曉／元），二字同爲
喉音元部，聲近韻同，可通。「于」（爲／魚），今本《周易》作「有」（爲／
之），二字聲同韻近。

　　今本「渙：亨，王假有廟，利涉大川，利貞」，孔穎達正義：「蓋『渙』
之爲義，小人遭難，離散奔迸而逃避也。大德之人，能於此時建功立德，散
難釋險，故謂之爲渙；能釋險難，所以爲亨，故曰『渙，亨』。『王假有廟』
者，王能渙難而亨，可以至於建立宗廟，故曰『王假有廟』也。『利涉大川』
者，德洽神人，可濟大難，故曰『利涉大川』。『利貞』者，大難既散，宜以
正道而柔集之，故曰『利貞』。」

　　惠玲案：《渙》卦有風行水上，離披解散之象。王在此時能散難釋險，
而得亨通，因此可以至宗廟祭享，此時利於涉水過大川，利於守正道。「王
假有廟，利涉大川，利貞」，簡本作「王叚于廟，利見大人，利涉大川」，大
旨相同。

② 初六：㲲（拯）馬藏（壯），吉，悬（悔）亡：初六爻處散之初，乖散未甚，
不至於太危險，還可逃竄，此時有壯馬之助，則爲吉，沒有悔恨。

　　「㲲」，原考釋隸作「拯」，以爲與今本同。徐在國先生〈周易補正〉以
爲應釋作「抍」。惠玲案：此字右形爲「攴」，左形與「丞」、「升」皆不類。
原簡字形模糊，存疑待考。「藏」，原考釋以爲讀作「壯」。惠玲案：字皆從

「爿」聲。可通。

「慰亡」即「悔亡」，帛書《周易》有，今本《周易》無。虞翻釋彖後有「悔亡」，洪頤煊據虞注，謂「吉」下當有「悔亡」二字。漢上易引虞，有「悔亡」二字（參屈萬里先生《讀易三種》，頁357）。今《上博三・周易》有「悔亡」，可證。

今本「用拯馬壯，吉」，王弼注：「渙，散也。處散之初，乖散未甚，故可以遊行，得其志而違於難也，不在危處而後乃逃竄，故曰『用拯馬壯，吉』。」孔穎達《正義》：「初六處散之初，乖散未甚，可用馬以自拯，拔而得壯吉也，故曰『用拯馬，壯吉』。」

惠玲案：初六爻處在下卦之下，處散之初，乖散未甚，不至於太危，還可逃竄，此時有壯馬之助，則為吉。孔疏讀為「用拯馬，壯吉」，以本爻而言，似難有「壯吉」，仍應讀為「用拯馬壯，吉」。帛書《周易》作「初六：撜馬，吉。悔亡。」帛書無「壯」字。意思相去不多。簡本作「初六：拯馬藏，吉，慰亡。」少一「用」，多一「悔亡」，謂沒有悔恨，大旨相同。

③ 九二：觀（渙）走（奔）亓（其）尻（机），慰（悔）亡：九二爻處在坎險渙散之中，能奔走到所居住的處所，是沒有悔恨的。

「走」，原考釋以為同「奔」。惠玲案：「走」本義為「跑」，與今本《周易》作「奔」義近。

「尻」，原考釋以為「處也」；或作「机」，所以承物。季師旭昇以為「尻」字讀「居」或「處」皆可通（《說文新證》下，頁248）。又〈周易七則〉以為今本《周易》「机」恐為「尻」的誤字。

今本「渙奔其机，悔亡」，王弼注：「机，承物者也，謂初也。二俱无應，與初相得，而初得散道，離散而奔，得其所安，故『悔亡』也。」孔穎達《正義》：「『渙奔其机』者，机，承物者也，初承於二，謂初為机，二俱无應，與初相得，而初得遠難之道，今二散奔歸初，故曰『渙奔其机』也。『悔亡』者，初得散道而二往歸之，得其所安，故悔亡也。」承物之几與逃難有什麼關係，很難讓人了解。高亨《周易古經今注》：「机疑當作杭，……《說文》：『篋古文作杭。』……渙奔其杭，……謂水流沖倒其馬廄也。」

惠玲案：舊說都釋「机」為「几」，其義難通。今依簡本「机」當作「尻」，

季師旭昇以爲今本疑作「渙奔其尻，悔亡」，謂九二爻處在下體坎險之中，能奔歸其居所，則可以無悔。據此，簡本九二爻的意思是說「離開此地，奔走到所居住的處所，是沒有悔恨的。」

④ 六晶（三）：**饡（渙）亓（其）躬（躬），亡（无）咎**：六三爻象能散其己身之私心，因此無悔。

今本「渙其躬，无悔」，王弼注：「渙之爲義，內險而外安者也。散躬志外，不固所守，與剛合志，故得无悔也。」惠玲案：六三爻以陰爻處在下卦坎險之上，其位不正，但與上九相應，能散其己身之私心，因此無悔。簡本義同。

⑤ 六四：**饡（渙）亓（其）群，元吉。饡（渙）亓（／有）丘，非（匪）訇（／夷）所思**：六四爻能散去群體的危險，大吉。但是心中要有丘虛未平的憂慮。

「𣲗」，原考釋隸作「台」，讀爲「夷」。惠玲案：此字應隸定爲「訇」，爲從「台」與「司」之兩聲字（參《上博一讀本·性情論》第一章注 6。此處應讀從「台」（喻／之）聲，與今本《周易》作「夷」（喻／脂），聲同韻近，可通假。

「饡亓丘」今本作「渙有丘」，「亓」（群／之）、「有」（爲／之）韻同聲近，可以通。

今本「渙其群，元吉。渙有丘，匪夷所思」，王弼注：「踰乎險難，得位體巽，與五合志，內掌機密、外宣化命者也，故能散群之險，以光其道。然處於卑順，不可自專，而爲散之任，猶有丘虛匪夷之慮，雖得元吉，所思不可忘也。」

惠玲案：今本謂六四爻已經出了下卦坎，以陰爻居陰位，爲得位；在上卦巽之初，能體巽順之道，又上承九五，與五合志，像是內掌機密、外宣化命的重要人物，能夠解散群眾的險害，所以是元吉。但它畢竟是在下卦的最下位，不能自專，所以心中要有像丘墟未平般的憂患思慮。簡本義同。

⑥ 九五：**饡（渙）亓（其）大唬（號），饡（渙）亓（／王）尻（居），亡（无）咎**：九五爻處尊履正，爲渙之主，能行大號令，而處於渙卦之位（主位），是沒有災咎的。

今本「渙汗其大號，渙王居，无咎」，王弼注：「處尊履正，居巽之中，

散汗大號,以盪險阨者也。爲渙之主,唯王居之,乃得无咎也。」孔穎達《正義》:「『渙汗其大號』者,人遇險阨驚怖而勞,則汗從體出,故以汗喻險阨也。九五處尊履正,在號令之中,能行號令,以散險阨者也,故曰『渙汗其大號』也。『渙,王居无咎』者,爲渙之主,名位不可假人,惟王居之乃得无咎,故曰『渙,王居无咎』。」

惠玲案:本爻以汗喻險阨,九五爻處尊履正,能散險而行大號令,爲渙之主,王居主位,沒有災咎。

簡本作「九五:㲻(渙)丌(其)大虘(號),㲻(渙)丌(其)凥(居),亡(无)咎。」意思是說「九五爻處尊履正,爲渙之主,能行大號令,而處於《渙》卦之位(主位),是沒有災咎的。」

⑦ **上九:㲻(渙)丌(其)血,欿(去)易(逖)出**:上九處於卦上,象能散其憂傷,使憂傷遠離,這是沒有災咎的。

「欿」,原考釋隸爲「欲」,陳偉〈周易試釋〉、季師旭昇〈周易七則〉以爲此字當釋爲「欿」。

「易」(喻/錫),今本《周易》作「逖」(透/錫),二字聲同屬舌頭音,韻部相同,可通假。又,今本《周易》上九爻最後有「无咎」二字,帛書本《周易》、簡本均無。

今本「渙其血,去逖出,无咎」,王弼注:「逖,遠也。最遠於害,不近侵害,散其憂傷,遠出者也。散患於遠害之地,誰將咎之哉!」

惠玲案:王弼以爲「逖」有「遠」義,上九爻最遠於害,所以能散去憂傷,遠離而出。散患遠出,誰將會災咎之!簡本義同。

## 三二、小過卦(62)

【䷽ 小過:亨,利貞。可小事,不可大事。飛鳥遺之音,不宜上,宜下,大吉①。初六:飛鳥以凶②。六二:過其祖,遇其妣,不及其君,】【遇其臣,无咎③。九三:弗過防之,從或戕之,凶④。九四:无咎,弗過遇之,往厲,必戒,勿用永貞⑤。六五:密雲不雨,自我西郊,公弋】取皮(彼)才(在)

坎（穴）⑥。上六：弗遇迗（過）之，飛鳥羅（離）之，凶，是胃（謂）亦灻（災）禩（眚）▨⑦。【五十六】

帛書本作「▦ 少（小）過：亨，利貞。可小事，不可大事。翡（飛）鳥遺之音，不宜上，宜下，泰（大）吉。初六：翡（飛）鳥以凶。六二：過其祖，愚（遇）其比（妣），不及其君，愚（遇）其僕，无咎。九三：弗過仿（防）之，從或臧（戕）之，凶。九四：无咎，弗過愚（遇）之，往厲，必革（戒），勿用永貞。六五：密雲不雨，自我西菱（郊）。公射取皮（彼）在穴。佝（上）六：弗愚（遇）過之，翡（飛）鳥羅（離）之，凶。是謂茲（災）省（眚）。」

今本作「▦ 小過：亨，利貞。可小事，不可大事。飛鳥遺之音，不宜上，宜下，大吉。初六：飛鳥以凶。六二：過其祖，遇其妣，不及其君，遇其臣，无咎。九三：弗過防之，從或戕之，凶。九四：无咎，弗過遇之，往厲，必戒，勿用永貞。六五：密雲不雨，自我西郊。公弋取彼在穴。上六：弗遇過之，飛鳥離之，凶，是謂災眚。」

【注釋】

① 小過：亨，利貞。可小事，不可大事。飛鳥遺之音，不宜上，宜下，大吉：
小過卦是亨通，而利於貞正自守的。可以做小事，不可以做大事。就像飛鳥失其音，未得安處，不宜上至高空，宜至低空，如此就能享大吉之利。

《說文》：「過，度也。」《小過》卦上震雷，下艮山，山上有雷，是雷聲小有過度。君子體悟此現象，在小有過度之時，能以行爲稍爲過於恭敬、喪事稍爲過於哀痛、用費稍爲過於節儉來矯正之。

王弼注：「飛鳥遺其音聲，哀以求處，上愈无所適，下則得安。愈上則愈窮，莫若飛鳥也。」孔穎達《正義》：「『小過，亨』者，『小過』，卦名也。王於《大過》卦下注云：『音相過之過。』恐人作罪過之義，故以音之。然則『小過』之義，亦與彼同也。過之小事，謂之小過，即『行過乎恭，喪過乎哀』之謂是也。褚氏云：『謂小人之行，小有過差，君子爲過厚之行以矯之也，如晏子狐裘之比也。』此因小人有過差，故君子爲過厚之行，非即以過差釋卦名。《彖》曰『小過，小者過而亨』，言因過得亨，明非罪過，故王於大過音之，明雖義兼罪過得名，上在君子爲過行也。而周氏等不悟此理，

兼以罪過釋卦名，失之遠矣。過爲小事，道乃可通，故曰『小過，亨』也。
『利貞』者，矯世勵俗，利在歸正，故曰『利貞』也。『可小事，不可大事』
者，時也。小有過差，惟可矯以小事，不可正以大事，故曰『可小事，不可
大事』也。『飛鳥遺之音，不宜上，宜下，大吉』者，借喻以明過厚之行，
有吉有凶。飛鳥遺其音聲，哀以求處。過上則愈无所適，過下則不失其安，
以譬君子處過差之時，爲過厚之行，順而立之則吉，逆而忤鱗則凶，故曰『飛
鳥遺之音，不宜上，宜下，大吉』。順則執卑守下，逆則犯君陵上，故以臣
之逆順，類鳥之上下也。……『飛鳥遺其音聲，哀以求處』者，遺，失也。
鳥之失聲，必是窮迫，未得安處。《論語》曰：『鳥之將死，其鳴也哀。』故
知遺音即哀聲也。」

　　惠玲案：王弼以爲《小過》卦有往上則無所適，往下能得安之象，如飛
鳥失其聲音，以哀聲表示未得安處，故曰「不宜上」；能順下則可大吉，故
曰「宜下，大吉」。孔穎達以爲「小過」非「罪過之義」，而是小事有差失時，
可以「過正以矯枉」，即「行過乎恭，喪過乎哀」的意思。以飛鳥作譬喻，
君子小有過差時，小事可以過度以補不足，大事則不宜。

② 初六：飛鳥以凶：初六爻有飛鳥向高飛而凶的現象。

　　王弼注：「小過，上逆下順，而應在上卦，進而之逆，无所錯足，飛鳥
之凶也。」

　　惠玲案：初六爻陰柔，應在上卦九四不正，王弼以爲上逆下順，因此進
而逆，無所措足，故以「飛鳥之凶」作喻。

③ 六二：過其祖，遇其妣，不及其君，遇其臣，无咎：六二爻過初而能履中正
之位，雖過但不至於僭越，像超過其祖，但是安於妣位；又像能謹守臣位，
不及其君，因此沒有災咎。

　　王弼注：「過而得之謂之遇，在小過而當位，過而得之之謂也。祖，始
也，謂初也。妣者，居內履中而正者也。過初而履二位，故曰『過其祖』而
『遇其妣』，過而不至於僭，盡於臣位而已，故曰『不及其君，遇其臣，无
咎』。」

　　惠玲案：六二爻以陰爻居中得位，因此在小過卦中，象過初六之「祖」，
而履第二爻位之妣，這是很適當的。就像臣子懂得謹守本分，不敢逾越其君

（指六五爻），所以無咎。

④ 九三：弗過防之，從或戕之，凶：九三爻以陽當位，但不能先過而有防備，又從應於上六小人，有殘害之象，這是凶的。

王弼注：「小過之世，大者不立，故令小者得過也。居下體之上，以陽當位，而不能先過防之，至令小者或過，而復應而從焉。其從之也，則戕之凶至矣。故曰『弗過防之，從或戕之，凶』也。」

惠玲案：九三居下體之上，以陽當位，宜過為之防，才能免災。但九三不能先過而有防備，因此令做小事者有所過度。上六是小人之過者，九三又應上六而從之，因此有戕害的凶象至來。

⑤ 九四：无咎，弗過遇之。往厲，必戒，勿用永貞：九四不得其位，因此得無咎，不能有過度之行，因此得合宜免咎。不宜勇往直前，否則有危厲，必戒之。要隨時順處，不可固執地長行其正。

王弼注：「雖體陽爻，而不居其位，不為責主，故得无咎也。失位在下，不能過者也。以其不能過，故得合於免咎之宜，故曰『弗過遇之』。夫宴安酖毒，不可懷也，處於小過不寧之時，而以陽居陰，不能有所為者也。以此自守，免咎可也；以斯攸往，危之道也。不交於物，物亦弗與，无援之助，故危則必戒而已，无所告救也。沈沒怯弱，自守而已，以斯而處於群小之中，未足任者也，故曰『勿用永貞』，言不足用之於永貞。」

惠玲案：九四爻不居其位，不為負責之主，因此可以無咎。不得位，又在上卦之下，所以無所做為，不能有過度之行，因此能合宜免咎。不宜勇往直前，否則有危厲，必戒之。要隨時順處，不可固執地長行其正。

⑥ 六五：密雲不雨，自我西郊。公弋取皮（彼）才（在）坎（穴）：六五以陰爻居尊位，有密雲從西郊來不得下雨之象。以小過之才，治小過之失，能獲小過在隱伏者，有如公之弋獵，能取得在穴隱伏之獸。

王弼注：「小過，小者過於大也。六得五位，陰之盛也。故密雲不雨，至于西郊也。夫雨者，陰在於上，而陽薄之而不得通，則烝而為雨。今艮止於下而不交焉，故不雨也。是故《小畜》尚往而亨，則不雨也；《小過》陽不上交，亦不雨也。雖陰盛于上，未能行其施也。公者，臣之極也，五極陰盛，故稱公也。弋，射也。在穴者，隱伏之物也。『小過』者，過小而難未

大作，猶在隱伏者也。以陰質治小過，能獲小過者也，故曰『公弋取彼在穴』也。除過之道，不在取之，是乃密雲未能雨也。」

惠玲案：據王、孔，六五爻辭的意思是：六五以陰爻居尊位，盛陰之象，所以是密雲。下卦爲艮止，所以不得雨。又雲從西郊來，也不容易下雨。六五在尊位，所以是公，以小過之才，治小過之失，能獲小過在隱伏者，有如公之弋獵，取得在穴隱伏之獸也。簡本意同。

⑦ **上六：弗遇祡（過）之，飛鳥羅（離）之，凶，是胃（謂）亦烖（災）禬（眚）**：上六爻處小過卦之最上，如小人之過，已至上極，至於亢極將無所遇。如飛鳥飛而不已，將無所托，而遭羅網，因此爲凶象，這可說是自招的災禍。

「祡」，原考釋以爲簡文多用爲「過」。可從。「羅」，原考釋釋爲「以絲罟鳥」。惠玲案：帛書、今本《周易》作「離」，義爲「以有柄的罕捕鳥；鳥被捉到。」（參《說文新證上冊》，頁 275），和楚簡本作「羅」義同，且「離」、「羅」二字皆爲來紐歌部，可相通。

今本「弗遇過之，飛鳥離之，凶，是謂災眚」，王弼注：「上六處小過之極，是小人之過，遂至上極，過而不知限，至于亢者也。過至於亢，无所復遇，故曰『弗遇過之』也。以小人之身，過而弗遇，必遭羅網，其猶飛鳥，飛而无託，必離矰繳，故曰『飛鳥離之，凶』也。過亢離凶，是謂自災而致眚。」

惠玲案：上六爻處小過卦之最上，如小人之過，已至上極，至於亢極將無所遇。如飛鳥飛而不已，將無所托，而遭羅網，因此爲凶象，這可以說是自己招來的禍害。簡本義同。

## 三三、既濟卦(63)

**【䷾ 既濟：亨小，利貞。初吉終亂①。初九：曳其輪，濡其尾，无咎②。六二：婦喪其茀，勿逐，七日得③。九三：高宗伐鬼方，三年克之，小人】勿用④。六四：需（繻）又（有）衣絮（袽），冬（終）日戒⑤。九五：東簭（鄰）殺牛，不女（如）西簭（鄰）之酌（禴）祭，是受福吉⑥。上六：需（濡）丌**

（其）首，礪（厲）⑦。▨【五十七】

帛書本作「☷☰ 既濟：亨。小利貞。初吉，冬（終）乳（亂）。初六〈九〉：
抾（曳）其綸（輪），濡其尾，无咎。六二：婦亡（喪）其發（茀），勿遂〈逐〉，
七日得。九三：高宗伐鬼方，三年克之，小人勿用。六四：繻有衣茹（袽），冬
（終）日戒。九五：東鄰殺牛以祭，不若西鄰之濯（禴）祭，實受其福，吉。
尙（上）六：濡其首，厲。」

今本作「☵☲ 既濟：亨小，利貞。初吉終亂。初九：曳其輪，濡其尾，无
咎。六二：婦喪其茀，勿逐，七日得。九三：高宗伐鬼方，三年克之，小人勿
用。六四：繻有衣袽，終日戒。九五：東鄰殺牛，不如西鄰之禴祭，實受其福。
上六：濡其首，厲。」


【注釋】

① **既濟：亨小，利貞。初吉終亂**：既濟有萬事已濟，小者亨通，大者亦必亨通
的象徵，此時是利於守著正道的。但是如持續不進德修業，最初雖吉，最後
還是會有危亂。

《說文》：「既，小食也。」「濟」本義爲水名，假借有「渡水」之義。《既
濟》卦上坎水，下離火，水寒而就下，火燥而上升，水火相交，卦象爲吉。
孔穎達以爲「水在火上，炊爨之象，飲食以之而成，性命以之而濟，故曰『水
在火上，既濟』也。」亦可通。雖以在既濟之時，君子仍不忘思其後患，而
預防之。

孔穎達《正義》：「『既濟，亨小，利貞，初吉終亂』者，濟者，濟渡之
名，既者，皆盡之稱，萬事皆濟，故以『既濟』爲名。既萬事皆濟，若小者
不通，則有所未濟，故曰『既濟，亨小』也。小者尙亨，何況于大？則大小
剛柔，各當其位，皆得其所。當此之時，非正不利，故曰『利貞』也。但人
皆不能居安思危，慎終如始，故戒以今日。既濟之初，雖皆獲吉，若不進德
脩業至於終極，則危亂及之，故曰『初吉終亂』也。」

惠玲案：據孔說，今本卦辭的意思是說「既濟有萬事已濟，小者亨通，
大者亦必亨通的象徵，此時是利於守著正道的。既濟之初雖獲吉，但是如不
進德修業至於終極，最後還是會有危亂的現象。」

② ┃初九：曳其輪，濡其尾，无咎┃：初九雖欲濟渡，但處於初始，有拖著車輪，濡濕尾巴的象徵，不能有所濟，但是無災咎。

王弼注：「最處既濟之初，始濟者也。始濟未涉於燥，故輪曳而尾濡也。雖未造易，心无顧戀，志棄難者也。其爲義也，无所咎也。」

惠玲案：初九爲既濟之初，是始欲濟渡，但未涉於乾燥之地，所以有車輪曳而狐狸尾巴濡濕的現象。但其心無顧戀，志在棄難，故無所咎。可從。

③ ┃六二：婦喪其茀，勿逐，七日得┃：六二爻有婦人喪失首飾的象徵，不須追逐，七日失物就能自動得回了。

王弼注：「居中履正，處文明之盛，而應乎五，陰之光盛者也。然居初、三之間，而近不相得，上不承三，下不比初。夫以光盛之陰，處於二陽之間，近而不相得，能无見侵乎？故曰『喪其茀』也。稱『婦』者，以明自有夫，而它人侵之也。茀，首飾也。夫以中道執乎貞正，而見侵者，眾之所助也。處既濟之時，不容邪道者也。時既明峻，眾又助之，竊之者逃竄而莫之歸矣。量斯勢也，不過七日，不須己逐，而自得也。」

惠玲案：王弼以爲六二爻處中履正，上應九五，有陰之光盛的象徵。但處於二陽之間，近而不相得，有被侵之象，如「婦人喪失她的首飾」。不過六二處中道而能貞正自守，得他人之助，不過七日，不須自己去找尋，失物便能自動得回了。

④ ┃九三：高宗伐鬼方，三年克之，小人┃勿用：九三履得其位，但居內卦之衰末，如高宗伐鬼方，三年才能征克，此時小人是不可用的。

王弼注：「處既濟之時，居文明之終，履得其位，是居衰末而能濟者。『高宗伐鬼方，三年乃克』也，君子處之，故能興也，小人居之，遂喪邦也。」孔穎達《正義》：「『高宗伐鬼方，三年克之』者，高宗者，殷王武丁之號也，九三處既濟之時，居文明之終，履得其位，是居衰末，而能濟者也。高宗伐鬼方，以中興殷道，事同此爻，故取譬焉。高宗德實文明，而勢甚衰憊，不能即勝，三年乃克，故曰『高宗伐鬼方，三年克之』也。『小人勿用』者，勢既衰弱，君子處之，能建功立德，故興而復之；小人居之，日就危亂，必喪邦也，故曰『小人勿用』。」

惠玲案：王弼以爲九三爻居文明之終，履得其位，雖然居於衰末但能濟，

如「高宗伐鬼方，三年乃克」。處於衰末，小人居之，則喪失邦國。

⑤ **六四：需（繻）又（有）衣絮（袽），冬（終）日戒**：六四爻履正，不與三、五相得，有舟漏濡濕，而以衣袽塞漏的象徵，終日要有所警戒。

「需」，原考釋讀「濡」，有「霑濕」義，或讀爲「繻」有「裂縫」義。「絮」，原考釋以爲或作「袽」。惠玲案：「需」，帛書本作「襦」、今本作「繻」，〈子夏傳〉作「褕」（《集韻》以爲「襦」之異體字），三字同從「需」聲；「絮」（泥／魚），今本《周易》作「袽」（日／魚，塞船漏的破衣服），日紐古歸泥，故二字可通假。

今本「繻有衣袽，終日戒」，王弼注：「繻，宜曰濡。衣袽，所以塞舟漏也。履得其正，而近不與三、五相得。夫有隙之棄舟，而得濟者，有衣袽也。鄰於不親，而得全者，終日戒也。」

惠玲案：王弼以爲六四得正，但不與三、五相得，有如舟有隙而漏，以衣袽塞之，而能得濟。與鄰不親，要得全則須終日戒慎。簡本義同。

⑥ **九五：東嗇（鄰）殺牛，不女西嗇（鄰）之酌（禴）祭，是受福吉**：九五爻處於尊位，此時所務者僅祭祀而已。如果不能修德，東鄰殺牛的盛祭，還不如西鄰禴祭雖薄，但能修其德，則神明降福，實受其福祿吉祥。

「嗇」，原考釋以爲通「鄰」字。惠玲案：字從「屾」（「鄰」之初文，參《戰典》頁1149）、各聲，實即「鄰」之異體字。「酌」（照／藥），今本《周易》作「禴」（喻／藥，《說文》作「礿」），二字上古韻同，聲同爲舌頭音，可通假。

今本「東鄰殺牛，不如西鄰之禴祭，實受其福」，王弼注：「牛，祭之盛者也。禴，祭之薄者也。居既濟之時，而處尊位，物皆盛矣，將何爲焉？其所務者，祭祀而已。祭祀之盛，莫盛脩德，故沼沚之毛、蘋蘩之菜，可羞於鬼神，故『黍稷非馨，明德惟馨』，是以『東鄰殺牛，不如西鄰之禴祭，實受其福』也。」《禮記·坊記》引《易》「東鄰殺牛，不如西鄰之禴祭，寔受其福」，鄭注：「東鄰，謂紂國中也；西鄰，謂文王國中也。」

惠玲案：王弼以爲九五處尊位，物皆盛矣，此時只務求祭祀而已，而祭祀最重要是修德，而非祭祀的厚薄。鄭玄謂東鄰謂紂國中，西鄰謂文王國中，有一定的參考價值。今本九五爻的意思是說「九五爻處於尊位，此時所務者

僅祭祀而已。如果不能修德，東鄰殺牛的盛祭，還不如西鄰禴祭雖薄，但能修其德，則神明降福，實受其福祿。」簡本義同。

⑦ 上六：需（濡）丌（其）首，礪（厲）：上六於既濟之極，則反入於未濟，首（上六爻）先犯難，所以像狐狸渡河，濡濕了頭，即將沒頂，這是危厲的。

今本「濡其首，厲」，王弼注：「處既濟之極，既濟道窮，則之於未濟，之於未濟，則首先犯焉。過而不已，則遇於難，故濡其首也。將沒不久，危莫先焉。」

惠玲案：王弼以為上六位於既濟之極，則將反入於未濟。如進而不已，入於未濟，則上六爻首先犯難，所以像狐狸渡河，濡濕了頭，即將沒頂，這是危厲的。簡本意同。

# 三四、未濟卦(64)

未濟：亨，小狐汔濟，濡其尾，无攸利①。初六：濡其尾，閵②。九二：厭（曳）丌（其）輪，貞吉，利涉大川③。六晶（三）：未淒（濟），征凶，利涉大川④。九四：貞吉，悔亡，震用伐【五十八】【鬼方，三年有賞于大國⑤。六五：貞吉，无悔。君子之光，有孚，吉⑥。上九：有孚于飲酒，无咎。濡其首，有孚，失是⑦。】

帛書本作「　未濟：亨，小狐气（汔）涉，濡其尾，无攸利。初六：濡其尾，閵（吝）。九二：抴（曳）其綸（輪），貞。六三：未濟，正（征）凶。利涉大川。九四：貞吉，悔亡，震用伐鬼方，三年有商（賞）于大國。六五：貞吉，悔亡，君子之光。有復（孚），吉。尚（上）九：有復（孚），于飲酒，无咎。濡其首，有復（孚），失是。」

今本作「　未濟：亨，小狐汔濟，濡其尾，无攸利。初六：濡其尾，吝。九二：曳其輪，貞吉。六三：未濟，征凶，利涉大川。九四：貞吉，悔亡，震用伐鬼方，三年有賞于大國。六五：貞吉，无悔。君子之光，有孚，吉。上九：有孚于飲酒，无咎。濡其首，有孚，失是。」

【注釋】

① 未濟：亨，小狐汔濟，濡其尾，无攸利：未濟卦雖以小才居位，但如果能執柔用中，也有可濟之理，而得亨通。小才不能濟難，就像小狐將要涉川，未及登岸就濡濕尾巴，這是沒有好處的

《說文》：「未，味也。六月滋味也。五行木老於未，象木重枝葉也。」季師旭昇以爲「甲骨文未字從木，或象其枝條茂盛、或重其枝條，以示枝葉茂盛成熟有滋味。」（《說文新證下冊》頁291）。假借作否定詞，所以卦名《未濟》是指未能濟渡的意思。《序卦》曰：「物不可窮也，故受之以未濟終焉。」崔覲云：「夫易之爲道，『窮則變，變則通』，而『以未濟終』者，亦『物不可窮也』。」《周易》生生不息，《既濟》之後又有《未濟》卦，代表著往來不窮的意思。《既濟》卦是已經取得成功，但事物不能終止，必會繼續有變化發展，故隨之《未濟》卦，永遠演進變化，無窮無盡。《未濟》卦上離火，下坎水，火本炎上，水性就下，二者不相交濟，故有未濟之象。君子見未濟之時，剛柔失正，所以以德來謹慎辨別眾物，使各能居其方，而能安其所。

今本「未濟：亨，小狐汔濟，濡其尾，无攸利」，孔穎達《正義》：「『未濟』者，未能濟渡之名也。未濟之時，小才居位，不能建功立德，拔難濟險。若能執柔用中，委任賢哲，則未濟有可濟之理，所以得通，故曰『未濟，亨』。……汔者，將盡之名。小才不能濟難，事同小狐，雖難渡水，而无餘力，必須水汔，方可涉川。未及登岸，而濡其尾，濟不免濡，豈有所利？故曰『小狐汔濟，濡其尾，无攸利』也。」

惠玲案：孔穎達以爲未濟雖然以小才居位，不能建功立德，拔難濟險，但如果能執柔用中，任用賢哲，也有可濟之理，而得亨通。小才不能濟難，如同小狐渡水，而無餘力，須等水盡汔才能涉川。未登岸又濕濡其尾，這是濟而沒有攸利的。

旭昇案：孔疏釋「汔」爲「水盡」，釋「小狐汔濟」爲小狐待水盡始涉川。河水既盡，則必不會濡濕尾巴，似有矛盾。《毛詩·小雅·民勞》「民亦勞止，汔可小康」，毛傳釋「危」，鄭箋釋「幾」，于省吾《澤螺居詩經新證》釋「乞求」。張玉金《甲骨文虛詞字典》指出甲骨文有「气（乞）」字可做虛詞用，可分四類：一猶汔也；二猶將也；三猶其也；四猶若也。〈民勞〉、〈未

濟〉「汔」字以白話語譯可做「將要」。據此，「小狐汔濟」可語譯為「小狐狸將要渡河」。今本卦辭的意思是說「未濟卦雖以小才居位，未能建功立德，但如果能執柔用中，任用賢哲，也有可濟之理，而得亨通。小才不能濟難，如同小狐沒有能力涉川，如果強行渡河，未及登岸就濡濕尾巴，這是沒有好處的」。

② 初六：濡其尾，閵（吝）：初六處未濟之始，有小狐濡濕其尾的象徵，這是悔吝的。

「閵」，原簡作「𥭐」，殘缺不全，但「隹」形還勉強接近，原考釋隸定作「閵」（來／真），與帛書《周易》同，與今本《周易》作「吝」（來／諄），聲同韻近，可通假。

今本「濡其尾，吝」，王弼注：「處未濟之初，最居險下，不可以濟者也。而欲之其應，進則溺身。未濟之始，始於既濟之上六也。濡其首，猶不反，至於濡其尾，不知紀極者也。然以陰處下，非為進亢，遂其志者也。困則能反，故不曰凶。事在已量，而必困乃反，頑亦甚矣，故曰『吝』也。」

惠玲案：王弼以為初六居險下，不可以濟，但卻仍然要往上至相應的九四，因此進則溺身。《未濟》之始，其實開始於前一卦的《既濟》最後一爻，《既濟‧上六》已經「濡其首」，而仍然不知返，終致〈未濟〉的「濡其尾」，這就是不知進退而沒其身。幸好〈未濟〉初六爻以陰處下，困而能返，所以不「凶」；但是遇困才知返，也相當頑固，所以是「吝」。據此，今本初六爻的意思是說「初六處未濟之始，有小狐濡濕其尾的象徵，這是悔吝的。」簡本義同。

③ 九二：曳（曳）丌（其）輪，貞吉，利涉大川：九二履中應五，能救危難，有拖著它的車輪以濟難象徵，在未濟之時，更應貞正自守才能得吉，利於涉水過大川。

「曳」，簡文作「𥆞」，原考釋隸作「厚」，待考。何琳儀先生、程燕先生〈周易選釋〉以為此字為「曳」之古文，與帛書作「抴」、今本作「曳」可相通。

惠玲案：三體石經「曳」之古文作「𢏇」，與楚簡本「𥆞」字相較，何、

程以爲簡本左邊「爿」殘，頗有可能的。其餘從「冐」部分相同，但上部「厂」形仍應存疑待考。此處姑從何、程之說，隸簡文此字爲「逸」（喻／質）之古文，與帛書作「抴」（喻／月），今本作「曳」（喻／月），聲同韻近，可通。

　　「利涉大川」，今本、帛書俱無。楚簡本有，似可強調九二居中位的吉利之辭。

　　今本「曳其輪，貞吉」，王弼注：「體剛履中，而應於五，五體陰柔，應與而不自任者也。居未濟之時，處險難之中，體剛中之質，而見任與，拯救危難，經綸屯蹇者也。用健拯難，靖難在正，而不違中，故『曳其輪，貞吉』也。」

　　惠玲案：九二履中，上應六五，體剛中之質，能救危難而不違中，所以有拉著車輪前進以渡河的象徵，貞正自守則得吉。既濟初九「曳其輪」爲「拖曳車輪，不得前進」，與本爻同辭而不同解，是因爲卦象取義不同。簡本除了多「利涉大川」外，餘義同。

④ **六晶（三）：未淒（濟），征凶，利涉大川**：六三爻失位居險，不能自濟，若前往征伐求濟則凶，但如果能委身親比於九二，則免於溺，利於涉水過大川。

　　「淒」，原考釋讀作「濟」。可從。

　　今本「未濟，征凶，利涉大川」，王弼注：「以陰之質，失位居險，不能自濟者也。以不正之身，力不能自濟，而求進焉，喪其身也。故曰『征凶』也。二能拯難，而己比之，棄己委二，載二而行，溺可得乎？何憂未濟，故曰『利涉大川』。」

　　惠玲案：「未濟，征凶，利涉大川」，王弼以爲六三以陰爻居陽位，失位居險，不能自濟，進而喪身。但九二爻體剛履中，委身於九二，則可免於沒溺，故曰「利涉大川」。簡本義同。

　　本爻既云「征凶」，又云「利涉大川」，似頗矛盾，朱熹《周易本義》、高亨《周易古經今注》均疑「利涉大川」當作「不利涉大川」。今簡本亦作「利涉大川」，則「利」上無「不」字，明矣。

⑤ **九四：貞吉，悔亡，震用伐鬼方，三年有賞于大國**：九四出於坎險，雖履非其位，但能正志而行，因此有貞吉，無悔的現象，震發威怒以討伐鬼方，三年克勝而得大國作爲賞賜。

今本「貞吉，悔亡，震用伐鬼方，三年有賞于大國」，王弼注：「處未濟之時，而出險難之上，居父明之初，體乎剛質，以近至尊。雖履非其位，志在乎正，則吉而悔亡矣。其志得行，靡禁其威，故曰『震用伐鬼方』也。『伐鬼方』者，興衰之征也。故每至興衰而取義焉。處文明之初，始出於難，其德未盛，故曰『三年』也。五居尊以柔，體乎文明之盛，不奪物功者也，故以大國賞之也。」

惠玲案：九四已經脫離下卦坎險，出於險難，而近六五至尊，雖履非其位，但志在乎正，因此能得吉而悔亡。因志氣得行，所以能震發威怒，以征伐鬼方。但剛脫離坎難，道德未盛，所以需要三年之久才能克竟其功。六五以柔居尊位，而能不奪人之功，能以大國賞之九四。簡本殘文義同。

⑥ [六五：貞吉，无悔。君子之光，有孚，吉：] 六五爻以柔居尊，必貞正才能得吉而无悔。能以君子的光輝，以柔御剛，誠信使人，因此能得吉。

王弼注：「以柔居尊，處文明之盛，為未濟之主，故必正然後乃吉，吉乃得无悔也。夫以柔順文明之質，居於尊位，付與於能，而不自役，使武以文，御剛以柔，斯誠君子之光也。付物以能，而不疑也，物則竭力，功斯克矣，故曰『有孚，吉。』」

惠玲案：六五爻以柔居尊，為未濟之主，必正然後得吉，無悔。下應九二，以文柔來御使剛武，是君子之光。使人以能而信任不疑，他人自然能竭力而功成，這是有孚信而得吉。

⑦ [上九：有孚于飲酒，无咎。濡其首，有孚，失是] 上九處未濟之極，反於既濟之道，有孚信於所任用者，因此有飲酒逸豫之樂，而沒有災咎。如果過於信任他人，自己逸於飲酒而不知節制，則有濡濕其首的危難，這是因為信其任用者，所以有失於孚信。

王弼注：「未濟之極，則反於既濟。既濟之道，所任者當也。所任者當，則可信之无疑，而已逸焉。故曰『有孚于飲酒，无咎』也。以其能信於物，故得逸豫而不憂於事之廢。苟不憂於事之廢，而耽於樂之甚，則至于失節矣。由於有孚，失於是矣，故曰『濡其首，有孚，失是』也。」

惠玲案：上九處於未濟之極，反於既濟之道，此時任用可當者，則信任而无疑，因此已得豫逸飲酒之樂，而無災咎。但是如果過於孚信，不憂心事

廢，只是耽於豫樂，則失節，有如狐狸濡濕其首的危難。

# 〈仲弓〉譯釋

連德榮　撰寫

季旭昇　訂改

## 【題解】

〈仲弓〉是《上海博物館藏戰國楚竹書（三）》的第二篇，全篇共二十八支簡，拼合後的整簡只有三支，另有幾支簡也還可以拼合。完簡長約 47 釐米，容 34-37 字，其餘都是殘簡。全文共 520 字，其中合文 16、重文 4，另有附簡 24 字。篇題寫在第 26 簡的反面，題爲「中（仲）弓」。

全篇寫季桓子使仲弓爲宰，仲弓向孔子請教爲政之道。孔子答以「老老慈幼、先有司、舉賢才、宥過舉罪」，並分別做了詳細的說明。接著仲弓又請教「民務」、孔子答以「祭、喪、行」；仲弓又請問「導民興德」。其後孔子指示仲弓事君須「以忠與敬」，最後仲弓談到當時的君上有三種壞毛病（三害），孔子勉仲弓「竭情盡質」，就可以克服三害的障礙了。

李朝遠先生的考釋發表以後，各家對〈仲弓〉的簡序分別有不同的意見，可見者如下：

陳劍〈仲弓釋文〉：1、4、26、2、5、7、8、9、10、28、19、14、27、15、18、17、11、13、6、23b、23a、24、25、20a、12、21、22、16、16 反、3、20b、附簡

李銳〈仲弓新編〉：1、4、26、2、5、28、7、8、9、10、19、14、17、11、13、18、27、15、20b、6、23b、23a、24、25、12、21、22、16、16反、20a、3、附簡

黃人二、林志鵬〈仲弓試探〉：（一）27、21、20、6、23下、23上、24、25、14、22、15、附簡；（二）1、2、4、26、5、12、18、7、8、9、10、3、13、28、19、16、17、11。

周鳳五〈仲弓摘要〉：（1+4），（26+2），（5+7），補一，8，（14+9），10，（28+19+17），（11+13），（6+23下），（23上+24），（25+12），（21+18），（16+3），20，（27+15+22），附簡

趙炳清〈仲弓編聯〉：1、4、26、2、5、28、7、8、22、14、9、10、19、16、3、17、11、13、27、 15、6、23b、23a、24、25、12、21、18、20、附簡

本文排序：1+4→26+3、2→5+7、8→14、9→10→28→19、27+15、18、6+23B→23A、17→11+13、12→21、22、24→25、20A、16正（16反）+20B、附簡（可以連讀的標注「→」、可以拼接的標注「+」）

另外，晁福林〈上博簡序〉以爲8、22、9 三簡應相連。陳偉〈仲弓詞句〉指出第簡16應爲第3枚簡，接於1號簡＋4號簡（綴合爲第1枚簡）、26號簡＋2號簡（綴合爲第2枚簡）之後。

## 【原文】

### 第一節

季逗（桓）子①叀（使）中（仲）弓②爲剳（宰）③，中（仲）弓吕（以）告孔＝（孔子）曰：「季是（氏）【一】〔□□□□□〕叀（使）雈（雍）也④從於剳（宰）夫之遼（後）⑤，雈（雍）也憧【四】愚⑥，志（恐）怡（貽）虗（吾）子愿（羞）⑦，志（愿）因

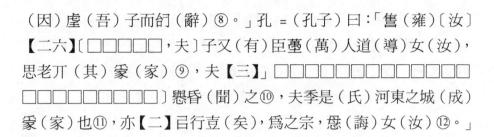

（因）虖（吾）子而訇（辭）⑧。」孔＝（孔子）曰：「雒（雍）〔汝〕【二六】〔□□□□□，夫〕子又（有）臣蠆（萬）人道（導）女（汝），思老丌（其）豖（家）⑨，夫【三】□□□□□□□□□□□□□□□□□□□□□□□〕慇昏（聞）之⑩，夫季是（氏）河東之城（成）豖（家）也⑪，亦【二】吕行壴（矣），爲之宗，愚（誨）女（汝）⑫。」

## 第二節

中（仲）弓曰：「敢昏（問）爲正（政）可（何）先？」【五】〔仲尼曰〕：老＝（老老）慈幼⑬，先又（有）司⑭，譽（舉）殹（賢）才，惑（宥）怣（過）慇（舉）皋（罪）⑮。【七】□□□□□□□□□□□□□□□□□□□□□□□□□□□□□□□□□□□【缺簡】皋（罪），正（政）之訇（始）也⑯。」

## 第三節

中（仲）弓曰：「若夫老＝（老老）慈＝幼（慈幼），既昏（聞）命壴（矣）。夫先又（有）司爲之女（如）可（何）？」中（仲）尼曰：「夫民安舊而庄（重）䙴（遷）⑰【八】，梟（早／造／躁）貞（變）不行，妥（委）昆（蛇）⑱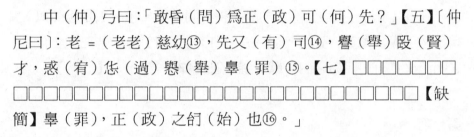□□□□□□□□□□□□□□□□□□□□□□□□□□□□□□□□□□□【一四】□□□□□又（有）城（成），是古（故）又（有）司不可不先也。」

## 第四節

中（仲）弓曰：「雒（雍）也不愚（敏），唯（雖）又（有）殹（賢）才，弗智（知）䙺（舉）也。敢昏（問）䙺（舉）才【九】女（如）之可（何）？」中（仲）尼〔曰〕⑲：「夫殹（賢）才不可穿（弇／掩）⑳也。䙺（舉）而（爾）所智（知），而（爾）所不智（知），人丌（其）豫（豫／舍）之者㉑？」

## 第五節

中（仲）弓曰:「惑（宥）㥛（過）譽（舉）辠（罪），則民可（何）
㠯（後）㉓?」【一〇】中（仲）尼〔曰〕【二八】山又（有）堋（崩），
川又（有）㴎（竭），昌＝（日月）星唇（辰）猷（猶）差㉔，民亡
（無）不又（有）㥛（過），叚（賢）者＝㉕……【一九】

## 第六節

□□□。」中（仲）弓曰:「敢【二七】昏（聞、問）民悉（務）
㉖。孔＝（孔子）曰:「善才（哉）昏（問）虖（乎）!足㠯（以）
孝（教）壴（矣），君【一五】……毋自隓（惰）也。昔三弋（代）
之明王又（有）四海之內，猷（猶）坴（倈）㉗……」【一八】

## 第七節

「雔（雍），女（汝）智（知）者。」中（仲）弓畣（答）曰:「雔
（雍）也弗昏（聞）也。」孔＝（孔子）曰:「夫祭，至敬之【六】
杳（本）也，所㠯立生也，不可不斳（慎）也，夫喪㉘【二三Ｂ】至
悉（愛）之㕚（卒）也，所㠯城（成）死也，不可不斳（慎）也;夫
行，巽求（？）學（學）㉙……【二三Ａ】
　　……型（刑）正（政）不繠（緩），惪（德）孝（教）不菤（倦）。」

## 第八節

中（仲）弓曰:「若此三【一七】者㉚，既昏（聞）命壴（矣），
敢昏（問）道（導）民興惪（德）女（如）可（何）?」孔＝（孔子）
曰:「連（申）之【一一】備（服）之，繠（緩）愻（施）而悉（遜）
放（服）之㉛。唯（雖）又（有）𢕫（悆）惪（德）㉜，丌（其）……」
【一三】

## 第九節

「……也（？）定（法／廢?）㉝，不及丌（其）城（成），諬＝（諬

蜀／主）猒（厭）人，戁（難）爲從正㉞。」孔＝（孔子）【一二】曰：「雔（雍），亯＝（古之）叓（事）君者，呂忠與敬，唯（雖）丌戁（難）也，女（汝）隹（惟）呂（以）……【二一】……卡＝（上下）相遝（復／報）呂（以）忠㉟，則民懽（歡）丞（承）敎（教）㊱，害□者不……【二二】……之。百＝（一日）呂（以）善立（涖），所敎（教）皆終㊲；百＝（一日）呂（以）不善立（涖），【二四】所敎（教）皆崩㊳，可不斳（慎）虖（乎）？」

## 第十節

中（仲）弓曰：「含（今）之君子，叓（使）人不畫（盡）丌悆㊴……」【二五】

「……丌咎。」中（仲）弓曰：「含（今）之孠＝（君子），孚（愎）怣（過）戈（捍）斱（析），戁（難）呂內（納）諫㊵。」孔＝（孔子）曰：「含（今）之君……【二○A】

……宜徙（道？）之至者㊶，孝（教）而叓（使）之，孠＝（君子）亡所脥（厭）人。含（今）女（汝）相夫【一六正】《中（仲）弓》【一六反】㊷子所㊸，漆（竭）丌青（情）、津（盡）丌斳（慎）㊺者，三害近㪅（敧）㊹矣。」【二○B】

【附簡】㊻：「鈢。㊼」孔＝（孔子）曰：「唯正（政）者，正也。夫子唯（雖）又（有）與（舉），女（汝）蜀（獨）正之，幾（豈）不又（有）悝（匡）㊽也。」中（仲）……

【語譯】
## 第一節
季桓子任命仲弓爲家臣，仲弓將此事告知孔子說：「季氏……任命我（冉雍）擔任家宰職務，我（冉雍）懵懂愚昧，恐怕會帶給夫子

您羞辱，希望靠夫子您來推辭。孔子說：「冉雍，你……季桓子有上萬的家臣幫助你，讓你去主持季氏的家政，夫……懇聞之，季氏是河東最有勢力的家族，（你有理想）也可以接受這個職位，去擔任吧，成為季氏家臣的領導，我來教導你。」

## 第二節

仲弓說：「請問為政以何為先……」〔孔子說〕：「像關愛老心慈愛幼小；先選任有司以職其事（然後責其成）；舉用賢能的人才；寬宥小過錯、舉發有罪之人等事。……罪，是為政的開始。」

## 第三節

仲弓說：「像老老慈幼的事，已經聽聞夫子教誨而有所理解了。那先有司的事，應該如何做？」孔子說：「老百姓是樂於守舊而不輕易贊成變革的，過於急躁的變化不可行，當從容行事……才能獲得成功。所以選任有司以職其事（然後責其成），這是不可不先做的。」

## 第四節

仲弓說：「我冉雍啊不夠聰敏，雖有賢能的人才，不知如何舉用，請問要如何舉才？」孔子說：「賢才是不會被遮掩埋沒的，舉用你所知道的賢才，你所不知道的賢才，人們難道會捨棄他們嗎？」

## 第五節

仲弓說：「寬宥小過錯舉發有罪之人，那麼人民如何〔會接受長上的領導呢〕？」孔子說：「山川有崩竭時，日月星辰皆有差池時，人民亦必有過失之時，（所以）為政者……」

## 第六節

仲弓說：「請問何謂民之所務？」孔子說：「問得非常好，我能夠

指點你了,君……不可自我懈怠(偷懶),以前三代聖明的君主擁有
天下,猶以恩招徠人民……」

## 第七節

「……冉雍,你知道的。」仲弓回答說:「冉雍未曾聽聞。」孔
子說:「祭,在追養繼孝,是極盡誠敬之心的根本。它是用來作為安
生立命,不可以不慎重。喪,是達到極愛的最終表現,它是用來完成
人的一生,不可以不慎重。行,恭順地追求、學習……

刑法政令不延緩,道德教化不怠倦」。

## 第八節

仲弓說:「像這三者(祭、喪、行)我已聽聞教誨而有所理解,
請問如何教導民眾振興道德?」孔子說:「先陳之道德以服人,和緩
地教導民眾,依次順序地去做。雖有失德,其……」

## 第九節

「……也(?)定(法?),未到成功之時,獨斷獨行,不聽從
他人的意見,難以趨從正道。」孔子說:「冉雍!古人事奉國君,要
做到忠和敬,雖然不容易,你只有以……這樣才能使民眾與為政者上
下相親近,民眾樂於聽從教化,為政者還有什麼措施不………,……
之,執政者每日以善來安身臨民,則所教給人民的都能有成;只要一
日以不善臨民,所教給人民的都會崩壞,不可不謹慎。」

## 第十節

仲弓說:「現在的君主,用人不能讓人……」

「……其咎。」仲弓說:「現在的君主,堅持自己的過錯,掩飾
自己的巧言,很難接受臣下的直言規勸。」孔子說:「現在的君主……
宜仚之至者,教導他們,然後才役使他們,君子就沒有可怨恨的

人。現在你（仲弓）將到季桓子家當家相，你盡己全力、小心謹慎，三害近斂矣（上述三種君主的過失差不多可以消除了）。

【附簡】:「……金。」孔子說:「政，就是正。縱然季桓子有所舉措，你個人可以督正他，不也就是有所匡正了嗎。」中（仲）……


## 【注釋】

① 季逗子：原考釋指出：即文獻中的「季桓子」，春秋時魯國大夫，季孫氏，名斯，生年未詳，卒於公元前四九二年（一說爲前四九〇年），諡桓子。

德榮案：季，簡文作 ，从子从禾，所從「禾」形與常見者不同，而與楚系來字上方所從之偏旁如： （天卜）相類，戰國楚系文字從禾之偏旁未見此形，應是「禾」旁受「來」旁影響之類化。

旭昇案：季桓子，即季孫斯，是魯國執政大夫季平子之子。據《史記·魯世家》及〈孔子世家〉，魯定公九年，季桓子執政時，孔子出爲中都宰、司空、大司寇。魯定公十三年（一說爲十二年）使仲由爲季氏宰，墮三家都。定公十四年季桓子接受齊國送來的女樂，君臣同觀，三日不朝，孔子於是離開魯國。魯哀公三年，季桓子卒，卒前告誡其子季康子必召孔子，孔子推薦冉求。

② 中弓：原考釋指出即「仲弓」，並謂楚簡的「中」字一般作「 」、「 」、「 」等形（A類），「中（仲）弓」之「中」作「 」（B類），寫法有別。又謂：本篇第十六簡反有篇題「中弓」。「中弓」，即文獻中的仲弓（公元前五二二年——？），魯國人，冉氏，名雍，仲弓爲其字。孔子弟子，少孔子二十九歲，爲孔子所推崇，將之比喻爲「犁牛之子」，並認爲「雍也可使南面」（論語，雍也），被孔子定爲有「德行」的弟子之一。《論語·先進》:「德行：顏淵、

閔子騫、冉伯牛、仲弓。」曾問政於孔子，語見《論語》、《史記》
及《孔子家語》。簡中所錄，大多不見於今本文獻。

　　朱淵清先生〈仲弓年齡〉以爲《史記·仲尼弟子列傳》並沒
有說仲弓小孔子二十九歲；小孔子二十九歲的是冉求，爲季康子
宰。仲弓爲季桓子宰，應該比冉求年紀大。司馬貞索隱說仲弓小
孔子二十九歲，可能是弄錯了。林志鵬先生〈仲弓任季氏宰小考〉
以爲仲弓爲季氏宰當在子路爲季氏宰之後，孔子去魯之前，即魯
定公十三年至十四年之間，以其小孔子二十九歲計算，則仲弓此
時約二十五歲，也不無可能。廖名春先生〈仲弓劄記一〉則推斷
仲弓爲季桓子宰應在魯定公五年（前 505 年）至魯定公十三年（前
497 年）春的八年之內，仲弓不應該小孔子二十九歲。

　　旭昇案：上博簡「中」、「仲」的書寫分別書寫作Ａ、Ｂ兩類，
確屬有意的區別（〈孔子詩論〉「中氏君子」假借爲「螽斯」除外）。
不過，並非楚簡都有這樣的區別，《郭店·語叢一》簡 19「或由
中出，或由外入」，就寫成Ａ類。至於仲弓的年齡是否小孔子二十
九歲，還有討論的空間。

③ 劉：原考釋云：即「宰」。殺牲割肉曰宰，故字可從刀。《包山楚
簡》中，「宰尹」之「宰」均從刀。《論語·子路》：「仲弓爲季氏
宰。」春秋時，宰爲卿大夫的家臣。《論語·公冶長》「求也，千
室之邑，百乘之家，可使爲之宰也」，何晏注：「宰，家臣。」

　　廖名春先生〈仲弓劄記一〉以爲宰有家相與邑宰之不同，邑
宰當冠以邑名，仲弓爲季氏宰當爲家相。旭昇案：宰是個比較籠
統的職官稱，劉雨先生《西周金文官制研究》指出西周金文中的
宰最基本的職能是管理王家的事務，但是，宰的權勢確有與日俱
增的趨勢（40-42 頁）。春秋末年，三家僭越，陪臣執政，尤其季
氏四分公室有其二，則季氏家宰權力也不可小視。本篇仲弓問「敢
問爲政何先」、孔子答以「先有司，舉賢才，宥過舉罪」，都不是
一般家臣所當與聞，其職權似不低於邑宰。

④ 雔也：即雍也，雍即冉雍。也為虛詞，人名後加虛詞，先秦多見，如「回也不愚」、「女與回也孰愈」、「賜也何敢望回」，參《馬氏文通》。

⑤ 從於剌夫之逡：即從於宰夫之後。宰夫，原考釋以為本簡之宰夫非王官，為春秋時卿大夫的家臣，掌管膳食。

　　旭昇案：此處之「宰夫」當即「宰」，協助季桓子處理事務，當不掌管膳食。從於宰夫之後，即接任「宰」職，同樣句法見《論語·先進》「以吾從大夫之後」。學者或以為本簡「宰夫」指子路，似過於確鑿。

⑥ 雔也憧愚：即雍也憧愚。原考釋讀憧為憧，遲也。廖名春先生《楚簡〈仲弓〉與〈論語·子路〉仲弓章讀記》釋為「憧」，愚也。

⑦ 忑惆虗子愍：即恐貽吾子羞。「愍」原考釋謂「愍」，同「悬」、「憂」。陳劍先生〈仲弓釋文〉讀「惆」為「貽」、讀「愍」為「羞」。孟蓬生先生〈上博三字詞〉以為「愍」即「羞恥」之「羞」的本字。請參本書〈周易〉簡 28 注④。

　　德榮案：仲弓以「吾子」稱孔子，同樣的稱呼又見《上博二·魯邦大旱》，子貢稱孔子。季師旭昇〈上博二小議三〉指出「吾子」猶「我的老師」，劉樂賢先生〈魯邦大旱簡論〉亦舉證《說苑》屢見孔子弟子稱孔子為「吾子」之例。均與本篇用法一致。

⑧ 忑因虗子而刋：即願因吾子而辭。「忑」、楚簡常見，均作「願」用。原考釋謂：「甲骨文中就有从矢之『因』，同『因』，順隨、依靠。德榮案：甲骨文「因」字作「圖」（《餘》15.3）、「圖」（《合》12359），从人在衣中，因而有「就也」的意思（參季師旭昇《說文新證》上冊頁 518）。楚系文字亦從「大」，本簡「矢」形實為「大」形之訛。

　　「刋」，原考釋隸「治」，未釋。陳偉先生〈仲弓詞句〉指出此字在〈容成氏〉即可讀「辭」，本篇此字亦當讀為「辭」，推辭

也，全句當讀爲「雍也憧愚，恐貽吾子羞。願因吾子而詞（辭）」，同樣的例子見《論語·雍也》：「季氏使閔子騫爲費宰。閔子騫曰：『善爲我辭焉。如有復我者，則吾必在汶上矣。』」

⑨ 夫子又臣蕫人道女，思老丌冢：即「夫子有臣萬人導汝，思老其家」。原考釋斷讀爲「子有臣萬人，道汝思老，丌家」，並謂：「道」，從、由也。「思老」當近乎下簡的「老老」。「丌冢」疑即「齊家」，雖然上古音「丌」、「齊」並不直通。

陳劍先生斷讀爲：「子，有臣萬人道女，思老其家，夫」，并認爲：「簡16與簡3有可能當拼合、連讀。相接處孔子所說『今汝相夫子』，可以解釋爲謂仲弓作季氏宰、相季桓子。本篇附簡『夫子唯有舉，汝獨正之』之『夫子』亦指季桓子。今暫分開釋寫。」

黃人二、林志鵬先生〈仲弓試探〉斷讀作："子有臣萬人，導人如思（使）老其家，夫"；楊懷源先生〈仲弓四則〉認爲簡3應讀爲「子有臣萬人，導汝思老其家，夫……」，「導」爲「輔助」之意；陳偉先生〈仲弓詞句〉以爲：

在上揭諸說中，陳劍氏對16號簡與3號簡的綴合以及對於3號簡的句讀，應該是正確的。只是16號簡背面有篇題，依楚竹書慣例，當前置，大概是本篇竹書的第3枚簡，接於1號簡、4號簡（綴合爲第1簡）、26號簡、2號簡（綴合爲第2簡）之後。在具體解讀上，黃人二、林志鵬二氏讀"思"爲"使"，楊懷源氏將"其家"訓爲季氏家族，應均可信從；而"老"則當指"室老"，也就是仲弓擬擔任的季氏"家相"。……《聘禮》云："賓迎，再拜。老牽牛以致之，賓再拜稽首受。老退，賓再拜送。"鄭玄注："老，室老，大夫之貴臣。"……"室老"可以簡稱"老"，爲卿大夫家相，亦名家宰。這正是季桓子委任仲弓的職事。因而，仲弓爲季氏宰，也可以說是爲季氏老。當然，竹書這裏的"老"是名詞的動詞用法。"老其家"是擔任家相（家宰）於其家的意

　　思。楚簡中的"思"可讀爲"使"，……"思老其家"也就
　　是使老其家。

旭昇案：陳偉先生之說大體可從，「夫子有臣萬人導汝，思老其
家」，意思是：季桓子有臣萬人幫助你，讓你主持家相之職。陳劍、
陳偉二先生都主張簡16與簡3應相連，不過一主放在篇首，一主
放在篇尾。我們認爲簡16與簡3可能不應相連，簡3是孔子勸仲
弓接受季氏宰之職，依內容比較適合放在篇首；簡16依內容則應
該放在篇尾，其後接簡20B。陳偉先生把簡16放在篇首的理由之
一可能是簡16反有篇題，但楚簡篇題可在卷首第2簡或第3簡、
也可在卷尾第2簡或第3簡（李零先生〈上博楚簡三篇校讀記〉
頁14），本篇似以在卷尾較合適。

⑩ 懇昏（聞）之：原考釋云：「懇」，從與、從心。《說文・心部》：「懇，
趣步懇懇也，從心，與聲。」桂馥《義證》：「或作懊。」簡文讀
作「與」。旭昇案：本簡上殘，「懇」字應作何解，待考。也可能
讀「與」，句中語助詞。

⑪ 河東之城豢也：即河東之成家也。原考釋讀「城豢」爲「盛家」，
謂季氏家族爲河東的顯赫之家，猶如《左傳・昭公五年》所說：「羊
舌四族皆彊家也。」

　　史傑鵬先生〈上博三補正〉以爲當讀爲「成家」，引《左傳・
昭公五年》：「箕襄、邢帶、叔禽、叔椒、子羽，皆大家也；韓賦
七邑，皆成縣也；羊舌四族，皆強家也」，指出「大家」和「成縣」
以及「強家」對文。陳偉先生〈仲弓詞句〉引俞樾說，謂「成國，
大國也」、「成縣，大縣也」，成、盛也，盛與大義相近，「成家」
亦即「大家」，是卿大夫中最有勢力的家族。

　　河東：陳偉先生〈仲弓詞句〉指出古人把黃河分爲西河、南
河、東河三段，而「河東」則有兩個不同的地方，大部分指「西
河」之東，也有指「東河之東」。春秋、戰國人所說的"東河"，
大概是指《漢志》所載的大河；而所謂"河東"，大致也就是《漢

志》大河以東地區。傳世古書中并不見河東包含魯地的記載，竹書《仲弓》的出土，使我們得知，先秦人所說的「河東」，實際上也包括魯國在內。

⑫ 亦弖行壴，爲之宗，愳女：即亦以行矣，爲之宗，誨汝。原考釋以爲：「『壴』，從士、從豆省。裘錫圭認爲『應讀爲"矣"。《唐虞之道》篇以"歖"爲："矣"，此"壴"當音"喜"，亦應讀爲"矣"』(《郭店楚墓竹簡》第一八三頁)。《穆天子傳》卷五『祭祀則憙』，『憙』即『憙』，知『壴』與『喜』同。」又釋「宗」爲「尊」，釋「愳」爲「謀」。

　　陳劍先生〈仲弓釋文〉指出本簡係由兩段拼接而成，但拼接後「『爲之宗愳女』文意不清楚，故其拼合恐尚有疑問」；李銳先生〈仲弓補釋〉讀「宗」爲「衆」，也有可能釋爲「宗人」，掌祭祀之官；讀「愳」爲「誨」，又在「弖」前補「可」字。周鳳五先生〈仲弓摘要〉讀「宗愳」爲「主謀」。

　　旭昇案：如果同意簡 2 後接簡 5，則「亦弖行矣」的「弖」在簡 5 之首，其前當無法容納「可」字。亦，且也（見《經詞衍釋》），「亦以行矣」，意思是：且以施行抱負、理想。大概在第 2 簡前半殘掉的部分，孔子說了一些期許仲弓施展抱負的話，而季氏爲河東之大家，可以供仲弓一展長才。「宗」，或釋「主」，當非。楚文字「宗」、「主」的分化已經很清楚了（參李守奎《楚文字編》460 頁）。「宗」，長也（《經籍纂詁》18 頁），謂爲季氏家臣之長。

⑬ 老 =慈幼：即老老慈幼。原考釋謂：《論語·子路》：「仲弓爲季氏宰，問政。子曰：『先有司，赦小過，舉賢才。』」據簡文，《論語》缺記「老老慈幼」條。

⑭ 先又司：即先有司。原考釋者云：即「先有司」。朱熹《論語集注》：「有司，衆識也。宰兼衆職，然事必先之於彼，而後考其成功，則己不勞而事畢舉矣。」

廖名春先生〈先有司〉分析「先有司」舊說有二：（一）魏何晏《集解》引王肅注：「言爲政當先任有司，而後責其事。」皇侃、邢昺、朱熹、金履祥等主之。（二）清儒李光地《榕村四書說·讀論語劄記》卷下云：「先有司者，以身爲有司倡也。」楊伯峻、李澤厚等主之。廖文以爲本篇謂民「安舊而重遷」，即孔子認爲老百姓是樂於守舊而不輕易贊成變革的，所以「仲弓爲季氏宰」，「爲政」要想革新，「有司不可不先也」，管事的不能不率先垂範。「有司」不但指仲弓手下的「屬吏」，也應該包括仲弓在內。

旭昇案：〈仲弓〉篇看不出孔子有明顯的改革意思，舊說似仍可從。

⑮ 惑忨懲辠：即宥過舉罪。原考釋以爲：「惑」通「赦」，寬免。「赦」，鐸部書紐；「惑」，職部匣紐：職、鐸對轉。「忨」，從心從化，化亦聲；化爲歌部曉紐，過爲歌部見紐：化、過疊韻，曉、見旁紐。簡文「過」往往作此形，即過失、錯誤。《大戴禮記·子張問入官》有「民有小罪，必以其善以赦其過，如死使之生」句。「懲」，從與從心，即「與」，詳見本篇第二簡注。「辠」，古「罪」字，《說文·辛部》：「秦以辠似皇字，改爲罪。」第十簡中也有「惑忨舉辠」，「與」字爲從與從呂，所「惑」均爲「忨（過）」和「辠」。如此說不誤，「惑辠」爲《論語》所無。

陳劍先生〈仲弓釋文〉隸爲「宥過赦罪」，「懲」讀爲「赦」見郭店簡《成之聞之》簡39引《康誥》「型（刑）丝（茲）亡懲（赦）」。楊懷源先生〈仲弓四則〉引《周易·解卦》「君子以赦過宥罪」，贊成讀「宥過赦罪」，並對「宥」、「赦」的聲韻，做了詳細的討論。季師旭昇〈仲弓三則〉以爲「懲辠」當讀爲「舉罪」：

> 簡7「惑忨懲辠」同樣句子的第三個字在第十簡作「舉」。原考釋把簡7本句釋爲「赦過與罪」，第三字在第十簡的異寫已見前條釋爲「舉」，此處下從「心」釋爲「與」，字形均可通，但原考釋在本句似乎把此字當連詞用，義同「及」，白話

文的「和」，則可商。如果執政者把「過」與「罪」都赦免了，那麼善良百姓的安危就有問題了。竊以為此處當讀為「赦過舉罪」，謂赦免無心之過，舉發有心之罪。「舉」釋為「舉發過惡」，見《荀子·不苟》：「正義直指，舉人之過惡，非毀疵也。」

本句的「赦過」指「赦免小過」，原考釋也引了《論語·子路》篇的「先有司，赦小過，舉賢才」，以為與本篇同義，是本篇所赦者應該只有「小過」，不應該包含大罪行。過，應該是指比較小的無心之錯，《左傳·宣公二年》：「人誰無過？過而能改，善莫大焉。」罪，應該應該是指比較大的惡行。《說文》：「辠，犯法也。」

旭昇案：「惑悊」當從陳、楊讀為「宥過」。但是「惥辠」似仍以讀成「舉罪」較妥。《論語·子路》記孔子主張刑罰要適當，而不是大小罪都可以赦免：

子路曰：「衛君待子而為政，子將奚先？」子曰：「必也正名乎！」子路曰：「有是哉，子之迂也！奚其正？」子曰：「野哉由也！君子於其所不知，蓋闕如也。名不正，則言不順；言不順，則事不成；事不成，則禮樂不興；禮樂不興，則刑罰不中；刑罰不中，則民無所措手足。」

楊文所舉「君子以赦過宥罪」見《周易·解卦·象》，解卦承蹇卦之後，《周易·說卦傳》：「蹇者難也，物不可以終難，故受之以解，解者緩也。」這是特殊情況，恐怕不是為政的常態。

⑯ 辠正之䟿也：即罪，政之始也。原考釋謂：「此簡似緊接上簡，如此接無誤，該簡首字「辠」或為衍文。」

旭昇案：各家多依原考釋之說，以為簡 7 與簡 8 連讀，至於「辠」字是否衍文，則未見討論。其實簡 8 跟在簡 7 後面固然是對的，但是二簡並不能連讀，中間應該有缺簡。簡 8 說「若夫老老慈幼，既命矣」，可見得簡 7 之後應該至少有一段文字是屬於孔

子說明「老老慈幼」的內容，甚至於還有仲弓問「老老慈幼爲之如何」的話。〈仲弓〉一支整簡容字約 34-37 字，簡 7 下部完整、簡 8 上部完整，則二簡之間缺字應在 34-37 字左右。

⑰ 夫民安舊而圧曌：即夫民安舊而重遷。原考釋讀爲「安舊而重曌」，並謂：「安」，習慣；「舊」，從前的典章制度、成例、風俗；「圧」，即楚簡中常見的「宔」字，多相當於「塚」，讀爲「柱用切」之「重」；「曌」，《郭店楚墓竹簡·五行》有「有德則邦家曌」句，馬王堆帛書本作「與」。「與」同「舉」，有復興，振興之義。

　　陳劍先生〈仲弓釋文〉以爲：「遷」字原釋爲「曌（舉）」。其字形近於郭店簡《五行》第 32 簡「遷於兄弟」之「遷」字，只是上半訛爲「與」形，但「與」形跟「止」之間有一圓圈形，仍跟《五行》「曌」形相合。古書「安土重遷」多見，簡文「安舊而重遷」或與之義近。不過簡文討論的是「先有司」的問題，「遷」也可能是「變化」之意而非「遷徙（居處）」之意。

　　簡文「」字又見《郭店·五行》簡 32 作「」，辭云「播△於兄弟」，學者多釋「遷」；《上博一·性情論》簡 9 作「」，辭云「禮樂有爲△之也」，學者多釋「舉」。又《望山》M1.13 作「」，辭云「不可以動思△身」，釋「舉」釋「遷」似乎都可以，但釋「遷」可能更好些。據此，類似字形似乎可以釋「舉」也可以釋「遷」。本簡則宜釋「遷」，義爲「變化」，陳說可從。李銳先生〈仲弓續釋〉舉《說苑·修文》「安故重遷，謂之眾庶」，可爲陳說添一力證。旭昇案：同樣寫法的「遷」字又見〈彭祖〉簡 1，原釋「舉」，當改釋「遷」，請參看本書〈彭祖譯釋〉。

⑱ 景叀不行，妟㕎：即造變不行，委蛇。原考釋讀「早使不行」，謂「使不行」有「不可使之義」。

　　周鳳五先生〈仲弓摘要〉隸「委佗」。史傑鵬先生〈上博三補正〉亦釋「妟㕎」爲「委蛇」，指出「委」和「妟」都是歌部字，可以通假，如《詩經·大雅·韓奕》：「淑旂綏章。」《釋文》：「綏

本亦作綏。」至於「昮」所從的「㠯」、「它」，兩旁音近，大概是個雙聲字。簡文的上句是「早使不行」，意思大概是說起先行爲不那麼爽快，而是委蛇從容地行動的意思。

旭昇案：周、史釋「委蛇」可從。「昮叀」則疑當讀「造變」，「昮」（早，精／幽）、「造」（淸／覺），聲近，韻對轉，《廣雅·釋詁二》：「造，猝也。」這個意義的「造」，後世作「慥（淸／幽）、「躁」（精／宵）；「叀」各家多釋「使」，其實此形與「弁」幾難區分，於此疑當視爲「弁」字，讀爲「變」。民安舊重遷，過於急躁的變化不可行，當從容行事，凡事先讓熟悉基層的有司去辦，不要事事都由自己決定、推行。

⑲ 中（仲）尼〔曰〕：原考釋云：《論語·子路》：「仲弓曰：『爲知賢才而舉之？』子曰：『舉爾所知。爾所不知，人其舍諸？』」簡文與之略同。本簡「中（仲）尼」後失一「曰」字。

⑳ 宆：原考釋指出即「弇」，《說文》：「蓋也。」本從廾、合聲，曾侯乙墓竹簡即作此形。本簡上部訛從穴，楚系文字多見，《說文》古文所收即此形。原考釋讀爲「掩」，亦可。

㉑ 人丌鵌之者：即人其捨之者？原考釋隸「鵌」爲「豫」，以音近讀爲「舍」。

陳劍先生〈仲弓釋文〉隸「者」爲「諸」，李銳先生〈仲弓續釋〉謂《詞詮》已指出「者」字可用作語末助詞。

「鵌」字又見〈孔子詩論〉簡5「與賤民而△之」，△字舊或釋「逸」、「怨」、「裕」、「冤」等，今據〈仲弓〉此字，知隸「豫」（喻／魚）爲是。本簡以音近讀爲「舍」（審／魚）。

㉓ 民可（何）夋（？）：「夋」，原考釋隸「幼」，讀爲「要」，義爲會合、符合。「民可幼（要）」，就是「民可和合，行列得正，進退得齊」。陳劍先生〈仲弓釋文〉隸「夋」而無釋。楊澤生先生亦隸「夋」，謂簡文「宥過赦罪，則民可後」的意思是說「宥過赦罪，老百姓

便可順從」。

　　旭昇案：兩家所釋，在語意上恐怕有點問題。本節是仲弓提問，如果寬赦百姓的過失，那麼百姓要怎麼樣才會服從長上的領導呢？隸「夋」比隸「幼」字形合理，但字的下部似乎有點模糊，待考。

㉔ 冃 ＝星脣猷差：即「日月星辰猶差」，原考釋讀「差」爲「左」，並連下讀爲「日月星辰猶左民」，陳劍先生〈仲弓釋文〉指出此處簡文跟上文所論「宥過赦罪」有關，係以山川日月星辰皆有過，來說明民亦必有過，故爲政者對民要「宥過赦罪」。

㉕ 殹（賢）者 ＝：即賢者。「者」字下有「×」及重文符，待考。

㉖ 民柔：即「民務」。原考釋謂「柔」同「懋」，勤勉也。

　　陳劍先生〈仲弓釋文〉謂「『柔』字當讀爲『務』。『民務』古書多見，謂民之所務」。

㉗ 猷坴：原考釋釋爲「猶賚」，賚，賜也。《周頌》有《賚》篇，孔穎達疏曰：「謂周武王既伐紂，於廟中大封有功之臣以爲諸侯。」

　　旭昇案：「賚」字多爲「賞賜」諸侯、貴族義。本節係仲弓請問「民務」，與「賞賜」關係較遠，疑當讀「徠」，以恩招來也。

㉘ 喪：原考釋隸作「宛」，括號注明「死」字。陳劍先生〈仲弓釋文〉逕隸爲「喪」。案：依文例，讀「喪」可從。楚簡「喪」字多作「」、「」，本簡作「」，上部當係簡化。

㉙ 巽求（？）學：原考釋隸爲「巽華學」，李銳先生在〈清華大學簡帛講讀班第三十二次研討會綜述〉懷疑「華」字當爲「年」字；陳劍先生〈仲弓釋文〉則以爲與「求」、「朱」接近，暫定爲「求」。周鳳五先生〈仲弓摘要〉隸「巽危」？旭昇案：簡文殘缺，文義難曉，「巽求學」可能是說恭順地追求，學習。

㉚ 若此三者：「此」字原隸「出」，陳劍先生〈仲弓釋文〉改隸「此」，

可從。旭昇案:「此」字「匕」形殘;「三者」疑即祭、喪、行。

㉛ 迬之備之,繎愆而𡗉放之:即「申之服之,緩施而順服之」。原考釋隷「迬」爲「嬰(舉)」;釋「愆」爲「弛」;釋「𡗉放」爲「倦力」,勞損民力,引申爲徭役。

　　陳劍先生〈仲弓釋文〉改釋爲「迬之服之,緩施而遜放之」。李銳先生〈仲弓續釋〉讀爲「陳之服之,緩施而順力之」,意爲:陳道德以服之,和緩、恰當地教導(道德),以順之勤之。季師旭昇〈仲弓三則〉則據《上博三·緇衣》此字,讀爲「緩施而順服之」。旭昇案:「放」釋爲「服」,事也,見《毛詩·關雎》鄭箋,義爲「從事」,與前一「服」字做「服從」義不同。

㉜ 唯又𡥉惪:原考釋隷「雖有孝德」。黃錫全先生〈上博三數則〉以爲:「《仲弓》簡13的『孝』字左旁,當是『辛』之變體,……。此字從辛,孝聲,也不見字書。《集韻·爻韻》㛅,『㛅佬,大貌』。簡文若讀爲『㛅德』,也可理解爲『大德』。」旭昇案:黃說很有啓發性,本句下殘,文義不全,但既說「雖有」,則是一種反襯語法,「雖有」之下的詞語,和後面所接著要說的,往往是相對的,如《詩經·小雅·常棣》「雖有兄弟,不如友生」。准此,「𡥉惪」也有可能讀成「愆德」,「𡥉」字從「孝」、「辛」聲,謂孝行有虧也。

㉝ 也(?)定:陳劍先生〈仲弓釋文〉指出原考釋「也」字有問題。黃人二、林志鵬先生〈仲弓試探〉謂「定」字也可能釋「法」。旭昇案:釋「法」的可能是存在的,所謂「法」字實從「宀」、「乏」聲,訛與「定」字形近,相關說明可參黃錫全《汗簡注釋》頁107-108。於此可讀爲「廢」,與「成」相對。

㉞ 䁪 =(䁪䁪)猒(厭)人,戁(難)爲從正:即「獨主厭人,難爲從正」。陳劍先生〈仲弓釋文〉云:「"䁪 ="疑可釋讀爲"䁪(獨)蜀(主)"或"䁪(獨)䁪(主)"。"蜀"聲與"主"音近可通。"猒(厭)"字又見於簡16,原皆釋讀爲"猒"。"獨主厭

人」大意謂獨斷專行，不聽他人意見。」周鳳五先生〈仲弓摘要〉
隸「齦齦狷人」。案：暫從陳說。

㉟ 卡=（上下）相遉（復）呂忠：即「上下相復以忠」。「上下」，原
考釋隸「夫」，即「上人」合文，陳劍先生〈仲弓釋文〉謂當隸爲
「上下」合文，「復」，報也。

㊱ 民懽（歡）丞（承）斈（教）：即「民歡承教」。原考釋指出「丞」
通「承」，「斈」即「學」，讀爲「教」，古「教」、「學」原爲一字，
互通。案：說均可從。學者或主「歡」字當讀「勸」，不必。

㊲ 百=呂善立，所斈皆終：即「一日以善涖，所教皆終」。原考釋隸
「斈」爲「學」，釋「終」爲「極至，窮盡」。旭昇案：「立」，可
釋「行」，見《呂氏春秋·貴因》高注；亦可釋「涖」，臨也。姑
用後解。「斈」疑仍當讀「教」，與上文「民歡承教」用法相同；「終」，
疑當釋「成」，見《國語·周語》「純明則終」注。全句蓋謂執政
者每日以善臨民，則所教民者皆能有成；一日以不善臨民，所教
者皆崩壞。

㊳ 所斈皆崩：即「所教皆崩」。「崩」，原考釋隸「亞」，從陳劍先生
〈仲弓釋文〉校改。

㊴ 不聿丌㣺：原考釋隸「不盡其迻」，陳劍先生〈仲弓釋文〉以爲隸
「迻」字不可信。

㊵ 孚㤅伐斫，戀呂內諫：即「愎過捍析，難以納諫」。「孚㤅」，陳劍
〈仲弓釋文〉謂：「"孚"聲字與"复"聲字常通，"孚"讀爲"愎"，
"愎過"見《呂氏春秋·似順》又《誣徒》等，意爲堅持過失。《似
順》云「世主之患，恥不知而矜自用，好愎過而惡聽諫，以至於
危。」與簡文尤相近。」楊懷源〈中弓四則〉讀爲「保過」，謂死
守自己的過失，不予承認，文過飾非。

　　「伐斫」，黃人二、林志鵬〈仲弓試探〉讀爲「咸析（所）難以
內（納）束（諫）」；侯乃鋒〈攷析試解〉以爲「析」指「析言」，

「當指戰國時代名家者流如公孫龍等人的花言巧語、詭辯異說、華而不實、無益於治之辭」；楊懷源〈中弓四則〉讀爲「扞婞」，婞，剛直也，"扞婞"，是抵制，排斥剛直之臣（言）的意思。

德榮案：綜合上述各家意見，「愎過捍析」意謂堅持自己的過錯，維護自己的巧言，難以接受臣下的直言規勸。

㊶ 宜𢓊之至者：宜下一字，原考釋以爲待考。陳劍先生〈仲弓釋文〉隸「道」；褀健聰〈上博三小札〉指出此字又見郭店、上博〈緇衣〉及上博〈容成氏〉，應隸爲「く」，釋爲「順」。待考。

㊷ 中弓：寫在 16 簡反的篇題。

㊸ 含女相夫子所：即「今汝相夫子所」。原簡 20 爲三段殘簡拼合而成，原考釋讀爲「今之君子所溮（竭）丌情，盡其質者」。陳劍先生〈仲弓釋文〉改動簡序爲簡 16+簡 3+簡 20B，斷讀爲「思老其家，夫【3】／子，所竭其情、盡其質者」；李銳先生〈仲弓新編〉改動簡序爲簡 15+簡 20B，斷讀爲「孔子曰："善哉問乎！足以教矣。君【15】 子所止其情、盡其慎者三，蓋近（？）矣，【20B】"」。

旭昇案：我們認爲適當的簡序應該是簡 16+簡 20B，全句讀爲「含（今）女（汝）相夫子所，溮（竭）丌青（情）、津（盡）丌斬（慎）者」。「相夫子所」，意思是：如今你到季桓子家當家相，要盡己全力，小心謹慎。所，處所也，指季桓子家。

㊹ 溮丌青、津丌斬：即「竭其情、盡其慎」。原考釋讀爲「竭其情、盡其慎」。李銳先生〈仲弓補釋〉從其師廖名春先生說，讀「溮」爲「止」；陳劍先生〈仲弓釋文〉云：「"斬"字楚簡常用爲"慎"，此與"情"對文，則當讀爲"質"。"斬"所從聲符與"質"所從聲符本爲一字，故可相通。古書"情"與"質"對文或連言皆多見。」何有祖先生〈仲弓小札〉引《禮記·禮器》「君子之於禮也，有所竭情盡慎，致其敬而誠若」，以爲「斬」依原考釋讀「慎」即可。案：溮、竭二字同在群紐月部，可通假。津即津，讀爲盡。

均可從。情，指「真實的內在」；斬，讀慎、讀質，義均可通，但讀「質」與「情」意近，意較重複；茲依原字讀「慎」。

㊺ 三害近散：原考釋讀爲「三害近與」，謂「三害」即「三患」。

　　陳劍先生〈仲弓釋文〉以爲隸「與」不可信，「三害」即上文簡 25 仲弓所說 "今之君子使人不盡其……"、20A 所說 "今之君子……難以入諫"，還有一處 "今之君子……" 的說法不見於簡文，可能就在簡 12 "……難爲從政" 之上殘失部分當中。

　　李銳先生〈仲弓補釋〉先疑「三害」當讀爲「三桓」；〈仲弓新編〉又以爲 "竭其情、盡其質者，三害近矣。" 筆者認爲此句對應下文孔子所說的 "祭"、"喪"、"行"。禤健聰〈上博三小札〉以爲「散」字可釋「效」，讀爲「戀」。

　　案：三害，除簡 12 外，其餘陳說可從。「散」字待考。

㊻ 附簡：原考釋云：「該簡文義近於《仲弓》，且書體亦相近。然字距較本篇各簡爲密，竹本顏色亦有不同。鑑於上海博物館楚竹書中有多種重本，故將該簡附於此，備考。

㊼ 龕：原考釋隸「飪」。陳劍先生〈仲弓釋文〉指出此字似從「今」、從「巠」，待考。

㊽ 幾不又惶也：即「豈不有匡也」。原考釋讀「豈不有枉也」，釋「惶」爲「枉」，義爲不正，矯枉過正。全句意思是「對賢哲不能求全責備」。旭昇案：衡諸〈仲弓〉全文，孔子與仲弓的對話，似乎沒有不能求全責備的意思，而是力求如何矯正「三害」，這就是「匡」，匡正季桓子的疏失。

# 〈恆先〉譯釋

季旭昇

## 【題解】

　　〈恆先〉是《上海博物館藏戰國楚竹書（三）》的第三篇，全篇共十三支簡，大多保存完好，完簡長約 39.4 釐米。李零先生在原考釋中指出：這是一篇首尾完具的道家著作，第三簡背面有篇題作「丞（亙／恆）先」，因此據以題篇。全篇一開始所稱的「恆先」是「道」的別名。作者認爲，天下的矛盾概念皆有先後，如中爲外先，小爲大先，柔爲剛先，圓爲方先，晦爲明先，短爲長先，但推本溯源，作爲終極的「先」是「恆先」。「恆先」也見於《馬王堆漢墓帛書‧道原》（文物出版社，一九八五年），作「恆先之初，迵同大虛，虛同爲一，恆一而止」，同樣是以「恆先」表示「道」。

　　李零先生原考釋把全篇做了很好的釋讀，其後學者也各自提出了一些不同的看法。關於簡序方面，另有三家做了一些不同的調整（下加底線的是調整過的簡）：

　　龐樸〈恆先試讀〉：1、2、3、4、<u>8</u>、<u>9</u>、5、6、7、10、11、12、13

　　顧史考〈恆先簡序〉：1、2、<u>4</u>、3、5、6、7、8、9、10、11、12、13

　　曹峰〈恆先編聯〉：1、2、3、4、5、6、7、<u>10</u>、8、9、11、12、13

本文贊同龐樸先生的簡序，並且把全篇分爲五章。一至四章爲宇宙生

成論，談的是普遍、抽象的形而上的原理：第一章講道體最初的狀態，第二章講氣，第三章講氣生天地，第四章講人文世界的形成；第五章則談的是由此落實到人文世界名、事、作、爲的指導原則。各章有主論及輔論，如第三章「業業天地……亂出於人」爲主論，論天地采物，先者有善無亂；「先有中……爲有長」爲輔論，說明「亂出於人」，主論與輔論中以「——」隔開。第五章一、二、四、五段，情況相同。

## 【原文】

### 篇題

亙先①【三背】

### 第一章　　本章講道體最初的狀態

亟（亙／恆）先無又（有），寠（質）、靑（靜）、虛。寠（質），大寠（質）；靑（靜），大靑（靜）；虛，大虛。自猒（厭）不自忍，或乍（作）。又（有）或安（焉）又=熒=（有氣，有氣）安（焉）又=又=（有有，有有）安（焉）又=訇=（有始，有始）安（焉）又（有）遑（往）者。

未又（有）天墬（地），未【一】又（有）乍（作）行、出生，虛靑（靜）爲戈（弌／一）若，洸=（寂寂）、夢=（夢夢）、靑（靜）同，而未或明，未或茲（滋）生。

### 第二章　　本章講氣

熒（氣）是自生，亟（亙／恆）莫生熒=（氣。氣）是自生自复（作）。亟（亙／恆）熒（氣）之【二】生，不蜀（獨），又（有）與也。或，亟（亙／恆）安（焉）；生或者同安（焉）。

昏＝（昏昏）不盜（寧），求亓所生：異生異，鬼（歸）生鬼（歸），韋（違）生非＝（非，非）生韋（違），袤（襲）生袤（襲），求慾（欲）自遉＝（復，復——）【三正】生之生行。

**第三章**　本章講氣生天地

厓（濁）熒（氣）生壂（地），清熒（氣）生天。熒（氣）訐（信）神才（哉）！云＝（芸芸）相生，訐（信／伸）涅（盈）天壂（地），同出而異生（性），因生亓（其）所慾（欲）。

戁＝（業業）天壂（地），焚＝（紛紛）而【四】多采（綵）勿（物），先者又（有）善，又（有）紿（治）無蹕（亂）。又（有）人安（焉）又（有）不善，蹕（亂）出於人——先又（有）审（中），安（焉）又（有）外；先又（有）少（小），安（焉）又（有）大；先又（有）矛（柔），安（焉）【八】又（有）剛；先又（有）圀（圓），安（焉）又（有）枋（方）；先又（有）𣇄（晦），安（焉）又（有）明；先又（有）耑（短），安（焉）又（有）長。

天道既載，佳（唯）一吕猶一，佳（唯）遉（復）吕（以）猶遉（復）。丞（亙／恆）熒（氣）之生，因【九】遉（復）亓（其）所慾（欲）；明＝（明明）天行，佳（唯）遉（復）吕（以）不靈（廢）。智（知）曆（既）而宂（荒）思不殄（殄）。

**第四章**　本章講人文世界萬有的形成

又（有）出於或，生（性）出於又（有），音（意）出於生（性），言出於音（意），名出於【五】言，事出於名。或非或，無胃（謂）或；又（有）非又（有），無胃（謂）

又（有）；生（性）非生（性），無胃（謂）生（性）；音非音，無胃（謂）音；言非言，無胃（謂）言；名非【六】名，無胃（謂）名▇；事非事，無胃（謂）事。

**第五章** 本章講人文世界名、事、作、爲的指導原則。

恙（祥）宜（義）、利丂（巧）、采（綵）勿（物）出於夂＝（作，作）安（焉）又（有）事，不夂（作）無事。——臼（舉）天之事，自夂（作）爲，事甬（庸）已（以）不可虜也。

凡【七】言名，先者又（有）㟒（疑），㟒言之；逡（後）者孚（效）比安（焉）。——臼（舉）天下之名，虛詎（樹），㓝已不可改也。

臼（舉）天下之夂（作），強者果天下【十】之大夂（作）▇，亓窳尨不自若＝夂＝（若作，若作），甬（庸）又（有）果與不果？兩者不鑍（廢）。

臼（舉）天下之爲也，無夜（舍）也，無與也，而能自爲也。【十一】——臼（舉）天下之生，同也，亓（其）事無不返（復）。

天下之夂（作）也，無許（怵）堊（極），無非亓（其）所。——臼（舉）天下之夂（作）也，無不尋（得）亓（其）堊（極）而果述（遂），甬（庸）或【十二】尋（得）之？甬（庸）或遊（失）之？

臼（舉）天下之名，無又（有）鑍（廢）者與（歟）？天下之明王、明君、明士，甬（庸）又（有）求而不患◤。【十三】

# 【語譯】

〈恆先〉

　　恆常未動之先，沒有「有」。它的狀態是素樸的、寂靜的、空虛的；質，是最高的質；靜，是最高的靜；虛，是最高的虛。道體是具全自足的，但它並不自我抑制，於是有所生，出現了「或」。有「或」然後有「氣」，有「氣」然後有「有」，有「有」然後有「始」，有「始」然後有「往」。

　　還沒有天地，還沒有作行和出生，道體是虛靜、唯一的，空寂的、不明的、靜同一體，還看不出光明，也還沒有滋生。「氣」是自生的，「恆」不會生「氣」；「氣」是自然發生、自然作用的；「恆氣」的產生，不是單獨的，它還有伴──「或」，「或」也是「恆（道體）的一面，而產生「或」的與產生「氣」的是相同的東西，也就是說，「或」也是自生的。

　　道體混混不安定，尋求它所要化生的狀態：相異的質性就產生相異的狀態、同一歸向的質性就產生同一歸向的狀態、相對立的質性也可能產生相反的狀態、相反的質性可能產生相對立的狀態、相依存的質性就產生相依存的狀態。萬物尋求其所想要成為的事物，必須自己不斷地回復（往返）於本根之氣（「恆氣」）中，「復」是大化流行之中，使萬物生生不已的生理。

　　濁氣生出地，清氣生出天。氣真是非常神奇啊！眾多的氣相盪相生，充滿天地，天地同樣出於氣，但秉性不同，各自照著它們的質性生成所要的樣子。

　　盛大的天地，紛紛然而有了萬物。萬物之中，比人早出現的，有善有治而沒有亂。有人才有不善，亂是因為人不遵循自然的法則才產生的。

　　先有中，然後有外；先有小，然後有大；先有柔，然後有剛；先有圓，然後有方；先有晦，然後有明；先有短，然後有長。

天道既成，只有藉著「一」來維繫「一」，藉著不斷往復來維繫「復」。恆氣所生，復返於「恆氣之生」的作用中而往來不窮；昭著顯明的「天行」正因為「復」的作用而不會廢毀。知道天道既成的這種情形，那麼「一」和「復」的「大思」就不會殄滅了。

貫通天地萬物的普遍性的「有」出於或有或無的「或」，萬物所具有內在差異的「性」出於「有」，人的心意出於「性」，人的言語出於「意」，事物的名稱出於「言」，人的活動職事出於「名」。

「或」這個名如果沒有「或」的實，就無所謂「或」；「有」這個名如果沒有「有」的實，就無所謂「有」；「性」這個名如果沒有「性」的實，就無所謂「性」；「意」這個名如果沒有「意」的實，就無所謂「意」；「言」這個名如果沒有「言」的實，就無所謂「言」；「名」這個名如果沒有「名」的實，就無所謂「名」；「事」這個名如果沒有「事」的實，就無所謂「事」。

祥義、利巧、綵物這些都是出於人為的造作，有這些人為的造作就會帶來很多紛擾，沒有這些造作就沒有紛擾。所有出於「天」的事都是自然發生的，有什麼是不能延續的呢？

所有的稱「名」，先提出來的即使有疑問，只要大力地提倡，後來的人也就學習它、依附它了。天下的「名」都是一個空虛的符號，大家因為習慣了，也就不能更動了。

天下所有的作為，其中的大作為都由強者包辦了。其實強者也是糊裡糊塗不是完全由自己規畫完成的，如果是完全由自己規畫的，那有什麼完成不完成呢？不過，人也不可以不有所作為，自然與人為兩者都不可偏廢。

所有天下的「為」，無論我們是捨棄不顧，或者參與干涉，它都會自然完成。（因為）天下所有事物的發生，其本質根源都是一樣的，都必須自己不斷地回復（往返）於本根之氣之中。

天下的作為，只要不違反自然之道，就會各得其所；所有天下的

作爲，都依循自然之道而各得其所、成其功，那有什麼得、什麼失呢？

天下所有的「名」，難道沒有毀廢的嗎？天下的明王、明君、明士，看起來英明過人，那有求名而能不遭遇憂患的呢？

## 【注釋】

恆先①【三背】

第一章

丞（互／恆）先無又（有）②，寞（質）、寈（靜）、虛③。寞（質），大寞（質）；寈（靜），大寈（靜）；虛，大虛④。自猒（厭）不自忍，或（域）乍（作）⑤。又（有）或（域）安（焉）又 =獄 =（有氣，有氣）安（焉）又 =又 =（有有，有有）安（焉）又 =釖 =（有始，有始）安（焉）又（有）逞（往）者⑥。

未又（有）天墬（地），未【一】又（有）乍（作）行、出生⑦，虛寈（靜）爲戈（式／一）若⑧，浂 =（寂寂）、夢 =（夢夢）、寈（靜）同⑨，而未或明，未或茲（滋）生⑩。

① 丞先：即「互（恆）先」。這是本篇的篇名，寫在第三簡的背面。丞，即「互」，戰國文字「月」旁常替換成「外」旁，如「閒」字或作「閧」（《上博二・容成氏》簡6）。其餘說明見注②。

② 丞先無又：即「互（恆）先無有」，意思是：恆常未動之先，沒有「有」。

「恆先無有」，目前至少有七家說法：

一、「恆先」即「道」，道始於虛無。李零先生原考釋謂「互先」讀「恆先」，指「作爲終極的『先』」。又在原考釋一開始的「說

明」中說：「『恆先』就是指先天地而生，獨立不改，周行不殆，
作爲永恆創造力的『道』。」又指出「恆先」也見於《馬王堆漢墓
帛書・道原》（文物出版社，一九八五年）「恆先之初，迥同大虛，
虛同爲一，恆一而止」，同樣是以「恆先」表示「道」。道始於虛
無，故曰「恆先無有」。

二、「恆先」即「恆」與「先」，都是道的同義詞，恆與先即
是無。廖名春先生〈恆先簡釋〉謂：

> 「恆先」並非「恆」之「先」，而是「恆」與「先」，「恆」
> 即「先」，「先」即「恆」，「恆」、「先」并爲「道」之同義詞。……
> 此段以「道」爲「無」。

三、「恆先無有」即「常無有」。李學勤先生〈恆先首章〉云：

> 「恒」與「常」通。所以「恒先無有」即「常無有」。《莊
> 子・天下》云：

>> 以本爲精，以物爲粗，以有積爲不足，澹然獨與神明
>> 居，古之道術有在於是者。關尹、老聃聞其風而悅之，建
>> 之以常無有。主之乙太一，以濡弱謙下爲表，以空虛不毀
>> 萬物爲實。

> 前些時在荊門郭店楚簡《老子》所附文字中看到《太一生
> 水》，我曾引用上述《天下》一段，推測它可能是關尹一派的
> 遺說，因爲《老子》雖有多處講「一」講「水」，卻沒有「太
> 一」以及「太一生水」，《太一生水》章乃是《老子》之後的一
> 種發展。「常無有」也是這樣，《老子》有「常（恒）」、「無」、
> 「有」等概念，而不曾說到「常無有」。「建之以常無有，主之
> 乙太一」，已經是道家較晚的學說形態了。

又指出《馬王堆・道原》「恆无之初」應作「恆先之初」：

> 這裏的「先」字，整理報告釋爲「无」。該件帛書的「先」、
> 「無」兩字，寫得難以區別，我把它改釋爲「先」，是由於就

在同帛書的上兩行，有「柔節先定」句，「先」字寫〔得與〕它完全相同。現在有了《恒先》的「先」字同下面『无』（寫作『無』）字對照，問題便清楚了。

四、「恆先無有」即「絕對的先啥也沒有」。龐樸先生〈恆先試讀〉以爲國：

> 恆先：極先，絕對的先，最初的最初。無有，啥也沒有，萬物皆無。

五、「恆先無有」即「『恆』的最初狀態是『無有』」。王志平先生〈恆先管窺〉謂：

> 「恆先」應理解為「恆」最先的狀態是「無有」，也就是簡文所說的「樸、清、虛」。其主語是「恒」；「先」是副詞，修飾謂語「無有」。李零先生、廖名春先生、李學勤先生等先生顯然是把副詞性的「先」視爲了名詞性的「先」，而且第一部分還只是討論了「恒」，還沒有討論「先」。因此「恒先」連讀的說法無論是從語法上還是從語境上說都不太妥當。但是李零先生、李學勤先生、廖名春先生等先生都指出，「恒」即指「道」，則還是可以成立的。至於帛書《道原》「恒先之初」，我們認爲還是如整理小組那樣讀爲「恒无之初」爲好。至於本篇自題爲《恒先》，也不過是如《學而》、《子罕》一類，隨便摘取首二字爲題罷了。這種「首句標其目」的命名法，其實是不管什麼語法的。

六、「恆先無有」是道的兩個方面。董珊先生〈恆先初探〉以爲：

> 「恆先」可如龐樸先生所理解，是絕對的「先」，是「道」之體。凡舉一事，而「道」常在其先。「恆先」與「無有」是「道」的兩個方面。「恆先」是就道的時間屬性而言，而「無有」是說「道」是絕對的無。

七、「恆先無有」是「道的開始沒有『有』」。丁四新先生〈恆先章句〉：

> 恆先，恆常未動之先。恆先與恆，在簡文中有差別，不可混同。「恆」，是簡文的一個重要觀念。有本質義：恆常，有階段義：既在有氣或有有之前，又在有始往的形下變化之中。……「恆先」只是「道」的開始，但它並非就是「道」。一般說來，竹簡以「恆」說「道」。……「無有」，疑「無」是「有」的否定詞；「無有」即是無「有」之義。……馬王堆帛書《道原》篇首句為「恆无之初」，……「恆先」即是「恆初」。比較文義，《道原》的「恆无之初」不可以釋為「恆先之初」，否則「先」與「初」有疊床架屋之嫌；同時失去「無有」之意。削足適履，不可。

八、「恆先無，有（質靜虛）」。「恆」指道的初始階段。淺野裕一先生〈道家特色〉：

> 恆是原初階段，這一階段是無，不過只有質、靜、虛微弱地存在著。

旭昇案：丁說較詳盡可從。「無又」即「無有」。〈恆先〉對天地萬物生成順序的描述是：

恆→或→氣→又（有）→始→往
　　——→有→生→音（意）→言→名→事

「無有」可能是無「氣」之下的「有」，但也有可能是更高層次的「有」，即包括「或」、「氣」、「有」等在內的「有」。

③ 𡦼寈虛：即「質、靜、虛」，恆先的狀態是素樸的、寂靜的、空虛的。

> 𡦼、李零先生原考釋讀「質」，謂：「下與羹、業相似，但均不相同，乃楚簡察、竊、質、淺、帶等字的聲旁，字形隸定還值得研究，從文義來看，似相當於『樸』，但字形不合，疑讀為『質』。」

　　廖名春先生〈恆先簡釋〉以爲仍應讀「樸」：「疑此字從『厂』從『業』，隸作『厴』，讀爲『樸』。《文子・道原》即以『純粹素樸』爲『道之形象也』之一」。

　　李學勤先生〈恆先首章〉則以爲可讀爲「全」：「李零先生已說明，『厴』字並不從『樸』的聲旁。關於這個字的釋讀，詳見劉釗先生的論文《利用郭店楚簡字形考釋金文一例》。西周金文，宗周鍾有『戜伐』，禹鼎作『剬伐』，兮甲盤和 2003 年眉縣楊家村所出逑（佐）盤作『斷伐』，字均應讀爲『踐』，《恒先》此處的『厴』必然也是音通相假。我覺得，『厴』在這裏當讀爲同屬從母元部的『全』。簡文下面說『全，大全』，『大全』見《莊子・田子方》，所謂『天地之大全』，是大家熟悉的。」

　　旭昇案：「羿」字目前以釋「質」、「樸」、「全」三種說法較有說服力。哲學界的學者很容易地會接受「樸」字說，因爲它最好講；但是古文字學界的學者就比較猶豫，因爲這個字牽涉到的問題很複雜。在古文字中，從「辛（或辛）」、「羋」偏旁，可以組成三系字：第一系是組成甲骨、金文「璞」、「撲」、「僕」等讀與「樸」同音的字；第二系是作古文字「對」字的偏旁及楚簡「察」、「竊」、「質」、「淺」、「帶」等字的聲旁；第三系是作「業」字的偏旁。第二、三兩系聲音較近，可以互通。第一系「樸」的讀音則與第二、三系較遠，難以互通。戰國楚簡大量出土之後，劉釗先生〈利用郭店楚簡字形考金文一例〉主張這些字大部分都應該看成從「辛」得聲的字，這就是爲什麼李零先生讀「質」、李學勤先生讀「全」的原因。以下我們把相關的字形羅列出來：

　　璞：商.前 4.32.1

　　撲：西周晚戜鐘、西周晚兮甲盤

　　僕：西周早令鼎、戰國.楚.郭.老甲 2、戰國.包山 145

　　對：商.甲 740、西周早父乙尊、西周中伯晨鼎

察：戰國.包山 54、戰國.包山 125、戰國.包山 27

竊：戰國.郭店.語叢四 8、戰國.包山 120

質：戰國.上博一.詩 5

淺：戰國.郭店.五行 46

帶：戰國.天星.策、戰國.上博二.容 51

業：西周中九年衛鼎、春秋𫚉伯業鼎、戰國中山王壺 鄴縣故城

陶文

看得出，從「辛（辛）」、「举」旁的字，讀「樸」、讀「質」的可
能性都是存在的。但是，我們也應該注意到，戰國時代從「辛
（辛）」、「举」旁下從「大」形的字，讀業、讀竊、讀質的例子都
有，就是沒有讀「樸」的例子。因此，「冞」字所從的「𡘜」形，
還是從戰國楚簡讀「竊(清紐質部)」去考慮，較合古文字的字形。
從全篇的意義來看，〈恆先〉的「冞」字讀「質（端紐質部）」是
比較好的。

　　「質」，《說文》釋爲「以物相贅」，即以相當價值的物品做抵
押。文獻中也釋爲「體也」（《周易·繫辭》「原始要終以爲質」注）、
「實也」（《廣雅·釋詁四》），有本質、質素、質實、質樸等意義，
《老子》四十一章：「質真若渝。」《莊子·刻意》：「恬惔寂漠，
虛無無爲，此天地之平而道德之質也。」《列子·天瑞》：『有太易，
有太初，有太始，有太素。太易者，未見氣也；太初者，氣之始
也；太始者，形之始也；太素者，質之始也。氣、形、質具而未
相離，故曰渾淪。」〈恆先〉此處的「質」應該與「樸」義近，《老
子》第八十一章「信言不美，美言不信」王弼注：「實在質也，本
在朴也」，可證「質」與「樸（朴）」義近（以下引學者的論述，
如主張釋「樸」而意義與「質」可以互通的，本文都不另加說明）。

　　「青」，李零先生原考釋讀「靜」，李學勤先生〈恆先首章〉
以爲：「『青』可讀爲『靜』，也可讀爲『清』。考慮到《恒先》後

文有『虛靑爲一』（類於帛書《道原》的『虛同爲一』），『淸虛』見於《淮南子‧主術》，似以讀『淸』更好。簡云『淸，大（太）淸』，『太淸』見《莊子‧天運》、《淮南子‧道應》。」旭昇案：「靜」、「淸」義近，但簡4有「淸戔（氣）生天」，字做「淸」不做「靑」，以「恆先無有」的初始狀態而言，「靜」較爲接近「無」，「淸」則已經屬「有」了。

「虛」，空虛，《莊子‧天道》：「夫虛靜、恬淡、寂漠、無爲者，天地之平而道德之至也。」

④ 𡠥，大𡠥；靑，大靑；虛，大虛：即「質，大質；靜，大靜；虛，大虛」，質，是最高的質；靜，是最高的靜；虛，是最高的虛。

李零先生原考釋：「簡文似乎是說，質是大質，靜是大靜，虛是大虛。」大，有最高、超越等意味。龐樸先生〈恆先試讀〉釋爲「大樸，含華之樸；大靜，含動之靜；大虛，含實之虛」。淺野裕一先生謂「恆是原始的階段，這一階段是無，不過只有質、靜、虛微弱地存在著。質後來增大成爲大質，靜也向著大靜增大，虛也向著大虛增大」。

李說可從，也就是說：〈恆先〉的作者雖然對「恆先」的狀態用了質、靜、虛來形容，但是怕讀者以一般的質、靜、虛來理解，於是又加以闡述：質，是最高的質，但是大質中含有「華」的因子；靜，是最高的靜，但是大靜中含有「動」的因子；虛，是最高的虛，但是大虛中含有「實」的因子。

⑤ 自猒不自忍，或乍：即「自不自忍，或作」，意思是：道體是具全自足的，但它並不自抑制，於是有所生，出現了「或」。

李零先生原考釋：「簡文似乎是說，道自我滿足，不求於外，但牠也並不壓抑自己，拒絕施化。」李學勤先生〈恒先首章〉云：「簡文說：『自厭不自忍，或作』，『厭』意爲足，『忍』讀作『牣』，訓爲滿。道本無有自足，但不自滿，於是有所生，出現了『或』。」

亦通。丁四新先生〈恆先章句〉以爲：「『自厭』是在道體自我肯定的基礎之上而言『道』具有恆常如一的特性，而『不自忍』是從作用而言，說明『道』具有生生流行、化育萬物的自然功能。由此而言，《恆先》的道體，具有『恆常』與『生生』的雙重特性。」

「或作」，李零先生原考釋云：「『或』，在簡文中是重要術語。它是從『無』派生，先於『氣』、『有』的概念，從文義看，似是一種界於純無（道）和實有（氣、有）的『有』（『或』可訓『有』），或潛在的分化趨勢（『或』有或然之義）。『乍』讀『作』，這裡指『或』的創生。」

廖名春先生〈恆先簡釋〉以爲：「『或』當讀爲『域』，……『域』與『宇』同，……《淮南子·天文》：『道始于虛霩，虛霩生宇宙，宇宙生氣。』『道始于虛霩』即『恆先無有』，『虛霩生宇宙』相當於『域作』，『宇宙生氣』相當於『有域，焉有氣』，可見《淮南子》說與此相當接近。」

丁四新先生〈恆先章句〉以爲「或」不能釋爲與「宇宙」同義的「域」：「『或』界（旭昇案：當作「介」）於無有與氣有之間，爲或無或有、或有氣或無氣的階段。此『或』在『氣』、『有』之前，在有形有名之前，所以屬於形而上者。該字似不宜讀爲『域』或『宇』。……由《莊子》文本來看，『宇』、『宙』無疑屬形而下者。」

旭昇案：「猒」，《說文》云：「飽也，足也。从甘肰。」因此在本簡中有「滿足」之意。「忍」，李零先生依字釋爲「壓抑」，可從。「或」只是「恆先」之後，「氣」之前的一個階段，依「或」字作「不定代詞」的常用義來解，「或」表現的正是一種似動不動、似發未發的蘊發狀態，也就是質、靜、虛的道體「不自忍」，將發作的狀態。「或」寫成「 」，與「或」字的較早形體接近；本篇其它簡的「或」字作「 」，爲比較晚的形體，二者並無任何別義作用。

⑥ 又或安又 ＝嬊 ＝安又 ＝又 ＝安又 ＝訇 ＝安又迬者：即「有或焉有氣，有氣焉有有，有有焉有始，有始焉有往者」，意思是：有「或」然後有「氣」，有「氣」然後有「有」，有「有」然後有「開始」，有「始」然後有「終結」。

由「自厭不自忍」到「焉有迬者」，看起來好像是有承接關係的發生序列，其實都是在說道體的各種性質，而不是在講宇宙演化的過程。

「氣」，丁四新先生〈恆先章句〉云：「『氣』是『有』的本原，是天地萬物的根源。這裡的『氣』在『始』、『往』之前，也是形而上者，具有抽象、一般的特性，與具體可感之氣不可等同。」

「有」，李零先生原考釋謂「簡文『有』可能即指天地萬物」。李銳先生〈恆先淺釋〉云：「『有』不指『天地萬物』，當是表示尙未具體化的『有』。」龐樸先生〈恆先試讀〉云：「於是有實在。」

「始」，龐樸先生〈恆先試讀〉云：「於是有開始。」

「迬」，李零先生原考釋云：「『迬』讀『往』，指時間的進行。」李學勤先生〈恆先首章〉云：「『迬』讀爲『迀』，《廣雅‧釋詁》云：『歸也。』故『始』是開端，『迀』是終結。」又以爲「這裡『迬』下脫去一重文號。『有始焉有迬』下斷句，另以『迬者未有天地』起下一章，『往者』意思是過去。」廖名春先生〈恆先簡釋〉：「『者』，疑爲衍文。當然有『者』也通，這樣下文都是解釋。但語氣有點不太順。」龐樸先生〈恆先試讀〉：「於是有運動。」董珊先生〈恆先初探〉以爲：「『往』似是『往而不反』之『往』，『有往』而無『復（或「反」）』，還不能生出萬物，因此下文說『未有作行出生』、『未或明、未或滋生』。」丁四新先生〈恆先章句〉：「始，謂氣有的來現。往，謂氣有的消解、歸往。一始一往，乃是一個周而復始的循環運動。這種循環性，可以看作是事物爲了其生命的延續而與本根的內在交通，也可以看作是事物的生死之變與更

生循環。這種循環運動，與下文對『復』的觀念的強調，在思想上也密切一致。一說認爲『始』、『往』是時間概念，非是。」

　　旭昇案：「逴」即「往」，李學勤先生釋「歸」，可從。「始」謂開始、來現，「往」謂消解、歸往。「始」、「往」可以涵攝一切，不必特定指「氣有」。「往者」的「者」字是句末語氣詞，表示語氣的結束，前人謂之「語已詞」，如《左傳·隱公五年》「公將如棠觀魚者」（參《虛詞詁林》309頁），不必看成冗字或缺重文符號。

⑦ 未又天壂，未又乍行、出生：即「未有天地，未有作行、出生」，意思是：還沒有天地，還沒有作行和出生。

　　由於對「虛靜爲一若」的「若」字，各家意見不一，因此對本章的讀法相去很大，約有以下幾種：

　　未有天地，未有作行，出生虛靜，爲一若寂，夢夢靜同，而未或明、未或滋生。（李零先生原考釋）

　　未有天地，未有作行、出生，虛清爲一，若寂水，夢夢清同，而未或明、未或滋生。（李銳先生〈恆先淺釋〉）

　　未有天地，未有作行，出生虛清，爲一若寂，夢夢靜同，而未或明，未或滋生。（廖名春先生〈恆先簡釋〉）

　　未有天地，未有作行出生，虛靜爲一，若寂寂夢夢，靜同而未或萌，未或滋生。（董珊先生〈恆先初探〉）

　　未有天地，未有作行、出生。虛靜爲一，若寂夢夢，靜同而未或萌，未或滋生。（曹峰先生〈恆先編聯〉）

　　未有天地，未有作行、出生。虛靜爲一，若寂寂夢夢，靜同，而未或萌，未或茲生。（劉信芳先生〈恆先試解〉）

　　未有天地，未有作、行、出、生。虛靜爲一，若寂寂夢夢，靜同而未或明，未或滋生。（曹峰先生〈自生自爲〉）

〔昔〕者未有天地，未有作行，出生虛靜，爲一若寂，夢夢靜同，而未或明，未或滋生。（趙建功先生〈恆先易解〉）

我們認爲各家的讀法都存在著一些問題，因此改讀爲「未有天地，未有作行、出生，虛淸爲一若，寂寂、夢夢、靜同，而未或明、未或滋生」。「若」做形容詞性尾，如《尙書・洪範》的時雨若、時暘若、時燠若、時寒若、時風若；《周易・離卦・六五》的出涕沱若、戚嗟若；《毛詩・衛風・氓》的其葉沃若等。

我們認爲這幾句話還是描述「恆先」，在論述完「有始爲有往者」之後，本文的論述還是在本體界。《馬王堆帛書・道原》：「虛同爲一，恆一而止，溼溼夢夢，未有明晦。」所述與此相類似。

作行，發作流行。作行、出生，如下文「濁氣生地、清氣生天」、「云云相生」之類的變化。

⑧ 虛害爲戈若：即「虛靜爲一若」，意思是：道體是虛靜、唯一的

「戈」即「一」之古文。「若」字依各家的讀法，都顯得多餘。無論讀爲「若寂」或「若寂寂夢夢」，都有點奇怪。寂寂、夢夢、靜同，都是對道體的形容，前面不應該加「若」。因此，我們認爲「若」只是一個狀詞詞尾，用同「然」，《毛詩・衛風・氓》「其葉沃若」、《毛詩・小雅・皇皇者華》「六轡沃若」，都是類似用法。「虛靜爲一若」即「虛靜爲一然」。

⑨ 溉 =、夢 =、害同：即「寂寂、夢夢、靜同」，意思是：空寂的、不明的、靜同一體。

「溉」從水、從𢼊，從「𢼊」的字或讀同「戚（清／覺）」、或讀同「叔（審／覺）」，二讀音近可通。本簡此字學者大都接受原考釋者讀爲「寂（從／覺）」。寂，《說文》作「宋」，釋爲：「無人聲也。」《老子》25章「寂兮寥兮」，王弼注：「寂者，無音聲；寥者，空無形。」「溉」下有「 =」，學者或以爲污點，或以爲「寂水」合文符，或以爲重文符。可能看成重文符比較好。寂寂，指無音無形

的樣子。

《說文》:「夢，不明也。」疊字作夢夢，意義應該相同。

「害同」，即靜同，丁四新先生〈恆先章句〉謂「指本根或本體與自身同一、未相分離」，著重在宇宙生成論；《馬王堆帛書‧道原》作「虛同」，著重在本體論。李銳先生〈恆先淺釋〉作「清同」，不如「靜同」。

⑩ 未或明，未或茲生：即「未或明，未或滋生」，意思是：還看不出光明，也還沒有滋生。

李零先生原考釋讀「茲」為「滋」；「未或明」、「未或茲生」，似指將明未明、將生未生的混沌狀態；因為牠們都含有「或」字，因此懷疑原文此段就是講「或」。廖名春先生〈恆先簡釋〉謂「『或』、『有』互用，文獻習見。『未有明，未有滋生』，是一切皆無。『未有明』即帛書《道原》之『未有明晦』。『未有滋生』即帛書《道原》『恆一而止』之『止』」。旭昇案：雖未有，但已將發動，並非「一切皆無」。

## 第二章　本章寫氣

燹（氣）是自生，丞（亙／恆）莫生燹 ＝（氣。氣）是自生自㠪（作）①。丞（亙／恆）燹（氣）之【二】生，不蜀（獨），又（有）與也。或，丞（亙／恆）安（焉）；生或者同安（焉）②。

昏 ＝（昏昏）不盗（寧），求亓所生③：異生異，鬼（歸）生鬼（歸），韋（違）生非 ＝（非，非）生韋（違），㲞（襲）生㲞（襲）④，求慾（欲）自返 ＝（復，復──）【三正】生之生行⑤。

① 燹是自生，丞莫生燹 ＝是自生自㠪：即「氣是自生，恆莫生氣。

氣是自生自作」，意思是：「氣」是自生的，「恆」不會生「氣」；「氣」是自然發生、自然作用的。

丁四新先生〈恆先章句〉指出「恆」是「氣」的存在根據：

> 「氣是自生，恆莫生氣」，這裡有兩點值得充分注意。其一，「自生」的觀念。「氣」是由它自身生作出來的，說明「氣」在生作的過程中，它自身確定自身、構造自身和產生自身；而不是由任何一個他者派生或化生出來的。還可以推斷，上文的「或」概念也當是「自生」的。

> 「恆莫生氣」一句，十分清晰、肯定地表明「恆」在竹簡中是一個重要的觀念，而且從上下文來看，它貫通「有」「無」、形上形下兩界，具有樞紐性的重要地位。從「恆」不生「氣」來看，此「恆」似乎是「氣」的存在根據，而超越於「氣」的觀念之上。……

又指出「氣是自生」的「氣」是指「恆氣」，說見下注⑥。

② 巫巽之生，不蜀，又與也。或，巫安；生或者同安：即「恆氣之生，不獨，有與也。或，恆焉；生或者同焉」，意思是：「恆氣」的產生，不是單獨的，它還有伴──「或」，「或」也是「恆（道體）的一面，而產生「或」的與產生「氣」的是相同的東西，也就是說，「或」也是自生的。

李零先生原考釋謂「恆氣」，即作為終極的「氣」，最原始的「氣」。廖名春先生〈恆先簡釋〉把「恆」、「氣」分開，連下句讀為「恆、氣之生，不獨有與也，域，恆焉，生域者同焉」，意謂：「『恆』與『氣』的產生，不只『有與』，有相與的一面。而且，『域，恆焉』，『域』就是『恆』，『生域者同焉』，產生『域』的與產生『氣』的是相同的東西。兩『域』字原皆作『或』。『域，恆焉』就是下文『域非域，無謂域』之『無謂域』，『恆』就是『無』。」

龐樸先生〈恆先試讀〉解為：這個本原之氣的發生，雖是自

生，卻不孤獨，它還有伴。那個動區（域），也是本原的（它便是恆氣的伴），生或的也是或（就是說，或也是自生自作的）。

丁四新先生〈恆先章句〉則把「恆氣」看成一個術語，指本體，與「變有之氣」不同：

> 上文說「氣是自生」，此句說「氣是自生自作」，似爲複出。不過從下文「恆氣之生，不獨，有與也」來看，實則其義不同。這一句説明「恆氣」是萬事萬物的本根，而天地萬物的產生是由「氣」來決定和生作的；其中的「自生」，與上句不同，非是自本自根之義。此句多出「自作」一詞，「作」者創作，別有意味。由「恆氣之生」一句，還可以説明「有或，焉有氣」、「氣是自生，恆莫生氣」之「氣」，就其靜而未動、從「恆先」以來而言，就是「恆氣」，就是所謂恆常未動、未變之氣。從「恆氣」到「變有之氣」，這是一個根本性的轉變。

而「有與」則是「有物相與存在」：

> 上文說「氣是自生」，此句說「氣是自生自作」，似爲複出。不過從下文「恆氣之生，不獨，有與也」來看，實則其義不同。這一句説明「恆氣」是萬事萬物的本根，而天地萬物的產生是由「氣」來決定和生作的；其中的「自生」，與上句不同，非是自本自根之義。此句多出「自作」一詞，「作」者創作，別有意味。由「恆氣之生」一句，還可以説明「有或，焉有氣」、「氣是自生，恆莫生氣」之「氣」，就其靜而未動、從「恆先」以來而言，就是「恆氣」，就是所謂恆常未動、未變之氣。從「恆氣」到「變有之氣」，這是一個根本性的轉變。

> 「恆氣之生，不獨，有與也」，除申述上句「氣是自生自作」的內涵外，又別有深意。「不獨」，不是單獨存在；「有與」，有物相與同在。獨與不獨，相與和無相與，參見《莊子·大宗師》：「已外生矣，而後能朝徹。朝徹而後能見獨，見獨而後能無古無今。」又說：「子桑戶、孟子反、子琴張三人相與友曰：

屬能相與於無相與，相與於無相爲？孰能登天遊霧，撓挑無極，相忘以生，無所終窮？」「獨」者，「無相與」者，道也，無極也。有相與，則氣生而物即矣。恆氣之生作，則變化同時現矣。相對於天地萬物而言，「恆氣」既是本根也是本體。《莊子‧知北遊》說「通天下一氣耳」，正有此意。不過從作用而言，「恆氣」生作萬物的過程，同時也是對「恆氣」的自我否定過程。這個自我否定的過程，是將靜而未動的「恆氣」變現爲具體的天地萬物。但是「恆氣」本身是什麼呢？它像張載的「太虛」之氣嗎？張載將「太虛」之氣理解爲本體之氣，天地萬物則是此氣「變化之客形」耳。從竹簡下文「始」、「往」和「復」的觀念來看，「恆氣」似乎並沒有因爲生作萬物而消解不存，它是給予萬物之「命」的本源。

旭昇案：〈恆先〉本章既說「氣是自生，恆莫生氣」，又進一步強調此「氣」並非現象界實有之氣，而是「恆（道）」中本有的最原始的氣，所以用「恆氣」來稱呼。「恆氣」之生，不是孤獨的，它還有伴──或，「或」也是「恆（道體）的一面，而產生「或」的與產生「氣」的是相同的東西，也就是說，「或」也是自生的。

③ 昏＝不盜，求亓所生：即「混混不寧，求其所生」，意思是：道體混混不安定，尋求它所要化生的狀態

　　本章「天地萬物」誕生之前道體的變化。昏昏，原考釋以爲同「夢夢」，廖名春先生〈恆先簡釋〉以音近讀爲「混混」，指水奔流不絕的樣子。可從，昏（曉／文）、混（匣／文）韻同音近。「混混不寧」，即「自厭不自忍」的噴薄而發。「所生」即「所生成的狀態」，下文「異生異」等便是求其所生的各種狀態的描述。

④ 異生異，鬼生鬼，韋生非＝生韋，襄生襄：即「異生異，歸生歸，違生非，非生違，襲生襲」，意思是：相異的質性就產生相異的狀態、同一歸向的質性就產生同一歸向的狀態、相對立的質性也可能產生相反的狀態、相反的質性可能產生相對立的狀態、相依存

的質性就產生相依存的狀態。

　　李零先生原考釋讀「異」爲「翼」，恭敬之義；疑「鬼」讀「畏」，畏懼之義；讀「韋」爲「愇」，《廣雅・釋詁四》：「愇，恨也。」讀「非」爲「悲」；讀「袠」爲「哀」寫法不同。一般寫法的「哀」是從衣得聲，此字從雙衣，疑是「哀」字的異體。李銳先生〈恆先淺釋〉則引李學勤先生的意見，謂：「『異』是區別，『歸』是趨同，『韋生非，非生韋』有倒文，當作『韋生韋，非生非』，違是離，非是否定，依是肯定。」

　　案：本節講的是「道體的變化」，則不應以人情來敘述或比擬。我們認爲這裡應該直接講的是道體變化時，依其蘊含的質性而各自變化，因此李學勤先生的意見是比較可取的。「異」即「相異」、「鬼」讀「歸」即「相同」、「韋」即「相違」、「非」即「相非」。

　　「袠」，從衣在衣中，董珊先生〈恆先初探〉指出字又見《甲骨文合集》27959 號卜辭，其字象重衣之形，可能與《說文》「褻（或作襲）」、「複」、「禕」三字中的某一個字有關，其音義待考。旭昇案：董說有理。三字中，「禕」當從「圍」聲，與「韋生非」之「韋」同音，因此可以優先刪除。剩餘二字，「褻」與「複」意義相同，以在本篇的意義而言，「褻」字較爲理想；以字形而言，「袠」字象衣上有衣，釋爲「複衣」也很適合。《說文》「褻」下段注云：「凡古云衣一襲者，皆一褻之假借。……《文選・王命論》『思有短褐之襲』，李注引《說文》：『襲，重衣也。』〈王命論〉本作『褻』，李注時不誤，淺人妄改《文選》耳。」案：「褻（定／緝）」、「襲（邪／緝）」，邪母古歸定（錢玄同說），二字聲韻畢同，段注謂「一襲」爲「一褻」之假借，音理可通，《禮記・內則》「寒不敢襲」，鄭注：「襲謂重衣。」引伸爲「重、層」，《管子・輕重丁》：「使其牆三重而門九襲。」尹知章注：「襲，亦重也。」據此，我們可以把「袠」字隸定爲「褻」或「襲」（此「襲」字與《說文》釋爲「左衽袍」的「襲」之省體「襲」，應該是不同字），用通行字及通行義，我們不妨暫時把此字釋爲「襲」，在〈恆先〉

此處的意思是：因襲。

　　全句的意思是說：道體混混不寧，求其所生，相異的質性就產生相異的現象、同一歸向的質性就產生同一歸向的現象、相對立的質性也可能產生相反的現象、相反的質性可能產生相對立的現象、相因襲的質性就產生相因襲的現象（反應到現象界，也是同樣的情況）。「非生非」之「非」與第6簡「又（有）非又（有），無胃（謂）又（有）；……事非事，無胃（謂）事」等句中的「非」，應該是同一意義。

　　李學勤先生以爲「韋生非、非生韋」有倒文，應作「韋生韋、非生非」。學者多從之。劉信芳先生〈恆先試解〉以爲簡文「『韋生非、非生韋』不誤。……『韋生非』是事物發展過程中的自我否定，『非生韋』是否定之否定」。旭昇案：李說把這幾句調得句法整齊，看起來是比較好講。但是，從校勘學的角度來看，「韋生韋、非生非」要訛成「韋生非 =生韋」，可能性並不是很大，尤其是「 =」這個重文符號在本句前後並沒有出現，沒有承上或承下而誤的可能。劉信芳先生之說可參。另外，也許〈恆先〉的作者在敘述這「五生」時，特別指出相對立和相反有互相交錯的可能。依原簡解讀，似乎也可以通，宜與李說並存待考。

⑤ 求慾自遑 =生之生行：即「求欲自復，復——生之生行」，意思是：萬物尋求其所想要成爲的事物，必須自己不斷地回復（往返）於本根之氣（恆氣）中，「復」是大化流行之中，使萬物生生不已的生理。

　　原考釋謂「自復」爲「自我回報」、「復生」指「相生」、「行」指「天道的運行、四時的運行」。廖名春先生〈恆先簡釋〉謂「欲求會自我實現，欲求的實現又會導致新欲求的產生和踐行」。龐樸〈恆先試讀〉謂：求萬有之生在「知其自復」（自己生出自己、或生或、異生異等），復是生之生術。丁四新先生〈恆先章句〉謂：「萬物尋求其所想要成爲的事物，必須自己不斷地回復（往返）

於本根之氣之中。『復』是大化流行之中，使萬物生生不已的生理。……『復，生之生行』，前一『生』字，乃化生、衍生之生；後一『生』字，乃生存、存活之生。『行』，胡朗切，上古音在陽部，訓道路義。……這句話是說，『復』是大化流行之中，使萬物生生不已的生理。物本氣而生，萬物的生成和存在，都必須通過『復』使其自身與本源之氣（『恆氣』）保持往來不絕的交通。」陳麗桂先生〈恆先義理〉謂「萬物之生化各自依其類往復自生。……宇宙萬物的生生化化，也就在這含帶著各種各類強烈循環自生特性的傾向或趨勢下，開始啓動運作，此謂之『「復生之生」行』」。案：此處尙未有天地，所說都仍在本體論的範疇，各家對「復生之生行」的句讀及解釋都還存在著一些問題，丁、陳二家說義理較優。依丁說讀爲「『求』欲『自復』，『復』－生之生行」，即萬物的「所求」必需「自復（往返於本根之氣）」，「復」是大化流行之中，使萬物生生不息的生理。依陳說則讀爲「求欲自復，『復生之生』行」。

## 第三章　本章講氣生天地

　　厇（濁）燹（氣）生堅（地），清燹（氣）生天①。燹（氣）訐（信）神才（哉）！云＝（芸芸）相生，訐（信／伸）涅（盈）天堅（地）②，同出而異生（性），因生亓（其）所慾（欲）③。

　　戁＝（業業）天堅（地），焚＝（紛紛）而【四】多采（綵）勿（物），先者又（有）善，又（有）絀（治）無關（亂）。又（有）人安（焉）又（有）不善，關（亂）出於人④：先又（有）审（中），安（焉）又（有）外；先又（有）少（小），安（焉）又（有）大；先又（有）矛（柔），安（焉）【八】又（有）剛；先又（有）園（圓），安（焉）又（有）枋（方）；先又（有）晦（晦），安（焉）又（有）明；先又

（有）耑（短），安（焉）又（有）長⑤。

天道既載，隹（唯）一吕猶一，隹（唯）逯（復）吕（以）猶逯（復）⑥。丞（亙／恆）燹（氣）之生，因【九】逯（復）亓（其）所慾（欲）；明＝（明明）天行，隹（唯）逯（復）吕（以）不夔（廢）。智（知）臀（既）而巟（荒）思不宋（殄）⑦。

① 厓燹生墬，清燹生天：即「濁氣生地，清氣生天」。

「厓」，從厂、主聲，原考釋讀「濁」。「主」（照／侯）、「濁」（定／屋），二字聲同屬舌頭，韻爲陰入對轉。《淮南子‧天文訓》：「虛霩生宇宙，宇宙生氣。氣有涯垠，清陽者薄靡而爲天，重濁者凝滯而爲地。」

② 燹訐神才！云＝相生，訐涅天墬：即「氣信神哉！芸芸相生，伸盈天地」，意思是：氣真是非常神奇啊！眾多的氣相盪相生，充滿天地。

「訐」，從言、千聲，即「信」字（「信」字應該釋爲從言、人聲，人聲與千聲可以互作。《說文》釋「人言爲信」，不可從）。原考釋謂「信（訐）」疑讀「伸」。「才」讀「哉」。此句似乎是說氣的沈浮昇降非常神奇。「云＝」，重文，讀爲「云云」，是眾多之義。「信」，讀法同上文的「信」。「涅」讀「盈」。此句似乎是說氣到處彌漫，充滿天地。廖名春先生〈恆先簡釋〉謂「信」當釋爲實。丁四新先生〈恆先章句〉釋前一「信」爲「實」，後一「信」爲「伸」；可從。

涅，從水、呈聲，《廣韻》音以整切，「泥也」；原考釋謂假借爲「盈」。

③ 同出而異生，因生亓所慾：即「同出而異性，因生其所欲」，意思是：天地同樣出於氣，但秉性不同，各自照著它們的質性生成所要的樣子。

「因生其所欲」，原考釋謂「這裡是說異性相求」，不可從。廖名春先生〈恆先簡釋〉謂：「氣有清有濁，所出之物自然稟性不同，各種不同的稟性因而產生出各種不同的欲求。」董珊先生〈恆先初探〉謂「（天地萬物）雖然同出於氣，卻有不同的稟性，因為五氣（異鬼韋非麥）各自產生它們自己所欲求的同類，即所求不同，因而求得的結果也相異」。旭昇案：本句接著前文「濁氣生地，清氣生天」而說，指天地各「求其所生」，同出於氣而異性，因而生成它所要形成的樣子。

④ 羮 =天墬，焚 =而多采勿，先者又善，又絅無䦛，又人安又不善，䦛出於人：即「業業天地，紛紛而多綵物。先者有善，有治無亂，有人焉有不善，亂出於人」，意思是：盛大的天地，紛紛然而有了萬物。萬物之中，比人早出現的，有善有治而沒有亂。有人才有不善，亂是因為人不遵循自然的法則才產生的。

龐樸先生主張第四簡下接第八、九簡，可從。因為八、九簡講的是形而上的原理，不宜放在七、十簡等講形而下的人文世界中。

「羮」，原考釋以為與楚簡「察」字所從相同，讀為「察」。「察察」與下簡「明明」互文（第五簡有「明明天行」），含義相近。《廣雅·釋訓》：「顯顯、察察，著也。」李銳先生〈恆先淺釋〉以為可讀「業業」，盛也。旭昇案：此字釋「察」、釋「業」都有可能。但是下句明明說「紛紛」，有多的意思，則上句似以隸為「業業」，釋為「盛大」義較妥。《毛詩·大雅·烝民》「四牡業業」，傳：「業業，言高大也。」引伸為盛大。焚焚，原考釋讀為紛紛，可從。

「采物」，廖名春先生〈恆先簡釋〉讀「綵物」，謂「指區別等級的旌旗、衣物」，見《馬王堆帛書·二三子》。董珊先生〈恆先初探〉以為：「『綵物』在恆先中的意思，似偏指『物』，就是『萬物』。」旭昇案：董說可從。既有業業天地，紛紛而有萬物，頗為合理。

「多采物」，學者或讀「多采」，「物」屬下句，如丁四新先生〈恆先章句〉云：「物先，在物之先。物先者，除了指『性』之外，還指『恆氣』、『或』與『恆先』，也指『恆』道自身。」旭昇案：本句在「業業天地，紛紛而多采（物）」之後，已有天地了，則「先」應該指「紛紛而多」的「萬物」，不應該再回到「天地」之前的「恆氣」、「或」與「恆先」。

「先者有善，有治無亂」，在「紛紛而多綵物」之中，在人之前先發生的「有善，有治無亂」，因爲它們是遵循自然的法則所生的，所以「無亂」。

⑤ 先又审，安又外；先又少，安又大；先又矛，安又剛；先又囩，安又枋；先又晦，安又明；先又耑，安又長：即「先有中，爲有外；先有小，爲有大；先有柔，焉有剛；先有圓，爲有方；先有晦，焉有明；先有短，焉有長」，意思是：人類先有「中」的觀念，於是就有相對立的「外」；先有「小」的觀念，於是就有相對立的「大」；先有「柔」的觀念，於是就有相對立的「剛」；先有「圓」的觀念，於是就有相對立的「方」；先有「晦」的觀念，於是就有相對立的「明」；先有「短」的觀念，於是就有相對立的「長」。

原考釋謂：「作者認爲事物矛盾的對立面有先後（原生和派生）之分。」諸家大都從這個觀點來解釋。問題在：這麼說與前後文看不出有什麼關係。劉信芳先生〈恆先試解〉謂：「在人之先，中外、小大、柔剛、圓方、晦明、短長，統統是『一』，原本是渾沌的、和諧的，人類文明的發展認識了這些對立，利用這些對立，並由此生出『亂』來。」旭昇案：劉說立意甚是。由於人類先有「中」的觀念，於是就有相對立的「外」；先有「小」的觀念，於是就有相對立的「大」；先有「柔」的觀念，於是就有相對立的「剛」；先有「圓」的觀念，於是就有相對立的「方」；先有「晦」的觀念，於是就有相對立的「明」；先有「短」的觀念，於是就有相對立的「長」。中外、小大、柔剛、圓方、晦明、短長本來都是渾沌和諧

的，因爲人類有了分別心，於是就產生了對立，這就是「有人爲
有不善，亂出於人」。

⑥ 天道既載，隹一㠯猶一，隹復㠯猶遪：即「天道既載，唯一以猶
一，唯復以猶復」，意思是：天道既成，只有藉著「一」來維繫「一」，
只有藉著不斷往復來維繫「復」。

　　李零先生原考釋謂「唯一」疑指「物之先者」，「遪」疑指「物
之後者」。廖名春先生〈恆先簡釋〉承之，釋爲「本源還是本源，
末流還是末流」。丁四新先生〈恆先章句〉釋「載」爲成也，具備
也。釋「以」爲「而」，謂：「萬物生成次序既成，則天道亦已具
備。當且僅當此時，天道正處於『恆氣之生』和萬物各遂其性以
成之間，其含蘊待發之勢，昭然可見。……天道既成，而其賴以
不墜者，正是此『唯一以猶一，唯復以猶復』的原理，作用於其
中的結果。……天道雖然常行於現象之中，但天道畢竟不是現象，
不是具體的事物本身，它通過『一』和『復』，肯定自身，維持自
身。」旭昇案：「唯一以猶一，唯復以猶復」的意思還不是很清楚，
姑依丁說。

⑦ 丞欬之生，因遪亓所慾，明 =天行，隹遪㠯不𢍰，智旣而巟思不
㝂：即「恆氣之生，因復其所欲；明明天行，唯復以不廢。知既
而荒思不殄」，意思是：恆氣所生，復返於「恆氣之生」的作用中
而往來不窮；昭著顯明的「天行」正因爲「復」的作用而不會廢
毀。知道天道既成的這種情形，那麼「一」和「復」的「大思」
就不會殄滅了。

　　本句依龐樸先生排序，「恆氣之生，因」屬第九簡，下接第五
簡「復其所欲」，與原考釋不同。原考釋謂「明明」是形容已有天
地四時後的狀態，「天行」指「天道的運行」。「遪」，即上所述作
爲相生相報和循環往復之義的「復」。「智旣而巟思不㝂」可能是
說「知」盡而荒但「思」不滅。李銳先生〈恆先淺釋〉隸爲「知

---

¹ 原文作「明明天行」，「天行」二字衍。

機而亡思不天」。廖名春先生〈恆先簡釋〉釋「知」爲「智」，釋「既」爲「盡」，釋「宊」爲「殄」，全句謂「如果知道欲求的實現有盡止，則大智就會不滅」，並謂「此段說大智在于懂得欲求的實現有盡止，實質是反對無限止地追求欲求的實現」。

智（知）曁（既）而宎（荒）思不宊（殄），原考釋讀「既」爲「盡」；又指出《說文》「宎」爲「水廣也」，此處疑是「荒廢」之義；「宊」以音近讀爲「殄」，「不殄」是不滅、不絕的意思。此句可能是說「『知』盡而荒，但『思』不滅」。董珊先生〈恆先初探〉謂「『知幾而無思不天』是說：知道了天之道（『復』），則無有思而不明的事物（所思皆極其神明，也就同於『天』）」。

旭昇案：以上的解釋，跟前後文大多沒有什麼關係。「既」的本義是食盡，引伸爲「成」；「宎」的本義是「水廣也」（見《說文》），引伸可逕釋爲「大」，「宎思」即大思；「宊」即「天」的異體，讀爲「殄」。「知既」即「知成」，指知上文的「天道既載」；「宎思」即上文的「唯一以猶一，唯復以猶復」。全句是說：知道天道既成，必需藉著「一」和「復」來維持不墜，那麼「一」和「復」這種「大思」就不會殄滅了。

## 第四章

又（有）出於或，生（性）出於又（有），音（意）出於生（性），言出於音（意），名出於【五】言，事出於名①。或非或，無胃（謂）或；又（有）非又（有），無胃（謂）又（有）；生（性）非生（性），無胃（謂）生（性）；音非音，無胃（謂）音；言非言，無胃（謂）言；名非【六】名，無胃（謂）名■；事非事，無胃（謂）事②。

① 又出於或，生出於又，音出於生，言出於音，名出於言，事出於名：即「有出於或，性出於有，意出於性，言出於意，名出於言，

事出於名」，意思是：貫通天地萬物的普遍性的「有」出於或有或無的「或」，萬物所具有內在差異的「性」出於「有」，人的心意出於「性」，人的言語出於「意」，事物的名稱出於「言」，人的活動職事出於「名」。

「又（有）出於或」，丁四新先生〈恆先章句〉謂：「是本根生作此世界之『有』，是貫通天地萬物的普遍性之『有』。……自『有』（包括『有』）以下，皆非自生，所以它們都須有所從出。」本句謂天地萬物的普遍性之「有」出於或有或無的「或」。

「生（性）出於又（有）」，原考釋讀「生」爲「性」，廖名春先生〈恆先簡釋〉以爲不可從，當讀爲「生」。丁四新先生〈恆先章句〉以爲：「『性』是大化流行的過程中萬物求欲的結果，是事物差異性的本質規定。……《莊子·天地》：『形體保神，各有儀則，謂之性。』」案：本句謂萬物所具有內在差異的「性」出於「有」。

「音出於生（性）」，「音」當讀「意」，心意。「意」從心、從音，可能「音」也兼有聲符的作用，《管子·內業》「是故此氣也，不可止以力，而可安以德；不可呼以聲，而可迎以音（意）」、「凡道無所〔匹〕[2]，善心安愛〔氣〕，心靜氣理，道乃可止。彼道不遠，民得以產；彼道不離，民因以知。是故卒乎其如可與索，眇眇乎其如窮無所。彼道之情，惡音與聲，修心靜音（意），道乃可得」，句中兩處的「音」都應該直接讀爲「意」；《上博一·孔子詩論》「文無隱言」，李學勤先生〈上海博物館藏楚竹書《詩論》分章釋文〉隸做「文亡隱意」，以〈恆先〉此字來看，〈孔子詩論〉可能原來寫作「文亡隱音」，讀爲「文亡隱意」。又，《史記·淮陰侯傳》：「項王喑噁叱咤。」《漢書》作「意烏猝嗟」；《馬王堆帛書·老子甲》96「意聲之相和也」，今本《老子》作「音聲之相和也」。這些證據，都說明從戰國到漢初，「意」字也可以寫作「音」形。「意出於性」，謂人的思想產生自人所得自於天的質性（參拙作〈意出於

---

[2] 「所」及下句的「愛」不可解，依文義及押韻，當爲〔匹〕與〔氣〕之訛，參拙作〈意出於生〉（修）。

生〉）。

「言出於音（意）」，謂人的言語出自人的思考。

「名出於言」，謂天地萬物之名出自人的言語。

「事出於名」，謂天下之事出自名。因爲天地萬物有名之後，事物才能分類，庶務才能繁興。

以上或、有、性、意、言、名、事的發生序列，李零先生原考釋以爲：「上文『或』、『有』之間還有『氣』，這裡是講另一組派生關係，其中沒有『氣』。」

董珊先生〈恆先初探〉指出〈恆先〉此處所見的概念序列與《鶡冠子‧環流》相當，其對比如下：

《鶡冠子》：一、□、氣、□、□、意、圖、名、形、事、約、時、物

《恆　先》：道、或、氣、有、生、音、言、名、□、事、□、□、綵物

其後在〈詳宜利巧〉中進一步以爲〈恆先〉「事」下可據《鶡冠子》補「宜」。不過曹峰先生〈詳義利巧〉則以爲〈恆先〉「事」以後的增補是不妥當的。

② 或非或，無胃或；又非又，無胃又；生非生，無胃生；音非音，無胃音；言非言，無胃言；名非名，無胃名；事非事，無胃事：即「或非或，無謂或；有非有，無謂有；性非性，無謂生；意非意，無謂意；言非言，無謂言；名非名，無謂名；事非事，無謂事」，意思是：「或」這個名如果沒有「或」的實，就無所謂「或」；「有」這個名如果沒有「有」的實，就無所謂「有」；「性」這個名如果沒有「性」的實，就無所謂「性」；「意」這個名如果沒有「意」的實，就無所謂「意」；「言」這個名如果沒有「言」的實，就無所謂「言」；「名」這個名如果沒有「名」的實，就無所謂「名」；

「事」這個名如果沒有「事」的實，就無所謂「事」。

「或非或，無胃或……事非事，無胃事」，李銳先生〈恆先淺釋〉謂：「域、有、生、音、言、名、事皆不是恆久之物，故實際上只是有名以指稱者，有文無實。」廖名春先生〈恆先簡釋〉謂：「『無』是『域』、『有』、『生』、『音』、『言』、『名』、『事』的本質，而『域』、『有』、『生』、『音』、『言』、『名』、『事』的區別只是表象。可見這是道家之名論。」

龐樸先生〈恆先試讀〉謂：「如果知道『或』不是『或』了，則不要再稱之爲『或』。」

王志平先生〈恆先管窺〉謂：「最前面的『域』、『有』等爲動詞，後面的兩個『域』、『有』等爲名詞。本句是說以『非域』爲『域』，不能說是『域』；以『非有』爲『有』，不能說是『有』。」

董珊先生〈恆先初釋〉謂：「前一個『或』是『名』（所以謂），後一個『或』是『實』（所謂），『無謂』是『無「所謂」』的簡省，沒有所謂的『或』，即沒有被稱爲『或』的『實』。前六個小分句順次爲後者的條件：因爲『或』本是屬於『無』的範疇，所以『出於或』的『有』（即『無中生有』）也是無其所指之實；同理可以推知，『有』、『生』、『音』、『言』、『名』、『事』這些『名』都是虛名無實。」

丁四新先生〈恆先章句〉謂：「『或非或，無謂或。……事非事，無謂事』數句，較爲費解。『作』是竹簡的一個重要概念，正是『作』纔使萬物萬事生作。或作、有作、性作、意作、言作、名作、事作，皆由『作』起之；無『作』，則無一事一物之生。這是從事物的生起根源而言的，但是從應然的意義上來說，『或作』之『作』與下文『采物之作』的『作』，其性質並不一樣。『或作』之『作』，是事物的自作自爲；『采物之作』之『作』，是人作人爲。作爲，應該是自作爲，還是人作人爲呢？竹簡《恆先》以下的文字，主要是圍繞這個問題來做議論的。由此看來，所謂『事非事，

無謂事』是說，如果『事』是它自作爲，而不是人作人爲的話，那麼可以不叫做所謂的『事』。這裡必須區分宇宙生成論意義上的『事』和應然意義上的『事』的差別，否則誤會簡文的思想。『事』是什麼？『事』，在常人的眼光中就是指有意的人爲活動，指人應當有所作爲。當然，簡書並不是反對人應該有所作爲，而是認爲，所有的作爲必須不是違反人的本性和存有活動的作爲。如此之『事』，在竹簡的作者看來就不是人爲之事，也就可以無謂之『事』矣（即下文說的『無事』）。特別需要注意的是，竹簡《恆先》推論出『事非事，無謂事』的觀點，是從本然世界的內在特性推論出來的：有『有出於或，性出於有，……事出於名』的原因，所以纔有『或非或，無謂或。……事非事，無謂事』的結果。前一段話，是從本然世界推論人事世界；後一段話，是從應然世界而言事物生作的當然法則。『或』非人爲生作之『或』，可以無謂之『或』；『有』非人爲生作之『有』，可以無謂之『有』；『性』非人爲生作之『性』，可以無謂之『性』；『意』非人爲生作之『意』，可以無謂之『意』；『言』非人爲生作之『言』，可以無謂之『言』；『名』非人爲生作之『名』，可以無謂之『名』；『事』非人爲生作之『事』，可以無謂之『事』。如果或、有、性、意、言、名、事從本到末，都符合自然之道，則它們都合於本然無事世界的本體世界的內在特性。《老子》第 2、3、10、37、57、63 章等論述了『爲無爲，事無事』之說，《管子‧白心》說『去善之言，爲善之事，事成而顧反無名。能者無名，從事無事』，與《恆先》的思想較相一致，但是對於『名』、『事』關係的論說，其角度根本不同，而且亦無『或』到『事』的生成關係的論述。」

　　旭昇案：丁說分析得很細，但是在「或非或」這一層上，似乎講不通。因爲「又（有）出於或」，「或」本來就是非人爲生作的，並不存在著「人爲生作」的「或」，因此丁說「『或』非人爲生作之『或』，可以無謂之『或』」，似乎難以成立。這一小段話姑且還是依照董說去理解，即：某名如果沒有某實，那麼就無所謂

某名。

## 第五章

恙（祥）宜（義）、利丂（巧）、采（綵）勿（物）出於
戋＝（作，作）安（焉）又（有）事，不戋（作）無事。——
噩（舉）天之事，自戋（作）爲，事甬（庸）呂（以）不
可賡也。①

凡【七】言名，先者又（有）惢（疑），惢言之；迻（後）
者孝（效）比安（焉）。——噩（舉）天下之名，虛詎（樹），
智呂不可改也。②

噩（舉）天下之戋（作），強者果天下【十】之大戋（作）
■，亓竆尨不自若＝戋＝（若作，若作），甬（庸）又（有）
果與不果？兩者不爨（廢）。③

噩（舉）天下之爲也，無夜（舍）也，無與也，而能自
爲也。④【十一】——噩（舉）天下之生，同也，亓（其）
事無不遉（復）。⑤

天下之戋（作）也，無許（忤）噩（極），無非亓（其）
所。——噩（舉）天下之戋（作）也，無不尋（得）亓（其）
噩（極）而果逑（遂），甬（庸）或【十二】尋（得）之？
甬（庸）或遊（失）之？⑥

噩（舉）天下之名，無又（有）爨（廢）者與（歟）？
天下之明王、明君、明士，甬（庸）又（有）求而不患◢。⑦
【十三】

① 恙宜、利丂、采勿出於戋＝安又事，不戋無事，噩天之事自戋爲，
事甬呂不可賡也：即「祥義、利巧、綵物出於作，作焉有事，不
作無事。舉天之事自作爲，事庸呂不可賡也」，意思是：祥義、利

巧、綵物這些都是出於人爲的造作，有這些人爲的造作就會帶來
很多紛擾，沒有這些造作就沒有紛擾。所有出於「天」的事都是
自然發生的，有什麼是不能延續的呢？

這一小段前半，原考釋讀爲「恙（詳）宜利主，釆（採）勿
（物）出於复（作），爲又（有）事不复（作）無事墾（舉）」，解
釋爲：詳察其所宜，而利合於主。採物當採其出於「作」者，物
之出於作者（下文叫「物先」），能令物自化，無爲而無不爲，有
事的時候不必動手，無事的時候反而百事順成。又謂「釆物出於
复」下有表示句讀的符號，可知「爲」字當屬下句。

李銳先生〈恆先淺釋〉指出「作」下有重文符，釋文脫漏，
因讀爲「詳宜利主。釆物出於作，作爲有事，不作無事」，並引廖
名春先生說，謂「釆物」見於《左傳》和帛書《二三子》，指區別
等級的旌旗、衣服，相當於禮儀制度。旭昇案：「作」下重文符號
「＝」的第二點極淡，但是還看得出一點痕跡，李銳先生之說可
從。

龐樸先生〈恆先試讀〉讀爲「祥宜（義）利，主釆物，出於
作，爲有事；不作無事」，謂：有爲者之善惡與利害、理想與事功，
主張「釆物」（義不詳），皆出於人爲造作，於是天下乃有事；不
作，則無事。

廖名春先生〈恆先簡釋〉指出「詳宜」應讀爲「祥義」，見《左
傳・成公十六年》：「德、刑、詳、義、禮、信，戰之器也。德以
施惠，刑以正邪、詳以事神、義以建利、禮以順時、信以守物。」
「詳、義」即「祥、義」，指禮義。「祥義利主」謂禮義利于君主。

董珊先生〈詳宜利巧〉指出原考釋「詳宜利主」之「主」字
作「丂」，在東周文字裡「丂」也可以這麼寫，並舉春秋時代齊國
鎛鑄銘「丂」字作「丂」、戰國竹簡「攷」字偏旁所從「丂」爲證。
因而讀爲「恙（詳）宜利丂（巧）」，謂：詳於約定之事，則便於

巧詐，即「約定眾多，就變詐滋生」。

曹峰先生〈祥義利巧〉贊成董珊先生對「丂」字的隸定，讀為「祥義、利巧、綵物出於作」，祥義綵物用廖名春先生說，利巧則見《郭店·老子甲》「絕巧棄利，盜賊無有」，「利」指「貨利」，「巧」指的是與物品製作相關的「智巧」、「技巧」。本句係作者對「祥義、利巧、綵物」這些「人為」、「人工」之物抱持批判態度，所以說「作焉有事，不作無事」。

旭昇案：董珊先生〈祥宜利巧〉、曹峰先生〈祥義利巧〉之說可從。老莊推崇無為、無事，反對人為的造作，其例甚多，如《老子》57 章云：「天下多忌諱，而人彌貧；人多利器，國家滋昏；人多伎巧，奇物滋起；法物滋彰，盜賊多有。故聖人云：『我無為，人自化；我好靜，人自正；我無事，人自富；我無欲，人自樸。』」〈恆先〉作者對「祥義、利巧、綵物」這些「人為」、「人工」之物抱持批判態度，所以說「作焉有事，不作無事」。例如周朝行封建，國祚綿延八百年，但最後亡於諸侯國互爭；秦始皇有鑑於此，於是廢封建，行郡縣，等到王子嬰素車白馬，向劉邦投降時，沒有一個宗族諸侯可以來救他；漢高祖有鑑於此，又有封侯之舉，卒釀成七國之亂。這些都是「作焉有事」。人為的造作如果不合乎天理，則會產生事端。可是，如果人為的造作合乎天理，那就和天之造作沒有什麼不同，這樣的天之作為，沒有更改的必要，率由舊章，賡續可也。

「嬰（舉）天之事自复（作）為，事甬（庸）吕不可賡也」，原考釋「嬰」字屬上句，讀「賡」為「更」。李銳先生〈恆先淺釋〉讀「賡」為「續」。廖名春先生〈恆先簡釋〉讀為「與天之事自作為，事用以不可更也」，意謂：法天之事自然而然，應用取法自然是不能更改的。龐樸先生〈恆先試讀〉以為「天」下脫「下」字，讀為舉天下之事，自作為事，庸以不可更也」，意謂：舉天下之事皆自作自生，非它作它生，是以不可變更。董珊先生〈恆先初探〉讀為「舉天之事，自作為事，甬（庸）以不可賡也」，謂此句「似

省略了『人在天下，人事即天事』的前提」，若此，「舉凡『天之事』，都是『天』的自我作爲，難道是不可繼續的麼？」

旭昇案：董說大體可從。舉，讀爲舉，釋爲全部。但「舉天之事，自作爲，事庸以不可賡也」應該是承著前面「祥義、利巧、綵物出於作，作焉有事，不作無事」的論述，各家都把它單獨來看，所以講得不夠切要。明乎此，全句應該是承接「祥義、利巧、綵物出於作，作焉有事，不作無事」後提出的問句，意思是：人類爲了種種私心，做了很多改變，殊不知「所有出自『天』的事，都是自然發生的，有什麼事是一定不能延續的呢？」「賡」釋「續」（《說文》以「賡」爲「續」之古文，恐誤；但釋義爲「續」當可從）。

② 凡言名，先者又悉，恁言之；後者孛比安——舉天下之名，虛詎，習呂不可改也：即「凡言名，先者有疑，恁言之；後者效比焉——舉天下之名，虛樹，習呂不可改也」，意思是：所有的稱「名」，先提出來的即使有疑問，只要大力地提倡，後來的人也就學習它、依附它了。天下的「名」都是一個空虛的符號，大家因爲習慣了，也就不能更動了。

原考釋把第九簡末字「因」與第十簡連讀，作：「因言名先，者又（有）悉（疑），恁言之後（後）者孛（校）比焉」，並指出「名先」下有墨釘，應是表示專有名詞的符號，「名先」是相對於「物先」，疑指「名」中之先者。全句文義不明。

李銳先生〈恆先淺釋〉讀爲「恆氣之生，因言、名先。諸『有』，殆亡言之後者，校比焉舉天下之名所屬，習以不可改也」。謂：此句當是說先有衆物，然後才有其可以用言語稱謂之名，名本來乃人所給予，用以指實。然人在校比事物之時，往往舉名而責實，習以爲常，遂以爲名在物先。

廖名春先生〈恆先簡釋〉把第九簡的「恆氣之生因」與第十

簡連讀，作：「恆氣之生因言名。先者有疑，妄言之，後者效比焉」，
意謂：「恆氣之生」要因「言」與「名」，有疑先者，效比後者（此
是說人們懷疑本源，妄加評論，結果效法的倒是末流）。

原考釋的編聯造成「因言名先」這種怪異的文句，龐樸先生
提出新的編聯，解決了這個問題。龐樸先生〈恆先試讀〉把第八、
九簡挪前，接第四簡，第十簡上接第七簡，全句作：「凡言名先者
有疑，荒言之後者校比焉」，但受到李零先生墨丁說的影響，把「名
先」看成一個詞，以爲或可與「物先」對觀。全句文義不明。

曹峰先生〈恆先編聯〉讀爲「凡言，名先。者（諸）有悉悉
言之後，者（諸）教，比焉」，並謂墨丁放在「凡言名先」之後，
分明是提醒讀者不要讀成「先者」，「者（諸）有悉悉言之後，者
（諸）教，比安（焉）」，可能説的是萬事萬物都有待大量的語言
去描述之後才能爲人理解接受，而各種『教』，所擔負的任務則是
『比』，是『選次』、『校次』，是整理分類。

劉信芳先生〈恆先試解〉讀爲「凡言名先，諸有疑，荒言之
後者校比焉」，並謂：「先」字後有墨丁，李零先生認爲是表示專
有名詞的符號，我認爲將其理解爲句讀符號，也可以讀通。該墨
丁過於特殊，究竟是什麽含義，還可以繼續研究。名先，事物稱
名之先，也就是尚未被命名的事物。荒言，妄言，即孟浪之言。
凡議事物之名，諸多有疑。在嘗試性的擬名之後，將會得到校核
比較。以上是說事物的得名有一個過程，諸多稱名之中，經比較
淘汰不準確的，最終達成共識，形成定名。

丁四新先生〈恆先章句〉讀爲「凡言名先者有悉（竢），悉（荒）
言之後者校比焉」，並謂：「名先」，與「物先」相對。「名」者，
變名，非常名；「名先」者，在變名之先。上一章論「名」、「事」
的生作來源，可知「名先」者主要指或、有、性、意四者。悉，
讀竢，即俟字。《爾雅·釋詁》：「竢，待也。」這句話是說，凡言
名先者，有所依待。俟，乃對於人的私意與妄爲的消解，而俟待

於恆常之道，俟待於道自身的生生作用。從或、有、性、意到名、事，皆是生生之道流行作用的結果，而人之行爲活動和出「事」之「名」，皆必待於此理，待於恆道之必然。所謂「言名先」，就是言談恒常的世界，談論變名世界的來源和存在根據。「名先」後有墨丁，此墨丁疑是專有名詞的標示符號。荒，大也，廣也。「荒言」與「凡言」，義近。……「之後者」，即「其後者」，指名、事二者。……校，即校定、考覆；比，比較、辨別，引申亦有考校、考核之義。「荒言之後者校比焉」一句，謂廣言名後者，應校定、考核名事二者的關係是否符合。……這段話也強調了「名先者」的「有竢」和「名後者」的「校比」之間的不同。有竢，就是有待於名先者，與稷下道家靜因的思想相近；校比，就是審核名事，屬於形名之學。但與韓非子崇尚法術，而將形名學家審核名事的主張轉化爲君主統馭之術的思想，在宗旨上並不完全相同。

旭昇案：各家對〈恆先〉後半的性質把握得不清楚，又受到李零先生墨丁之說的影響，把「名先」看成一個專有名詞，所以不是推求太過，就是文義不明。細案竹簡，所謂的墨丁作「■」形，與其它標點的筆法作「◤」者明顯不同，劉信芳先生指出「該墨丁過於特殊」，是有道理的。頗疑它根本不是標點符號，可能只是污點，一定要求之過深，恐怕反受連累。

本段不過是在敘述「名」的成立。前面說過「名出於言」，「言」本來只是一個工具，「名」則是一個符號，它本身的意義是由社會大眾約定俗成的，第一個提出某個「名」的人，其「名」與「實」的制約未必合理（先者有疑），但是只要大力提倡（尨言之。尨釋大，與第5簡「尨思不実」的「尨」同義），行之既久，後人跟著學習使用，也就接受了（後者孝比焉。孝，大徐本《說文》釋「效」；比，比附，跟從）。例如「寺」本來是官府之稱，東漢明帝時，西域白馬駝佛經來，沒有地方放，臨時放在鴻臚寺的一個房間，因爲是白馬駝來的，所以就把這個地方叫做「白馬寺」，此後佛經佛

徒所在，居然也就都叫「寺」了。段玉裁在《說文解字·寺》下注說：「此名之不正也。」時至今日，尼庵佛寺，不就「習以不可改也」了嗎！明乎此，就可以肯定天下的名都是一個空虛的表徵而已，「舉天下之名虛詬（樹）」，詬，從言、豆聲，原考釋讀爲「樹」，可從。樹（禪／侯）、豆（定／侯）二字上古同音（古文字「樹」本來就從「豆」聲），可以通假。在這兒「樹」當名詞用，謂樹立的表徵，即符號，「虛樹」謂「空虛的符號」。學者或讀「詬」爲「屬」，不必。「習以不可改也」，習謂習慣（原考釋讀爲「襲」，不必），名無固宜，約定俗成，秦樺林、凌瑜先生〈習以不可改也——楚簡《恒先》中有關"語言符號的強制性"的思想〉一文指出這是語言符號的強制性特點。

③ 嬰天下之复，強者果天下之大复，亓竊尨不自若＝复＝，甬又果與不果，兩者不孌：即「舉天下之作，強者果天下之大作，亓竊尨不自若作，若作，庸有果與不果？兩者不廢」，意思是：天下所有的作爲，其中的大作爲都由強者包辦了。其實強者也是糊裡糊塗不是完全由自己規畫完成的，如果是完全由自己規畫的，那有什麼完成不完成呢？不過，人也不可以不有所作爲，自然與人爲兩者都不可偏廢。

　　原考釋把下一節的後幾句話放在此處以爲同一節，讀爲「嬰（舉）天下之复（作）強者，果天下之大复（作），亓竊尨不自若复（作），甬（庸）又（有）果與不果。兩者不孌（廢），嬰（舉）天下之爲也，無夜（舍）也，無與也，而能自爲也」。釋第一個「果」爲「課」，檢驗考核之意。「果與不果」謂「合於願望」與「不合於願望」。「兩者不廢」疑指「舉天下之作強者」與其弱者（即「物後」與「物先」）並用而不廢。

　　李銳先生〈恆先淺釋〉讀爲「舉天下之作，強諸果，天下之大作，其竊蒙不自若作，庸有果與不果？」把「兩者不廢」屬下句。謂：此句疑指人所稱舉天下之『作』，往往是人勉強文飾而成之『作』。天下之大作，非自作，（乃是自然天成），無所謂果與不

果。

　　廖名春先生〈恆先簡釋〉讀爲「舉天下之作，強者果天下之大作，其冥蒙不自若。作庸有果與不果？兩者不廢」，讀「㝵尨」爲「冥蒙」，即「蒙昧」；「不自若」謂「不得自若」；「兩者不廢」謂「成與不成都有其意義」。又謂「『作』字後有表示句讀的符號，故李零先生在『作』字後斷句。但從文義而言，可能抄書者有誤。如楚簡《老子》甲本簡8『丌事好長』，『好』後也有表示句讀的符號」。

　　龐樸先生〈恆先試讀〉讀爲「舉天下之作強者，果天下之大作，其㝵尨不自若作，庸有果與不果，兩者不廢」，釋「果」爲「勝」。

　　董珊先生〈恆先初探〉釋文讀爲「舉天下之作，弜（剛－強）者果；天下之大作，其㝵尨不自若＝（，若）作＝（，作）甬（庸）有果與不果，兩者不廢」。

　　劉信芳先生〈恆先試解〉讀爲「舉天下之作，強者果天下之大作，其熾尨不自若作，甬（用）又（有）果與不果，兩者不廢」。以爲「㝵」字從「炅」聲，《新蔡葛陵楚簡》甲三33有人名「鼅」亦從「炅」聲，而同一人名之「鼅」字於甲三342又作「萴」，因主「㝵」字應讀爲「熾」，「熾」、「則」皆是職部字，是「盛」的意思。

　　丁四新先生〈恆先章句〉讀爲「舉天下之作強者，果天下之大作，其㝵尨不自若（諾）作，甬（庸）有果與不果。兩者不瀍（法）」，意謂：舉天下之作強者，無非有兩種結果，其一果真爲天下之大作爲者，其事有成功（有果）；其二，如果其作爲不能得到許諾，其事就沒有成功（不果）。不論是否成功，這兩種「作強」的情況，簡文認爲都不可以效法。

　　旭昇案：本句應讀爲「舉天下之作，強者果天下之大作，亓㝵尨不自若作，若作，庸有果與不果？兩者不廢」，承前段「祥義、

利巧、綵物出於作，作焉有事，不作無事。舉天之事自作爲，事庸已不可賡也」繼續申論。前段談完「祥義、利巧、綵物出於作」之後，接著先談「祥義、利巧、綵物」這些「名」不過是「荒言之」；其次談什麼人作這些「實」，「舉天下之作，強者果天下之大作」謂天下的「作」，強者包辦了其中之大者，如王侯將相之流取天下、易服色、改制度，但這些真是強者「自若作」的嗎？（若讀爲如。自若，自如也，自然也）。「竊尨」二字費解，劉信芳先生謂《新蔡葛陵楚簡》甲三33有人名「鼉」亦從「炅」聲，而同一人名之「鼉」字於甲三342又作「煎」，因主「竊」字應讀爲「熾」。此說值得考慮，《葛》甲三33字作「鼇」，甲三342則作「▓」，其上部不明顯。《包》139「熾」字作「燚」，與甲三342頗爲接近。不過，簡文作「竊」，與「煎」的字形又不完全相同。「竊」字從「炅」，有可能是從「炅（熱）」，也可能是從「鼎」形（此爲從學鄒濬智、陳嘉凌君說），可能與熾、爨、鼎、則、敗等字有關；「尨」字作「犬」，從「犬」、從「中」或「才」共筆，未必是「尨」字，此處姑依李零先生隸作「尨」。「竊尨」雖不能確知爲何字，但意思大約是「迷濛」、「糊裡糊塗」，「亓竊尨不自若作」謂那些大作其實都是糊裡糊塗完成的，那裡是強者自己想做就能做到的呢？如劉邦、項羽都想取代秦始皇的大位，劉邦多次受困將，如《史記・項羽本紀》載漢王三年春，劉邦將兵五十六萬人伐楚，入彭城，項羽自領精兵三萬人大破漢軍，追殺至靈壁東睢水上，漢卒十餘萬人被擠下睢水，睢水爲之不流，楚軍圍漢王三匝，眼看劉邦就要掛了。這時忽然「大風從西北而起，折木發屋，揚沙石，窈冥晝晦，逢迎楚軍。楚軍大亂，壞散，而漢王乃得與數十騎遁去」，這難道是劉邦所能做到的嗎？楚漢相爭，項羽最後在烏江自刎前說：「天亡我也，非戰之罪。」王維詩〈老將行〉說：「衛青不敗由天幸，李廣無功緣數奇。」杜甫詩〈蜀相〉說：「出師未捷身先死，長使英雄淚滿襟。」都道盡了「不自若作」的感慨。

「若作，庸有果與不果？兩者不廢」，若，如果。強者如果真

能有所作為，如「彼可取而代之」之類，又那有什麼「果與不果」呢？那都是天理自然形成的，「舉天之事自作為」罷了。不過，人類也不要因此不作，人類也是天理自然生成的一部分，依天理、盡人事，兩者都不可廢。

④ 舉天下之為也，無夜也，無與也，而能自為也：即「舉天下之為也，無舍也，無與也，而能自為也」，意思是：所有天下的「為」，無論我們是捨棄不顧，或者參與干涉，它都會自然完成。

夜，原考釋讀「舍」，廖名春先生〈恆先簡釋〉釋為「反對」，龐樸先生〈恆先試讀〉讀為「掖」義為「扶持」，黃人二、林志鵬先生〈恆先試探〉讀「斁」義為「厭足」。旭昇案：夜（喻／鐸）、舍（審／魚），二字聲同在舌頭，韻為陰入對轉，「夜」可以讀為「舍」，舍棄之意。與，讀去聲，參與、干預之意，「舍」和「與」字相對，因此「夜」讀為「舍」，可從。全句是說：所有天下的「為」，無論我們是捨棄不顧，或者參與干涉，它都會自然完成。

丁四新先生〈恆先章句〉指出：「竹簡中的『作』和『為』略有區別。『作』著重於創作、創立的方面；『為』則著重於行為活動之義。」旭昇案：其說甚是。《郭店‧老子甲》簡 1「𢾅（絕）𥝊棄（棄）慮」，我在〈讀郭店楚墓竹簡札記：卜、絕為棄作、民復季子〉中讀為「絕為棄作」，裘錫圭先生以為「作為二字之義相重」，因而主張「慮」應為「慮」的錯字，全句讀為「絕為棄慮」（〈糾正我在郭店《老子》簡釋讀中的一個錯誤——關於「絕偽棄詐」）。現在看來，我讀成「絕為棄作」，不把簡文視為有錯字，應該還是可以成立的。

⑤ 舉天下之生同也，亓事無不復：即「舉天下之生同也，其事無不復」，意思是：天下所有事物的發生，其本質根源都是一樣的，都必須自己不斷地回復（往返）於本根之氣之中。

「生」，原考釋讀「性」。李銳先生〈恆先淺釋〉：「此句疑指

天下生物皆有相同之處，皆復其所欲，復歸其本。」廖名春先生
〈恆先簡釋〉：「是說天下的生物（萬物）都有其共通性。」丁四
新先生〈恆先章句〉：「生，讀爲『性』。天下之性，謂萬物之性。
『同』者，同之、合之之義；同性，遂順其性也。此『同』，與第
二章『生或者，同焉』的『同』不同，是在人事、功夫論上而言
的。『其事無不復』，相當於《老子》『其事好還』之語。『復』，謂
還復於恆道。還復於恆道，則往來不斷；往來不斷，則有成就、
成功之義。」

　　旭昇案：以上各家的解釋，看起來沒什麼問題，但是，放到
全篇中就顯得很突兀。本節前面談人文世界的祥義、利巧、綵物、
事、名、作、爲；本節後面也是談人文世界的作、名，而中間突
然插入一段比較形而上的對「性」、「復」的敘述，前後文義無法
連貫。我們認爲這兩句話要併入前一節來談，這兩句話應該是對
前面「舉天下之爲也，無舍也，無與也，而能自爲也」的補充說
明。

　　「舉天下之生」的「生」即簡2「未有作行、出生」、「未或滋
生」、「氣是自生自作」，簡3「求其所生」……等的「生」，意爲「出
生」，萬事萬物的發生，其範圍較廣，不必讀爲「性」。「舉天下之
生，同也」，謂天下所有事物的發生，其本質根源都是一樣的，都
是出於天理自然，「其事無不復」即簡3-4所說的「求欲自復，復
——生之生行」、簡9的「唯復以猶復」，萬物尋求其所想要成爲
的事物，必須自己不斷地回復（往返）於本根之氣之中。「舉天下
之爲」也是「舉天下之生」的一部分，要尋求其所想要成爲的事
物，也必須自己不斷地回復（往返）於本根之氣之中，無論人捨
之、與之，都能自爲。

⑥　天下之复也，無許埊，無非亓所。墾天下之复也，無不尋亓埊而
果述，甬或尋之，甬或遊之：即「天下之作也，無忤極，無非其
所。舉天下之作也，無不得其極而果遂，庸或得之？庸或失之」，
意思是：天下的作爲，只要不違反自然之道，就會各得其所；所

有天下的作為，都依循自然之道而各得其所、成其功，那有什麼得、什麼失呢？

「垔（極）」，原考釋隸「圣」，指「道」；釋「許」為「處所」，謂天下之作也，「沒有固定的處所，到處都是其處所」。無不得其道而「實現其願望」。「述」，讀為「遂」。

李銳先生〈恆先淺釋〉指出「圣」當作「垔（極）」；果，成也。此句疑指天下之作，本來順應自然自為，或未得其極，但處處亦可謂得其極。稱舉之作，則必稱舉得其極已成之事，其實無所謂得失成敗。

廖名春先生〈恆先簡釋〉讀「許」為「迕」，釋為「忤逆」，「無忤極」指「不違背『其事無不復』之規律；天下行事，都遵行『無往不復』之規律，就會各得其所。所以，也就無所謂「得」「失」。

龐樸先生〈恆先試讀〉在本段之首補一「舉」字。其實不必，本節後半有「舉」字，已足以表示「全部」的意思。〈恆先〉的寫作方式有先來幾句論述，然後才下總括的結論，如「祥義、利巧、采物」一段也是這麼寫的。

旭昇案：李銳先生指出「圣」當作「垔（極）」，可從，極，正也。許，讀為忤。本節的意思是：天下的作為，只要不違反道，就會各得其所；所有天下的作為，都依循自然而各得其所、成其功，那有什麼得、什麼失呢？

本段前半先說「天下之作也，無忤極，無非其所」，其下又說「舉天下之作也，無不得其極而果遂」，看似重複，其實不然。前半是從正面說，天下所有的作為都不要違反自然法則，都是適當的；後半則更打開來說，即實違反自然，其實也都是自然法則的一部分，「無不得其極而果遂」。所謂「果遂」，在人世來看也許是失敗，不是成功，但在大自然而言，無不是成功，如「春生夏長」是成功，「秋殺冬藏」又何嘗不是成功。項羽與邦邦在楚懷王面前共

同約定「先入關者爲王」，其後劉邦先入關，項羽後入關，項羽卻違反約定，把劉邦封在巴蜀，在人世來看，項羽得之，劉邦失之；但是楚漢相爭的結果，最後劉邦不但據有關中，而且王有天下，在世人來看，這又是劉邦得之，項羽失之。項羽逆天而行，最後得到逆天而亡的結果，這不也是一種「得其極而果遂」麼！

⑦ 鷽天下之名，無又灋者與？天下之明王、明君、明士，甬又求而不患：即「舉天下之名，無有廢者歟？天下之明王、明君、明士，庸有求而不患」，意思是：天下所有的「名」，難道沒有毀廢的嗎？天下的明王、明君、明士，看起來英明過人，那有求名而能不憂慮災患的呢？

原考釋謂「天下之名無有廢者」指上「兩者不廢」之名。「王」是天下之主，「君」是一國之主，「士」是仕於「王」、「君」者。「患」，原考釋作「㥈」，讀「慮」。「有求而不慮」，亦「果遂」之義。

李銳先生〈恆先淺釋〉讀「㥈」爲「予」，謂：此句疑指以天下有名有實之物（一、恆、道），以與天下之明王、明君、明士，必將有求必應，事事可成。

廖名春先生〈恆先簡釋〉則謂：此段說天下的名都是虛的，求名者與天下之明王、明君、明士，都應好好想一想。

劉信芳先生〈恆先試解〉以爲原簡「㥈」字心上之二口有豎畫穿出（下口中的豎畫尤明顯），有可能是「患」字，因而讀爲「舉天下之名，無又（有）廢者。與〔舉〕天下之明王、明君、明士，甬（用）又（有）求而不患」，意謂：凡被廢者，被淘汰者，未被公眾認可者，不可謂名。明王、明君、明士其所以爲「明」，必知得失之理也。既知得失之理，故求而不患得患失也。

丁四新先生〈恆先章句〉則斷爲「舉天下之名，無有灋（廢）者與（歟）？天下之明王、明君、明士，甬（庸）有求而不慮」，意謂：舉天下之名，如果實而立之，沒有虛廢的話，天下的明王、

明君、明士於是就可以尋名責實以治，而不必用心於思慮、智巧了。

旭昇案：劉信芳先生指出原考釋「㕈」字應爲「患」字，這是非常正確的，可惜似乎沒有什麼人接受他的意見。細審原簡，此字作「▨（&#x1F539;）」，同樣的寫法《郭店》多見（老乙 5,7、性 42,63 等），足見這是楚系「患」字的標準寫法；「慮」字在楚系文字中則作「&#x1F539;」（《郭‧性》48）、「&#x1F539;」（《郭‧語二》10），都是從心、膚（盧的本字）聲，目前還沒有看到作「㕈」（從心、呂聲）的寫法。「慮」字作「㕈」，目前僅見中山王鼎及《璽彙》3312 號，是標準的晉系文字。戰國文字有地域差異極明顯的，「慮」與「㕈」是其中一個典型的例子。〈恆先〉此處不應該出現「㕈」形，其爲「患」字，應該是可以肯定的。《說文》：「患，憂也。」謂憂慮災患。

「舉天下之名，無有灋（廢）者與（歟）」，意謂：天下的名，難道沒有廢毀的嗎？前文說：「凡言名，先者有疑，荒言之；後者效比焉。」好像立名者只要有足夠的力量佔先，就會被大家接受。難道這些「名」就不會廢嗎？秦始皇規定皇帝自稱用「朕」，兩千年後，這個「名」還是被廢了。因此，「名」只是一個「虛樹」，不要太執著。但是，天下之明王、明君、明士，絕大多數還是不能看透，爲了這些「虛樹」，互相殘殺，害人害己。遠的禍及子孫，近的及身遭殃，隋後主越王侗、明末崇禎皇帝臨死前都有「願無生帝王家」的感慨；商鞅、吳起都因爲變法而及身遭殃。歷史上這些例子太多了，「天下之明王、明君、明士，庸有求而不患！」這些明王、明君、明士，看起來英明過人，那有求名而能不憂慮災患的呢？

# 〈彭祖〉譯釋

李綉玲 撰寫
季旭昇 訂改

## 【題解】

本篇為《上海博物館藏戰國楚竹書（三）》的最後一篇，共八簡，二百九十四字，其中重文三，整篇以耆老（同狗老）與彭祖的問答形式寫成，篇題未見，整理者據內容補加。「耆老」此人於傳世文獻無徵，整理者李零先生指出見於馬王堆漢墓醫書《十問》篇有「帝盤庚問於耆老」章，王家台秦簡《歸藏》有「耆老」，可能是同一個人。關於「彭祖」，傳世文獻常見，古籍如《史記‧楚世家》、《大戴禮記‧帝繫》、《世本‧帝繫》均有關於彭祖出生與世系的記載；先秦諸子如《論語》、《荀子》、《莊子》、《列子》均有記載彭祖的德行與養生之道，而《列仙傳》、《神仙傳》也記載著彭祖長壽與修道的事蹟。出土文獻中，馬王堆漢墓的醫書《十問》篇，記載彭祖回答王子巧父關於房中養生的問題；此外，張家山漢簡《引書》中也曾論及彭祖的四季養生之道。

全文大意是，狗老請彭祖要怎麼做，才能改變自己，進而合於天常。彭祖首先強調天道的重要，接著告訴狗老為人之道：不要驕傲、謹慎終始、保持勞動、少做大事、減少欲望；勤修五紀，減少憂慮、保持本性、釋放身心。最後告以即使受命，也要謙卑，不要驕傲。

至於本篇簡文的連綴，整理者李零先生明確提出只有簡 1 與

簡 2 連讀，簡 7 與簡 8 連讀，至於中間簡 3、4、5、6 四簡，由於簡殘，銜接關係不明。趙炳清先生〈彭祖補釋〉則主張本篇連綴順序為：1→2→5→3→4→6→……→7→8。

旭昇案：簡 1 之末，彭祖談到「彼天之道」，其後疑有殘簡，與簡 2 並沒有很堅強的銜接證據。疑簡 1 之後應接簡 3，簡 3 一開始的「不知所終」應該談的是「彼天之道」。狗老謙遜地說不敢學習天道，只想請問為人之道。彭祖於是說天道與人道是互為表裏的，因此簡 3 之後應該接簡 2。但是狗老仍然只想問為人之道，彭祖於是告之以人倫。簡 5、6 兩簡談的都是有關人倫的，因此可以接在簡 2 之後。簡 7、8 應該可以連讀，簡 8 本有結束篇號，必為最後一簡。只有簡 4 文義孤懸，無所歸屬，顯然上下俱缺。而簡 6 之後文義未完，因此簡 4 暫寄簡 6 之後。全篇編聯如下：

1→3→2→5→6→……→4→……→7→8。

## 【原文】

狗老①昏（問）②于彭祖③曰：「句（狗）是（氏）④執心不忘⑤，受命兼（永）長⑥。臣可（何）埶（藝）可（何）行⑦，而（能）豐（遷）於朕身⑧，而（能）祕于帝裳（常）⑨？」

彭祖曰：「休才（哉）！乃脜（將）多昏（問）因由，乃不遊（失）兂（度）⑩。皮（彼）天之道，唯亙（恆）⑪【一】□□□□□□□□□□□□□，不智（知）所多（終）⑫」。

狗老曰：「眊 ＝（眊眊）舍（余）朕孳未則于天，敢昏（問）為人⑬。」彭祖曰：「□□□□□□□□□□□□□□□□□⑭【三】言。天墜（地）與人，若經與緯，若繴（表）與裏⑮。」

昏（問）：「三去（去）丌（其）二，幾（豈）若已⑯？」彭祖曰：「于（吁）！女（汝）孳 ＝（孳孳）專（薄）昏（問）⑰，舍（余）

㊱告女（汝）人綸（倫），曰：戒之毋喬（驕），斳（慎）多（終）保
裝（勞）。大箸（作）之夒（夒／讙），蠻（難）易歁（滯）欲⑱。舍
（余）〔告女（汝）〕⑲【二】。

□□□□□□□□□□□□□□□□□□□父子兄弟。五緒（紀）
必（畢）周，唯（雖）貧必攸（修）。五緒（紀）不工，唯（雖）福
（富）必遊（失）⑳。舍（余）告女（汝）咾（禍）㉑：□□□□□
□□□□□□【五】

□□□□□□□□□□□□□□□□□□□□□□□□□□□
□□忌＝之愚（謀）不可行，述（怵）惕之心不可長。遠慮甬（用）
索（素），心白身澤（釋）㉒。參（余）告女（汝）咎㉓：【六】

【缺簡】

……既只（底）於天，或（又）椎（墜）於困（淵），夫子之惪
（德）登矣，可（何）丌（其）宗（崇）。古（故）君之惡（愿），良
㉔……【四】

【缺簡】

者不呂（怡），多悉（務）者多惪（憂），側（賊）者自側（賊）
也㉕。」彭祖曰：「一命戈（一）戢，氏（是）胃（謂）嗌（益）愈。
一命三戢，氏（是）胃（謂）自厚。三命四戢，氏（是）胃（謂）百
眚（姓）之宝（主）㉖。一命戈（一）朕，氏（是）胃（謂）敀（遭）
吳（殃）。戈（一）命〔三朕〕，【七】氏（是）胃（謂）不長。三命
四朕，氏（是）胃（謂）幽（絕）繺（輟）㉗。毋敀（逐）賹（富），
毋劰（誇）叚（賢），毋向（尚）桓（樹）㉘。」狗老弌（二）拜旨
（稽）首曰：「朕孳不劦（敏），既尋（得）昏（聞）道，志（恐）弗
能守㉙┗。」【八】

## 【語譯】

狗老請問彭祖說：「我所屬的狗氏能一直保持著對天道的敬畏之心，不敢亡失，所以能長久得到天命。我要有何才能與德行，才能夠改變自身，才能夠謹慎的遵循上天的常道？」彭祖回答道：「停停吧！你應該多詢問根本面的問題，不要問那些施行面的問題，才不會失去應有的節度。那天道，是恆【一】……不知道在那裡終結。」

狗老說道：「我是一個昏憒之人，尚未能取法天的常道，只敢詢問做人的道理。」彭祖說：「……【三】言，天地與人的關係，就好像經線和緯線，也好像外表與內裡（一，三者是息息相關的，怎麼能只問做人的道理呢？）」

狗老又問說：「天地人三者之間去除天與地，難道真的就不如不要問了嗎？」彭祖回答道：「唉！你這麼緊迫盯人地詢問，我就告訴你做人的道理。做人的道理是這樣的：我們做人必須警惕自己不要驕傲，要謹慎終始、保持勞動。對大的圖謀作為要謹慎小心，要把一般人覺得很容易的事物看得很困難（審慎地去面對），要克制自己的慾望。【二】

……父母兄弟。如果五紀周備完善，即使處於貧困，也能夠讓人們修養自身，言行美善；如果五紀做不好，即使擁有財富，也會喪失所擁有的東西。我告訴你什麼叫做禍……【五】

………的謀慮不要施行，戒惕驚懼的心不可滋長，遠離憂慮，多發揮天生自然的本能，心要放空白淡泊，身體要放鬆（凡事要看得開。）【六】

……既能上達於天，又能下潛於淵，夫子的德行非常崇高了，所以您的心願，良……【四】

【缺簡】

　　……的人是不會和悅歡愉的，事務多的人憂慮就多，所有賊害都是白找的賊害。」彭祖進一步說道：「初次受到國君的賜命，仍不忘修養自身的品德，這就是道德進步了。得到國君一次的賜命，能再三修養自身的品德，這就是讓自己的道德更厚重。受到國君多次的賜命以後，仍能不斷地修養自身的，可以說足夠資格做百姓的領導者了。

　　相反的，若初次受到國君的賜命就驕傲自滿，這是會遭受禍殃的；若受到國君一次的賜命卻再三的自大自滿【七】，自己受到的賜命將不會長久保有；若受到國君多次的賜命以後，就不斷地傲傲自大，將會斷絕自己所受賞賜的榮譽與地位。不要一心趨赴富貴，不要老是誇耀自己，不要一昧崇尚建樹。」狗老再拜稽首說：「我不聰敏，已經聽聞大道，只恐怕我不能堅持做好。」【八】

## 【注釋】

① **狗老**：原考釋讀爲「耇老」，又在簡 3 注解中說：「疑『耇老』是以老壽稱，非本名。」黃人二、林志鵬先生（以下簡稱黃、林）〈彭祖試探〉逕讀爲「狗老」：「疑爲其初名；彼以帝王之尊，年高德劭之老人，不管年少時是否初名爲『狗』，晚年名之爲『狗』，則可謂至卑至微，若後世之云『狗生』、『畜產』。」旭昇案：《馬王堆・十問》爲黃帝問天師、黃帝問大成、黃帝問曹熬、黃帝問容成、堯問舜、王子巧（喬）父問彭祖、帝盤庚問耇老、禹問師癸、齊威王問文執（摯）、秦昭王問王期。從可以考知的人物來推，問者與被問者都是赫赫有名的人物，不太可能是「老壽者」這種泛稱，或「狗生、畜產」這種賤名。疑「狗」爲氏稱，漢印有「狗未央」，見《漢印文字徵》10.5；或讀爲「苟」，鄭樵《通志・氏族略》：「苟氏，《國語》云：黃帝之後。有苟賓、苟參。」

② **昏**：讀爲「問」，二字音近可通。綉玲案：「昏」（曉／諄）、「問」

（明／諄），韻同，聲爲准旁紐雙聲，音近通假，楚系文字多見。

③ **彭祖**：傳說中的古代養生家，據說活了七、八百歲。

出土文獻與傳世文獻都有關於「彭祖」的記載。出土文獻見：（一）、馬王堆漢墓的醫書《十問》篇，王子巧（喬）父問彭祖關於房中養生的問題，彭祖答以「竣氣」乃強身的關鍵。（二）、張家山漢簡《引書》中曾論及彭祖「養生之道」，彭祖答以「春產、夏長、秋收、冬臧（藏），此彭祖之道也」。

就傳世文獻中，《史記·楚世家》云：「吳回生陸終，陸終生子六人，坼剖而產焉。其長一曰昆吾；二曰參胡；三曰彭祖；四曰會人；五曰曹姓；六曰季連。」

《大戴禮記·帝繫》亦云：「陸終氏取於鬼方氏，鬼方氏之妹，為之女嬇氏，產六子。孕而不粥，三年，啟其左脅，六人出焉。其一曰樊，是為昆吾；其二曰惠連，是為參胡；其三曰籛，是為彭祖；其四曰萊言，是為云鄭人；其五曰安，是為曹姓；其六曰季連。」

二書都以彭祖爲陸終氏之子。與黃帝的關係，據《史記·楚世家》爲：黃帝→昌意→顓頊（高陽）→稱→卷章→無回→陸終→彭祖。據《大戴禮記·帝繫》則爲：黃帝→昌意→顓頊（高陽）→老童→無回→陸終→彭祖。二書所記雖差一世，但都以爲黃帝之後，是爲姬姓。

《國語·鄭語》云：「大彭，豕韋爲商伯。」韋昭注：「大彭，陸終第三子曰籛，爲彭姓，封於大彭，謂之彭祖。」《史記·五帝本紀》索隱云：「彭祖自堯時舉用，歷夏、殷，封於大彭。」據此，彭爲其封地，以地爲氏，故名彭祖。

屈原《天問》:「彭鏗斟雉帝何饗,受壽永多夫何長。」王逸注:「彭鏗即彭祖,……至七百歲,猶曰:『悔不壽,猶恨杖晚而睡遠。』」《太平御覽》三八七:「彭祖壽年八百歲,猶恨睡遠。」《太平廣記·神仙》:「彭祖者,姓籛諱鏗,帝顓頊之玄孫也。殷末已七百六十七歲,而不衰老。」劉向《列仙傳》云:「彭祖者,殷大夫也。姓籛,名鏗。」葛洪《神仙傳》亦云:「彭祖者,姓籛諱鏗。」干寶《搜神記》又云:「彭祖者,殷時大夫也。姓籛,名鏗。」以上資料或以彭祖姓籛,不過,以先秦姓氏制度來看,籛應該是氏,不是姓。

彭祖,又見《莊子·逍遙遊》「而彭祖乃今以久特聞」、《大宗師》「彭祖得之,上及有虞,下及五伯」、《列子·力命》「彭祖智不出堯、舜之上,而壽八百」、《呂氏春秋·執一》「變化應來而皆有章,因性任物而莫不宜當,彭祖以壽,三代以昌,五帝以昭,神農以鴻」、《世本》「彭祖姓籛名鏗,在商為守藏史,在周為柱下史」。

④ **句(狗)是(氏)**:整理者李零先生認為疑讀「耆氏」,同門鄭玉姍提出「句是」應讀為「苟是」,即「如果是」之意。(見〈讀《上博(三)》劄記〉,簡帛研究網站。)繡玲案:「句」字若讀為「苟」,釋作「如果」,就上下文義,可通讀;「句是」若讀為「耆氏」,釋作「我的先祖」或釋作耆老的那一個氏族,上下文義仍可通讀,故此二說皆有其可能性。旭昇案:「耆氏」宜作「狗(苟)氏」,即狗老的氏族。

⑤ **執心不忘:秉心不亡失(或持心不虛妄)。**

原考釋隸作「𩱲心不忘」。趙炳清先生〈彭祖補釋〉讀「執」為「慹」,釋為「畏服」之意。繡玲案:「𩱲」逕作「執」即可,

右下之「女」形實爲「止」形之訛。

「忘」，孟蓬生先生〈彭祖疏證〉指出有「遺忘」、「荒寧」二義，並主後說爲是。旭昇案：「忘」有二義，一爲「亡失」、二爲「虛妄」。依第一說，執心不忘，即秉心不亡失。「執心」見《逸周書・諡法》：「執心克莊」、「執心決斷」。「不忘」，《詩經》多見，大都應讀爲「不亡」，《毛詩・大雅・假樂》：「不愆不忘」，鄭箋：「不過誤、不遺失。」是讀「忘」爲「亡」。又，「忘」也可以讀「妄」，則「秉心不忘」謂「持心不虛妄」。二說皆可通。

⑥ **受命羕（永）長：得到長久的天命。**

趙炳清先生〈彭祖補釋〉釋爲「受到君王賞賜」。旭昇案：「命」當指「天命」。古書受到天命的，一般都指天子、君王。狗氏是否有天子、君王之位，典籍無考。但是從馬王堆《十問》的問者與被問者的身分來看，狗氏至少是一個氏族；從「受命永長」來看，狗氏應該是相當於諸侯、或邊區小國。狗老於下句自稱「臣」，則應是狗氏的一位臣子，而不是領導人。

⑦ **臣可（何）埶（藝）可（何）行：我應該修習那些才能、施行那些作爲。**

「埶」，原考釋隸作「𦔻」，綉玲案：直接隸定爲「埶」即可，其右下的「女」形是「止」的訛變，字即「藝」的本字。（參季師《說文新證（上冊）》182頁。）「埶（藝）」本義爲種植草木，如《尚書・周書・酒誥》：「妹土嗣爾股肱，純其藝黍稷，奔走事厥考厥長。」典籍中又常引伸作才藝、技能之意，與簡文相同。如《尚書・周書・金滕》：「予仁若考，能多材多藝，能事鬼神；乃元孫不若旦多材多藝，不能事鬼神。」旭昇案：《上博一・性情論》簡3「善不善，性也。所善所不善，埶也」，「埶」亦讀爲「藝」，

指才藝、藝能，參《上博一讀本》。「行」，原考釋謂「指德行」，疑逕釋爲「作爲」即可。

⑧ **而（能）𧾷（遷）於朕身：能改變我自身。**

綉玲案：「而」通「能」，可以、能夠之意。「而」，古音日母、之部；「能」，泥母、之部，日、泥准雙聲，之部疊韻，屬音近通假。「𧾷」，原考釋隸「𧾷」，括號通「舉」，黃、林〈彭祖試探〉以爲當讀「營」，「營身」者，養身也；趙炳清先生〈彭祖補釋〉主張讀「與」更好，作「給予」解。孟蓬生先生〈彭祖疏證〉讀「𧾷」爲「譽」。

旭昇案：此字上部從「與」，下加「口」、「止」，當釋爲「遷」。同樣寫法的字又見《郭店・五行》簡 32「播△於兄弟」、《上博三・仲弓》簡 8「民安舊而重△」。遷，變易也，見《禮記・大傳》「百世不遷之宗」注。

「朕」，李零先生謂：「從第三簡和第八簡看，『耇老』之名似作『朕孳』，這裡的『朕』也可能是『朕孳』的省稱。」黃、林〈彭祖試探〉認爲「此處『朕』字當訓『我的』，即屈原《楚辭・離騷》：『朕皇考曰伯庸』之『朕』，是以下兩云『乃（你）將多問因由』、『乃（你）不失度』，與『朕』相對。」旭昇案：「朕孳」即使是狗老的名字，自稱省稱爲「朕」，似乎少見此例，「朕」在本簡以釋爲第一人稱所有格爲宜。

⑨ **而（能）詖于帝棠（常）：能夠謹慎的順應天的常道。**

「詖」，或疑此字原從言、采聲。綉玲案：此字確從「必」，不從「采」，原考釋者隸定作「詖」，應無問題。趙炳清〈彭祖補釋〉謂《正字通》：「詖，同謐。」《廣韻・質韻》：「謐，慎也。」簡文可釋爲謹慎之意。其說可從。

「棠」，原考釋謂「楚簡多用爲『常』字」。趙炳清〈彭祖補釋〉謂當讀爲「嘗」，祭名。旭昇案：狗老既非狗氏的領導者，則

向彭祖請教的應該是自己應該怎麼做，才合乎天道，而非「謹慎恭敬地實行對上帝的祭祀」。

⑩ **休才（哉）！乃牆（將）多昏（問）因由，乃不遊（失）厇（度）：** 停停吧！你還是應該多問問根本的因由，才不會失去天道之常規。

趙炳清〈彭祖補釋〉釋「休」爲「美好」，又以爲第一「乃」字應爲「汝」；第二個「乃」，應爲時間副詞，相當於「才」；又語譯「將」爲「應該」。綉玲案：將，可釋作「如果」，如《論語·子罕》：「子畏於匡。曰：『文王既沒，文不在茲乎？天之將喪斯文也，後死者不得與於斯文也；天之未喪斯文也，匡人其如予何？』」也可釋作「應該」，如《荀子·非十二子》：「今夫仁人也，將何務哉？」文義皆通。

旭昇案：說皆可從，唯釋「休」爲「美好」，可商，因爲與下文語義不相銜接。「休」之本義爲「息止」。狗老請問「何藝何行」，是屬於積極的作爲態度，彭祖則勸他消極地應該多注意根源性的問題，因此說：「停停吧！你還是應該多問問根本的因由，才不會失去天道之常規。」

「厇」，原考釋括號讀爲「度」，趙炳清〈彭祖補釋〉引《正字通》指出「厇，與宅通。」可讀爲「度」。綉玲案：宅、度，古音同屬定母、鐸部，故可通假。

⑪ **皮（彼）天之道，唯亙（恆）：那個天道，唯恆……。**

原整理者以爲第 1 簡末「皮（彼）天之道，唯亙（恆）」，與第 2 簡「言」可以連讀。

旭昇案：簡 1 狗老問「我應該學什麼、做什麼」，彭祖告訴他不要問「應該學什麼、做什麼」，而要多問根源性的東西，於是告訴狗老天道。接下來如果像原整理者接讀的「彼天之道，唯恆言：天地與人，若經與緯、若表與裏」，文義的敘述不是很流暢。竊以爲簡 1 之後應接簡 3，而簡 3 上端約殘 13 字，講的應該就是與天

道有關的內容。

⑫ □□□□□□□□□□□□□□，**不智（知）所冬（終）**：不知道在
那裏結束。

　　旭昇案：本簡上殘，但內容應該銜接「彼天之道」，最後說的
是天道的某些「不知所終」的現象。

⑬ **狗老曰：「眊 =（眊眊）舍（余）朕孳未則于天，敢昏（問）爲人。」**：
狗老說：「昏憒的我現在還不能效法上天，只敢大膽地請問爲人之
道。」

　　原考釋謂：眊眊，昏憒之義。朕孳，從文義看，應是耆老之
名。孟蓬生先生〈彭祖疏證〉釋「眊眊」爲「眇眇」，自謙微細渺
小也；「則」讀爲「即」，訓爲「接近」。

　　旭昇案：釋「朕孳」爲狗老之名，固不無可能，但也有可能
「余朕」即「余」，「孳」讀爲「茲」，釋爲今。「余朕」連用，見
春秋晚期齊器叔夷鐘（《殷周金文集成》275.1 號）：「女（汝）台
（以）卹余朕身。」另外，西周早期器沈子它𣪕蓋（《殷周金文集
成》4330 號）也有「卲（昭）告朕吾考」句，也是兩個第一人稱
代詞「朕吾」連用。雖然這樣的例子很少，後一例學界也還有不
同的解釋，但是畢竟我們不能排除「余朕」是第一人稱代詞的可
能。則，學習、效法。

⑭ **彭祖曰：「□□□□□□□□□□□□□□□□□□**：彭祖說：
「……。

　　旭昇案：本簡下端約殘十八字，內容是強調天、地、人之道
互爲表裏。

⑮ **言，天堕（地）與人，若經與緯，若縿（表）與裏**：……言，天
地與人的關係，就好像經線和緯線，也好像表（外在）與裏（內
部）。

　　「堕」，即「地」。綉玲案：楚系簡帛「地」字或從土、它聲，

作🔲（《包山》簡149）；或从阜、从土、豖聲，作🔲（《郭店‧忠信之道》簡5）；或从彳、从土、它聲，作🔲（《郭店‧語一》簡12）；或从阜、从土、它聲，作🔲（《包山》簡207），與此簡字形相同。

「繺」，原整理者讀為「表」，但未加說明。徐在國先生〈上博竹書三札記二則〉認為此字讀為「表」，非常正確，此字左旁從「糸」、右旁從「衣」，「衣」中則從《郭店‧性自命出》簡64「怒欲盈而毋暴」的「暴」字省，並指出簡文從「糸」、「襮」聲，字不見於後世字書，疑是「襮」字繁體，「糸」為贅加的義符。

繡玲案：此簡文隸定作從「糸」、從「襮」，視為「襮」之繁體，讀為「表」，依上下文意（經與緯對應、則與裏對應的應是「表」）確可成立。檢視「襮、表」二字古音，「襮」，並母、藥部；「表」，幫母、宵部，並幫旁紐雙聲，藥宵對轉疊韻，故二字可通，並有書證，如《呂氏春秋‧忠廉》：「臣請為襮。」《新序‧義勇》「襮」作「表」。

旭昇案：《郭店‧性自命出》簡64「🔲」，周鳳五先生〈郭店〈性自命出〉「怒欲盈而毋暴」說〉以為此字由「虍」與「暴」字組合而成。此字上半作四道斜線，兩兩交錯，疑「虍」形之訛；其餘部分與《曾侯乙墓》簡4之「襮」所從「暴」同形，從「日」、從「奉」。其意似謂此字由「虤」與「暴」合併而成。

細審「🔲（虤）」字，周讀「暴」，可從，但釋形似有可商。曾侯乙簡4從「暴」之「襮」字作「🔲」，右旁之「暴」字確實從日從廾持丰，裘錫圭、李家浩先生以為「象兩手持草木一類東西在日下曝曬」（〈曾侯乙墓竹簡釋文與考釋〉注48），可從，隸定可作「昙」，其後又加「米」作「暴」。「昙」字字形與「虤」完全無關，「虤」字應該是和「昙」不同的結構，疑「虤」字上從「爻」聲，可以讀為「暴」。《說文》從「爻」聲之字有「駁」（幫／藥），與「暴」（並／藥）聲近韻同，足證「虤」從「爻」聲，可以讀成

「暴」。徐在國先生以為〈彭祖〉「繏」字從糸、從衣、龏省聲，疑即「襮」之繁體，可信。

⑯ 昏（問）：「三迲（去）亓（其）二，幾（豈）若已？」：（狗老）
問：「天、地、人之道，三去其二，難道就真的不如不要了嗎？」

原考釋謂：三，指天、地、人。二，指天、地。幾，疑讀「豈」（簡文多如此）。

旭昇案：其說可從，《上博一·民之父母》「幾悌君子」今本《毛詩》正作「豈弟君子」。已，停止。彭祖要告訴狗老天道，狗老執意要問「為人之道」，所以反問彭祖，「三去其二，難道就不如不要了嗎？」

⑰ 彭祖曰：「于（吁）！女（汝）孳＝（孳孳）專（薄）昏（問）：
唉！你這麼緊迫盯人地追問。

吁，歎詞。孳孳，不怠貌，古書多見，今作孜孜，如《孟子·盡心》：「孟子曰：『雞鳴而起，孳孳為善者，舜之徒也。雞鳴而起，孳孳為利者，跖之徒也。』」專，原考釋括號讀「布」，未作進一步解釋。學者或讀「敷」、「溥」，都不好解釋。

旭昇案：「專」應讀為「薄」，《毛詩》多見，如《周南·芣苢》「薄言采之」，毛傳釋為「詞也」。王夫之《詩經稗疏》以為：「《方言》：『薄，勉也。』……『薄言采之』者，采者自相勸勉也。」余師培林《詩經正詁》：「薄言，迫而（高鴻縉先生說）。猶口語趕快。」（上冊頁25）本簡「專昏」當讀為「薄問」，猶口語「逼問」。彭祖想告訴狗老天道，狗老卻一直只想知道為人之道。

⑱ 戒之毋喬（驕），訢（慎）冬（終）保袋（勞），大箸（圖／作）之夋（婁／謢），戁（難）易訦（滯）欲：警惕自己不要驕傲，謹慎事物的終始，要保持勞動，對大的作為要謹慎，把一般人認為容易的事看得很難，滯止一般的欲望。

旭昇案：「勞」的解釋，有兩個可能，一是釋為「勤勞」，二

是釋為勞動。勤勞是一般的德行，與本篇的關係似乎比較淺；勞動則與彭祖最注重的養生關係較為密切。流水不腐，戶樞不蠹，本篇後文彭祖要狗老「遠慮用素」，少用思慮，其對反則是多勞動身體。

　　「箸」字作「」，原考釋謂：「疑讀『大匡』。《管子》有《大匡》篇，據注是『以大事匡君』的意思。」趙炳清〈彭祖補釋〉謂「意為『匡正君王的物欲，與民休養生息』」。

　　旭昇案：原考釋會隸「箸」為「筐」，主要是認為此字「竹」下為「坒」（為／陽）字，與「匡」（溪／陽）韻同聲近，可以通假。但是，楚系「者」字的寫法很複雜，本簡的「者」旁會被誤認為「坒」旁，是有一定背景的。目前可見的楚系「者」字有以下七類寫法：

　　1.下從皿： a 郭.成2

　　　　　　　b 郭.成2

　　　　　　　c 上三.恆1

　　2.下從八古：a 郭.老丙11

　　3.下從千口：a 郭.老甲10

　　　　　　　b 郭.六.24

　　4.下從壬： a 上二.子羔1

　　5.下從丌： a 上三.中弓6

　　6.下從衣省：a 郭.五50

　　　　　　　b 郭.唐25

　　　　　　　c 上二.緇1

　　7.上從老省：a 郭.唐2

看得出，「者」字的寫法千變萬化，隨著楚系文字不斷的出土，應該還會有不同的寫法出現。

　　「者」和「坒」的寫法是不同的。「坒」字甲骨文作「」，上

從「之」、下從「土」，會「前往」之意；戰國楚文字作「𡉈」（參《楚文字編》370 頁），下部「土」形訛變成「壬（音挺）」形。

「者」字殷金文作「𦓐」，西周金文作「𦔮」，取義不明，但上部不從「之」是很明顯的；戰國楚文字作以上七大類，其上部寫成「㠯」形，與楚系「之」字的寫法有明顯的不同。

〈彭祖〉本簡「箸」字上從「竹」，下半與上舉楚系「者」字寫法的 4a 完全相同，此形不當釋爲從「㞷」，實無可疑。但其字形與「㞷（往）」相近，所以原考釋誤隸爲「篁」，讀爲「匡」。有趣的是，〈彭祖〉簡 7 有「者」字作「𠁁」，屬上舉楚系「者」字寫法 1a，與「箸」字下部所從屬 4a 者不同。古文字研究中，單字與偏旁形體不同，這是很常見的現象。但也因此導致「箸」字的誤識。

從文義來看，本句爲彭祖告示狗老爲人之道，重點應該在狗老自己應該怎麼做，不應反要狗老去「匡正君王的物欲」。

「嫈」，原考釋謂「待考」。李銳先生〈彭祖補釋〉指出此字與下一字「訦」，又見《上博·性情論》與《郭店·性自命出》；楊澤生先生〈三冊零釋〉以爲當釋「要」，並謂《上博三·仲弓》簡 13「唯有孝（孝）德」的「孝」字左旁也是從「要」的另外一種寫法。黃錫全先生〈札記數則〉則以爲此字：

> 從辛（qian）。《彭祖》簡可理解爲從"妾"，要省聲，妾、要共用"女"旁，似可隸定爲㛯，不見字書，疑爲偎或媄字別體。……《彭祖》簡告誡的是"人倫"，……其大意似可理解爲：要警惕著不要驕傲，要始終謹慎、保持勤勞（或者褒獎勞績）。要明理"大匡"之細要，知難易，滯貪欲。

趙炳清〈彭祖補釋〉以爲此字又見包山簡第 5 簡、第 75 簡，郭店簡《成之聞之》第 5 簡、第 27 簡，宜從朱德熙、裘錫圭先生釋「要」，全句謂「要明白‘大匡’的綱要」。

　　旭昇案：「夒」字作「⿱⿱⿱（圖）」，楊、趙釋爲「要」，不能算錯；但趙說以爲《郭店·成之聞之》簡5、27類似的字也要釋「要」，則並不可取（這兩個字舊釋「夒」，應該是正確可從的）。不過，這個字的問題比較複雜，需要比較多的討論。首先，我們要談談《郭店·性自命出》的「訣」及《上博一·性情論》的「歱」字。

　　《郭店·性自命出》簡62「身欲靜而毋訣」，「訣」字作「（圖）」，舊以爲從「言」、從「欠」；與「身欲靜而毋訣」同樣的內容又見《上博一·性情論》簡27，相當於「訣」字的地方卻作「（圖）」，隸定可作「歱」。陳劍先生在〈郭店簡補釋三篇〉一文中參考了劉信芳先生〈郭店竹簡文字考釋拾遺〉、陳偉先生〈郭店楚簡〈六德〉諸篇零釋〉、史杰鵬先生〈關於包山楚簡中的四個地名〉等論文，指出「歱」字應分析爲從「止」、「畬」聲，「畬」爲「畜」之省，此一偏旁又見曾侯乙墓編鐘銘文，裘錫圭、李家浩先生〈曾侯乙墓鐘、磬銘文釋文與考釋〉以爲此一偏旁應是「書」的異體。陳文主張與此同義的「訣」字，應視爲從「畬（書）」從「欠」的省體。換言之，《郭店·性自命出》的「訣」及《上博一·性情論》的「歱」字二者根本就是同一個字。

　　李銳先生〈彭祖補釋〉指出「大匡之夒，難易訣欲」句中的「夒」字，上部所從與《郭店·性自命出》「歱」字相同，其意當以爲「夒」、「歱」同字，但下文又有「訣」字，「此處同時出現此二字，是否說明二字有不同，則因上下文尚待進一步研究，置此存疑」。

　　「夒」字如果依李文前解，視爲與「歱」同字，則「大圖（作）之歱」可釋爲「大圖（作）之遺」（除去大計畫〔大作爲〕），或「大圖（作）之滯」（滯止大計畫〔大作爲〕），文義相當合理。

　　但是，問題並沒有這麼簡單。本簡「戒之毋驕，愼終保勞，大圖之夒，難易訣欲」中，前兩句是押韻的。衡諸〈彭祖〉全文

體例，後兩句應該也是押韻的，我們當然也可以說「驕、勞」屬宵部，「欲」屬屋部，宵屋旁對轉，「孁」字不入韻。但這樣的押韻畢竟不夠漂亮，再說，「孁」字下從「女」，與「㞢」字下從「止」畢竟仍然不同。「㞢」字釋爲「滯」也好、釋爲「怠」也好、釋爲「遣（譴）」也好，都是一個與「身體」動作狀態有關的詞，所以下加「止」是合理的。「孁」字下加「女」要表現什麼呢？最多只能用假借來解釋，但這並不是很好的。

綜合以上各種條件來考慮，我們以爲此字以釋爲「嫂」最好。從甲骨文起，「嫂」、「要（腰）」同字，戰國以後則漸漸分化。「嫂（要）」字的本義當爲「摟女腰」，其初文可能是甲骨文的「𡤲」，從兩手摟女；金文加「角」（見／屋，古音聲紐有「來」聲一讀）聲作「𡚇」（周中「是嫂簋」，或稱「是要簋」）；戰國楚文字承之作「𡚇」（《包》161），同時另有兩個異體作「𡚇」（《包》179）；「𡚇」（《郭店・語叢一・90》）、「𡚇」（《郭店・語叢二・44》），「女」字繁化爲「妾」、「妻」（有關「嫂」字的字形探討，請參拙文〈說嫂要〉，預訂發表在北京中華書局《古文字研究》第二十六輯）。

「嫂」讀爲「謢」，《集韻》：「謢，一曰謹也。」大作之謢，即大作是謹，對於大的作爲要謹慎，儘量少施行。

「訫」，黃、林〈彭祖試探〉讀爲「遣」，義爲放走、排遣。趙炳清先生〈彭祖補釋〉引《六書統・言部》「訫，欠而言也」，謂「欠而言，就是指說話沒有得到滿足，有所克制、壓抑，故可作「克制、壓制」解。

旭昇案：「訫」實從「欠」、「辛」聲，「辛」形訛爲「言」形，與「啇」、「啻」實爲一字。劉信芳先生〈郭店竹簡文字考釋拾遺〉、陳偉先生〈郭店楚簡《六德》諸篇零釋〉、史杰鵬先生〈關於包山楚簡中的四個地名〉、陳劍先生〈郭店簡補釋三篇〉等言之甚詳，可參看。但「訫」、「孁」（從「啇」、「啻」聲）既然在一簡之中同

時出現，則作者當釋爲不同意義之字，李銳先生〈彭祖補釋〉從陳劍先生〈郭店簡補釋三篇〉之說讀爲「滯」，可從，但斷句錯誤，所以其他學者都不接受這個釋讀。其實，李銳先生讀「滯」是可以的，滯、廢也、止也（參《經籍纂詁》705 頁），滯欲，就是廢欲、止欲。彭祖重養生，滯止人類的一般欲望，有益養生（重視房中，也是爲了養生，而不是爲了縱欲享樂）。「難易」，可視爲意動用法，即「視易如難」，把一般人認爲容易的事看得很難，儘量少去做，即使要做，也要非常小心，一方面可以謹慎不出錯，一方面也因此減少各種作爲所帶來對生命的傷害。

⑲ 舍（余）[ 告女（汝）]：我告訴你……。

原整理者以爲本簡下缺兩字，有可能是「告汝」二字。旭昇案：從文義判斷，應可從。如果本簡與下簡確實連讀，則「余告汝」之下，緊接下簡之首應該是「五紀」。

⑳ 父子兄弟。五絽（紀）必（畢）周，唯（雖）貧必攸（修）。五絽（紀）不工，唯（雖）福（富）必遊（失）：……父子兄弟。五紀全部周備，雖然貧窮也很美好；五紀做不好，雖然富有也必然有差失。

原考釋謂：本簡長 23.7 釐米，上下皆殘，現存 24 字。保留的契口可能是當第一或第二道編繩，與上下兩簡銜接關係不明。

旭昇案：《上博三》頁 10 有〈彭祖〉全簡圖，把本簡保留的契口當第一道編繩。我們如果把本簡保留的契口當第二道編繩，則其上約缺 18 字，足夠敘述「五紀」了。本文因此在本簡的上端推估 18 個字的空格。

五紀，原考釋謂「含義待考」。李銳先生〈彭祖補釋〉云：

按此處論及「父子兄弟」，「五紀」當非《尚書·洪範》所論的「五紀：一曰歲，二曰月，三曰日，四曰星辰，五曰歷數。」而就是《莊子·盜跖》中「子張」所說的「五紀」：

『子不為行，即將疏戚無倫，貴賤無義，長幼無序；五紀六
位，將何以為別乎？』司馬彪已經指出「六位」為君臣父子
兄弟，驗之以郭店楚簡《六德》，甚是。至於「五紀」，俞樾
指出：「今按五紀即五倫也，《家語·入官》篇群僕之倫也，
王肅注曰：『倫，紀也。』然則倫紀得通稱矣。」五倫即君臣、
父子、兄弟、夫婦、朋友。《春秋繁露·深察名號》也提到「三
綱五紀」。

趙炳清〈彭祖補釋〉從之。旭昇案：彭祖「五紀」與儒家「五倫」
恐怕不會一樣的。舊傳五倫的次序都是：君臣、父子、兄弟（長
幼）、夫婦、朋友，見《孟子·滕文公上》，而本簡「父子兄弟」
之下就沒有了，很難想像「夫婦朋友」會在「父子兄弟」之上；
其次，〈彭祖〉篇中所談的人倫，主要是消極保生的思想，與儒家
五倫的積極意義也完全不一樣。至於彭祖「五紀」的具體內容為
何，金有存以待考。

「五紀必周，唯貧必攸」，原考釋「必」括號讀「畢」，「攸」
括號讀「修」。趙炳清先生〈彭祖補釋〉引《廣雅·釋詁》釋「周」
為「調」，引《楚辭·離騷》「恐修名之不立」王逸注：「修，美也。」
釋「修」為美、善之意。說均可從。

孟蓬生先生〈彭祖疏證〉謂「𢼄」字與楚系一般「攸」字作
「𠈌」的寫法不同，不應釋為「攸」字，應分析為從攴、從比，
即「攽」字。旭昇案：孟說推之太細，〈彭祖〉寫手習慣把兩撇的
部件寫成「刀」形，例如〈彭祖〉簡1的「彭」字，右旁的兩撇，
也寫成了「刀」形。足證本簡「攸」字原考釋之說應可從。

「五紀不工」，「工」字黃林〈彭祖試探〉釋「善」。旭昇案：
本簡「五紀不▲，雖富必失」，依全篇體例，▲字應與「失」字為
韻，▲作「工」，與楚簡習見的「工」作「工」不同，但《上博三》
的「工」字，中豎確有寫成兩豎的，如《上博三·周易》簡16、

17 等，姑從原考釋隸「工」，但也不排除是寫錯字。而且釋作「工」，此處就變得不押韻，與全文體例不甚配合，這也是一個值得思考的問題。

㉑ **舍（余）告女（汝）祡（禍）**：我告訴你什麼是禍。

祡，此字下半殘缺，原考釋謂：「從文義看，應與簡六『余告女（汝）咎』的『咎』是類似的詞，這裡疑讀爲『禍』。」

綉玲案：就字形而言，此殘字上從「化」，檢視楚系文字有三個可能，一爲「吪」（《上博三·周易》簡56，釋「過」）；二爲「怣」（《郭店·性自命出》簡55，釋「過」）；三爲「祡」（《上博二·容成氏》簡16，釋「禍」）。此殘字下所從部分最上爲一橫筆，與「吪」、「怣」字構形不符，細究此橫筆，末端似有向下彎的筆勢，與楚系「示」字的寫法相類，疑可隸定爲「祡」，讀爲「禍」。

旭昇案：說均可從。如前述，本簡下端約可補11字，爲彭祖敘述何者爲「禍」的內容。

㉒ **忌＝之愳（謀）不可行，迯（怵）惕之心不可長，遠慮甬（用）索（素），心白身澤（釋）**：……的謀慮不要施行，戒惕驚懼的心不可滋長，遠離憂慮，多發揮天生自然的本能，心要放空白淡泊，身體要放鬆。

趙炳清先生〈彭祖補釋〉釋「怵惕」爲「戒懼、驚懼之意」，可從，但引僞古文《尚書·冏命》書證，似較不妥。黃、林〈彭祖試探〉指出「遠慮用素」後應斷讀；「余告汝咎」前後之新式標點符號「，」、「。」疑應倒置。孟蓬生先生〈彭祖疏證〉謂「澤」當如字解，「白」、「澤」互文，取「潤澤」或「光澤」之義。

綉玲案：索，原考釋隸「素」，依字當隸「索」，古文字「索」、「素」同源分化，參季師《說文新證》上502頁。「遠慮甬（用）索（素），心白身澤（釋）」，趙文語譯爲「長遠的思慮要出自本性，心地純潔、身體放鬆」，與全文要旨似不太相合。季師以爲「遠慮」、

用素」、「心白」、「身釋」爲四個平行動作，當譯爲：「遠離思慮，多用天生自然的本能，心要放空白（不要有太多的欲望），身體要放鬆（順應自然的生命形態去生活）。」

㉓ **厽（余）告女（汝）咎**：我告訴你什麼是災咎。

原考釋指出本簡下端完整。但其後當有脫簡。可從。

㉔ **既只（底）於天，或（又）椎（墜）於困（淵），夫子之惪（德）登矣，可（何）丌（其）宗（崇）。古（故）君之忞（願），良：**
既能上達於天，又能下潛於淵，夫子的德行非常崇高了，所以您的心願，良……。

戰國文字的「只」字，最早由李家浩先生釋出，參〈信陽楚簡中的柿枳〉。本篇「只」字，原考釋疑讀爲「躋」，「只」（照／支）、「躋」（精／脂），章精准雙聲，支脂通轉，故二字音近可通。「椎」，疑讀「墜」（定／沒），與「椎」（定／微）聲同，韻爲對轉。「忞」，即「願」，與「天」、「淵」諧韻，或許是於「願」下絕句。「宗」，疑讀「崇」。孟蓬生先生〈彭祖疏證〉以爲「只」、「躋」聲母略遠，典籍未見通假字例，因主「只」讀爲「詣」，至也。

旭昇案：孟說有理，但讀爲「底」似乎音更近，《國語·周語》「底於天廟」，注：「底，至也。」「底」（端／脂）與「只」聲同屬舌頭，韻則支脂旁轉，可通。原考釋以爲「願」與「天、淵」諧韻，恐不可信。

「忞」，趙炳淸先生〈彭祖補釋〉釋爲「謹慎」。旭昇案：《上博一·孔子詩論》簡14「以琹（琴）瑟（瑟）之敓（悅），忞（擬）好色之忞（願）」、簡 19「〈木苽〉又（有）臧（藏）忞（願）而未旻（得）達也」；中山王方壺「天不臭其又忞（願）」、「賈忞（願）從士大夫」，均釋爲「願望」之「願」，不釋爲「謹慎」，本篇「忞」字不應例外。本簡與上下簡均不相銜接，且稱對方時用極爲客氣

的「夫子」、「君」，與前文彭祖稱狗老用普通的「乃」、「女」，用語顯有不同，因此本簡也有可能是狗老贊美彭祖之語。前後皆殘，姑且放在此處。

㉕ □伓者不呂（怡），多恡（務）者多悥（憂），惻（賊）者自惻（賊）也：……者不呂，事情多的人憂煩也多，所有的賊害都是自找的賊害。

原考釋以爲：簡首字殘，疑似从人旁从不；「恡」，疑讀「務」；「悥」與一般「憂」字的寫法不太一樣；「惻」字，直接隸定爲「賊」。趙炳清先生〈彭祖補釋〉以爲「恡」當讀爲「懋」，勉也；「賊」應隸爲「惻」，全句謂：「……的人不可以，十分勤勉的人總有許多擔憂，悲傷的人內心常是自我憂傷。」孟蓬生先生〈彭祖疏證〉則主「恡」即懋」，應讀爲「謀」，語譯後兩句爲：「多謀之人往往多所憂慮，害人之人往往自害。」

旭昇案：首句殘，文義有很多可能，此處不作猜測。原考釋均可從。「惻」字從「賊」從「心」，當用爲「賊」，同樣的例子見《郭店·語叢二》簡27：「惻（賊）生於忍（忌）。」綉玲以爲首句「呂」可讀「怡」，頗有可能。

㉖ 一命弋（一）晨，氏（是）胃（謂）嗌（益）愈。一命三晨，氏（是）胃（謂）自厚。三命四晨，氏（是）胃（謂）百眚（姓）之宝（主）： 初次得到賜命，就能夠低頭露出自儆的樣子，這就是道德進步了。得到一次賜命，能夠再三地低頭露出自儆的樣子，這就是讓自己的道德更厚重。第三次得到賜命，能夠不斷地低頭露出自儆的樣子，這就可以成爲百姓的領導者了。

「晨」，原考釋隸定作「晨」，謂：「含義待考，或讀爲『修』。」趙炳清先生〈彭祖補釋〉主張讀「晨」讀「修」，引《國語·魯語下》「吾冀而朝夕修我」章注：「修，儆也。」釋爲「告誡，儆戒」；

又謂「此簡中前『一命』當爲《禮記》中的『一命』，後『一命』
當爲《禮記》中的『再命』」。

　　孟蓬生先生〈彭祖疏證〉引《左傳・昭公七年》「一命而僂，
再命而傴，三命而俯，循墻而走，亦莫餘敢侮。饘於是，粥於是，
以餬其口」、《莊子・列禦寇》「正考父一命而傴，再命而僂，三命
而俯，循牆而走，孰敢不軌？如而夫者一命而呂鉅，再命而於車
上儛，三命而名諸父，孰協唐許」，因而主張：

　　　　“覔”字從百，攸聲，其音義當與“卤”或“覜”相近。
　　　　《說文・卤部》：“卤，草木實垂卤卤然，象形，讀若調。”
　　　　又《見部》：“覜，下視深也。從見卤聲。讀若攸。”是卤聲
　　　　字古有“下垂”之義。攸與卤古音相同，“覔”字從百，攸
　　　　聲，當爲“低頭”之義。

　　　　或者我們也可以直接讀“覔”爲“覜”。古人以視下爲
　　　　謙卑，以視高爲倨傲。《禮記・曲禮》：“凡視上於面則傲，
　　　　下於帶則憂。”又《禮記・玉藻》：“凡侍於君，紳垂，足如
　　　　履齊，頤霤，垂拱，視下而聽上，視帶以及袷，聽鄉任左。”
　　　　孔穎達疏：“視下者，視高則傲，故下矚也。”

旭昇案：「命」，是天子對貴族正式身分的認可，共分九級。《周禮・
春官・大宗伯》：「壹命受職，再命受服，三命受位，四命器，五
命賜則，六命賜官，七命賜國，八命作牧，九命作伯。」鄭注壹
命云：「始見命爲正吏，謂列國之士，於子男爲大夫，王之下士亦
一命。鄭司農云：『受職，治職事。』」注再命云：「鄭司農云：『受
服，受祭衣服爲上士。』此受玄冕之服。列國之大夫再命，於子
男爲卿，卿中夫自玄冕而下，如孤之服。王之中士亦再命，則爵
弁服。」注三命云：「鄭司農云：『受下大夫之位。』玄謂：此列
國之卿，始有列位於王，爲王之臣也。王之上士亦三命。」注四
命云：「鄭司農云：『受祭器，爲上大夫。』玄謂：此公之孤，始

得有祭器者也。《禮運》曰：『中夫具官，祭器不假，聲樂皆具，非禮也。』王之下大夫亦四命。」注五命云：「鄭司農云：『則，法也。出爲子男。』玄謂：則，地未成國之名。王之下大夫四命，出封加一等，五命，賜之以方百里、二百里之地者。方三百里以上爲成國。王莽時以二十五成爲則，方五十里。合今俗說子男之地。獨劉子駿等識古有此制焉。」注六命云：「鄭司農云：『子男入爲卿，治一官也。』玄謂：此王六命之卿，賜官者，使得自置其官，治家邑如諸侯，春秋襄十八年冬，晉侯以諸侯圍齊，荀偃爲君禱河，既陳齊侯之罪，而曰『曾臣彪將率諸侯以討焉，其官臣偃實先後之』。」注七命云：「王之卿六命，出封加一等者，鄭司農云：『出就侯伯之國。』」注八命云：「謂侯伯有功德者。加命，，得專征伐於諸侯。鄭司農云：『一州之牧。』王之三公亦八命。」注九命云：「上公有功德者，加命爲二伯，得征五侯九伯者。鄭司農云：『是諸侯爲方伯。』」

《禮記·王制》：「制：三公，一命卷（袞）；若有加，則賜也，不過九命。次國之君，不過七命；小國之君，不過五命。大國之卿，不過三命；下卿再命，小國之卿與下大夫一命。」

《禮記·曲禮上》：「夫爲人子者，三賜不及車馬。」鄭注：「三賜，三命也。凡仕者，一命而受爵，再命而受衣服，三命而受車馬。」

「戭」，從百、攸聲，趙文釋爲「告誡，儆戒」，是從內心狀態來說；孟文釋爲「低頭」，是從外在動作來說，二說都可通，而且兩個解釋可能是來自同一源頭。鑑於這個字的初形本義還不算完全解決，我們認爲不妨把兩個意思都納入，釋爲「低頭露出自儆的樣子」。

趙文謂「此簡中前『一命』當爲《禮記》中的『一命』，後『一命』當爲《禮記》中的『再命』。但是「一命三戭」、「一命三朡」

都不寫作「再命」，則此處仍應是「一命」，不宜指實爲《禮記》中的「再命」。

愈，益也、勝也，猶口語進步。厚，重也。百姓主，百姓的主人，領導者，其地位可以是天子，可以是諸侯，也可以是一地之長官。

㉗ **一命戈（一）膿，氏（是）胃（謂）㪥（遭）吳（殃）。戈（一）命〔三膿〕，【七】氏（是）胃（謂）不長。三命四膿，氏（是）胃（謂）㘭（絕）繠（輟）**：初次得到賜命，就抬頭露出自滿的樣子，這是要遭殃的。得到一次賜命就再三地抬頭露出自滿的樣子，這是不能長久保有（生命、福祿）的。三次得到賜命，就不斷地抬頭露出自滿的樣子，這是要斷絕輟止（生命、福祿）的。

「膿」，原考釋以爲「與『霋』字的含義似乎相反」。趙炳清〈彭祖補釋〉引《說文》：「膿，益州人鄙言人盛，諱其肥，謂之膿。」以爲引申可釋自滿、自大。孟蓬生先生〈彭祖疏證〉以爲「膿」當讀爲「襄」，爲「上舉」之義。《尙書·堯典》：「湯湯洪水方割，蕩蕩懷山襄陵。」某氏傳：「襄，上也。」又《漢書·敘傳》：「雲起龍襄，化爲侯王。」顏師古注：「襄，舉也。」

旭昇案：與「霋」的解釋一樣，趙、孟二家釋「膿」爲自滿、上舉，二說其實都合理，我們可以把這二說合併，解釋爲「抬頭露出自滿的樣子」。

「㪥」，原考釋括號讀「遭」，「吳」讀「殃」。可從。「㪥」，戰國文字「造」（淸／覺）的異體，與「遭」（精／幽）聲韻俱近，可以通假。「吳」，從「央」聲，「口」可能是飾符，假爲「殃」。

「繠」，原考釋括號讀爲「輟」。趙炳清先生〈彭祖補釋〉認爲讀爲「綴」，引申爲後嗣子孫。旭昇案：釋「輟」即可。

㉘ **毋敀（逐）賏（富），毋劧（誇）叚（賢），毋向（尙）桓（樹）**：不要趨赴富貴，不要誇耀勝過別人，不要崇尙建樹。

　　「攽」，楊澤生先生〈三冊零釋〉據《說文》「扶、揚、播」之「手」旁，古文分別从「攴」，因謂簡文「攽」可爲「抽」之異體，釋爲「展示」之意，《楚辭·九章》：「君無度而弗察兮，使芳草爲藪幽。焉舒情而抽信兮，恬死亡而不聊」。「毋抽富」就是不要展示、炫耀財富。「劬叚」，可釋爲「訶賢」，即責罵賢人。「向桓」，讀爲「相短」，相互揭短。趙炳清先生〈彭祖補釋〉以爲「劬」也可讀「抲」，意爲「扼殺，招死」，「抲賢」可語譯爲「扼殺賢能之人」；「向」、「相」二字古聲紐不近，「向」不得通「相」，因此「向桓」可釋爲「崇尙美食享樂」。孟蓬生先生〈彭祖疏證〉以爲「抽」無「展示」義，應讀爲「逐」，《上博三·周易》簡32「喪馬勿由」，今本作「喪馬勿逐」，可證。「逐富」謂「趨附富貴」。「向桓」則當讀爲「嚮豎」，即親近小人。

　　旭昇案：「毋攽賜」，孟說最合理，當讀爲「毋逐富」；「毋劬叚」則疑當讀爲「毋誇賢」，「劬」字包山楚簡多見，皆爲人名，字當從力、可（溪／歌）聲，與「誇」（溪／魚），聲同韻近，當可通假。「叚」釋「賢」，勝過他人。「向」作「」，楚系特有的寫法，見《郭店·老子乙》簡 17, 18、〈緇衣〉簡 43、〈魯穆公問子思〉簡 3、〈尊德義〉28、〈六德〉簡 3、〈語叢四〉簡 11、《上博一·緇衣》簡 12、《上博二·容成氏》簡 7、《上博四·柬大王泊旱》簡 1 等。在此，「向」疑讀爲「尙」，《說文》以爲「尙」從「向」聲。尙，崇尙也。「桓」當即「樹」之簡體，《上博一·孔子詩論》簡 15 也有此字，不過把「木」旁寫在「豆」旁的上面。樹，建樹也。「向桓」疑當讀爲「尙樹」，即崇尙建樹。本條三句如依此解，則與養生家不鼓勵向外逐馳，不爭勝鬥氣、不崇尙人爲的造作等一貫的的主張，似乎比較吻合。

㉙ 狗老弌（二）拜旨（稽）首曰：「朕孨不勮（敏），既尋（得）昏（聞）道，志（恐）弗能守：狗老再拜稽首說：「我不聰敏，已經

聽聞大道，恐怕我不能守持。」

「旨」，原考釋讀爲「稽」。綉玲案：《周禮·春官·大祝》：「辨九拜，一曰稽首，二曰頓首，三曰空首，四曰振動，五曰吉拜，六曰凶拜，七曰奇拜，八曰褒拜，九曰肅拜，以享右祭祀。」鄭玄注曰：「稽首，拜頭至地也。」（清）秦蕙田《五禮通考·吉禮六十二》引鄭鍔曰：「稽之爲言久也，拜頭至地，其留甚久，此拜之最重者也。頓之爲言暫也，頭雖叩地，頓而便起，不久留焉，此稍重者也。」旭昇案：「拜旨首」，金文多見，作「拜頜首」。

朕挈，原考釋以爲狗老之名。旭昇案：即「吾今」，參注8、13。


押韻

第一段：忘（陽）、長（陽）、行（陽）、棠（常）（陽）；休（幽）、由（幽）、厇（宅）（鐸）

第二段：天（真）、人（真）

第三段：緯（微）、裏（之）、二（脂）、已（之）（脂之旁轉）；昏（文）、綸（文）；喬（宵）、袞（勞）（宵）；夓（婁）（侯）、欲（屋）

第四段：周（幽）、攸（幽）

第五段：行（陽）、長（陽）、索（魚）、澤（魚）

第六段：天（真）、困（淵）（真）；登（蒸）、宗（冬）（冬蒸合韻）

第七段：㠯（以）（之）、㥀（以）（幽）、賊（之）（之幽合韻）；聶（攸）（幽）、愈（侯）、聶（攸）（幽）、厚（侯）、聶（攸）（幽）、宔（主）（侯）（幽侯合韻）；膓（陽）、吳（殃）（陽）、膓（陽）、長（陽）、膓（陽）、繟（輟）（月）（魚歌可旁轉，則陽月當可旁對轉）；勴（敏）（之）、道（幽）、守（幽）（之幽合韻）。

# 參考書目及簡稱

（漢）司馬遷《史記》，台北：鼎文書局，1976

（漢）戴德《大戴禮記》，北京：中華書局，1985

（宋）朱熹編著《周易本義》，台南：贛巨書局，1984.9

丁四新〈恆先章句〉：〈楚簡《恆先》章句釋義〉，簡帛研究網站 2004.7.25

于省吾《甲骨文字釋林》，北京：中華書局，1999.11

于省吾《易經新證》，台北：藝文印書館，1975.9

于省吾《澤螺居詩經新證》，北京：中華書局，1982

于豪亮〈說引字〉，《考古》1977 年第 5 期

中國社會科學院考古研究所編輯《甲骨文編》，北京：中華書局，1965.9

王力《龍蟲並雕齋文集》，北京：中華書局，1980.1

王平〈恆先管窺〉，簡帛研究網站 2004.5.8 首發

王國維〈殷卜辭中所見先公先王考〉，臺灣商務印書館《海寧王靜庵先生遺書·觀堂集林·史
　　　林一》，冊一卷九，397-425 頁

王輝《古文字通假釋例》，台北：藝文印書館，1993.4

史杰鵬〈關於包山楚簡中的四個地名〉，《陝西歷史博物館刊》第五輯，西北大學出版社，1999.6

史杰鵬〈上博三補正〉：《上博竹簡（三）注釋補正》，簡帛研究網站 2005.7.16

白於藍〈釋敓〉，《古文字研究》24 輯，北京：中華書局，2002

朱存明〈彭祖的養生之道〉，《中國道教》，2001.5

朱浩熙《彭祖》，台北：作家出版社，1995.9

朱淵清〈仲弓年齡〉：〈仲弓的年齡及其身份〉，孔子 2000 網站，2004.4.29。又簡帛研究網站
　　　2004.4.18

朱德熙、裘錫圭〈戰國文字六種〉，《考古學報》，1972 年 1 期

朱德熙〈長沙帛書考釋（五篇）〉《朱德熙古文字論集》，北京：中華書局，1995.2

何有祖〈仲弓小札〉：〈上博三《仲弓》小札〉，簡帛研究網站 2004.5.12

何琳儀、程燕〈周易選釋〉：〈滬簡《周易》選釋〉，簡帛研究網站 2004.5.16

何琳儀〈郭店竹簡選釋〉《簡帛研究二〇〇一上》，桂林：廣西師範大學出版社，2001.9

何琳儀〈滬簡二冊〉：〈滬簡二冊選釋〉，簡帛研究網站 2003.1.14

何琳儀《戰國古文字典》，北京：中華書局，1998.9

余師培林《詩經正詁》，台北：三民書局，1993.10

吳辛丑〈不家而食〉：〈楚簡《周易》「不家而食」新解〉，簡帛研究網站 2004.7.18

吳根友〈上博楚簡《恆先》篇哲學思想探析〉，簡帛研究網站 2004.5.8

李守奎《楚文字編》，上海：華東師範大學出版社，2003.12

李家浩〈信陽楚簡中的柿枳〉，《簡帛研究》第 2 輯，北京：法律出版社，1996

李家浩〈戰國竹簡〈民之父母〉中的“才辯”〉，《第四屆國際中國古文字學研討會論文集》
　　　P538-590，香港中文大學中國語言及文學系

李家浩〈戰國竹簡〈緇衣〉中的「逸」〉，《古墓新知－紀念郭店楚簡出土十周年論文專輯》，
　　　香港：國際炎黃文化出版社，2003 年 11 月

李家浩〈鄂鐘銘文考釋〉，《著名中青年語言學家自選集——李家浩卷》，頁 64-81，安徽教育
　　　出版社，2002.12

李敏：〈上博簡第三輯簡介〉，孔子 2000 網站 2004.04.18

李零〈上博楚簡三篇校讀記〉，台北：萬卷樓圖書公司，2002.3

李零〈郭店楚簡校讀記〉《道家文化研究第十七輯『郭店楚簡專號』》，北京：生活·讀書·新
　　　知三聯書店，1999.8

李零〈釋“利津舾”和戰國人名中的學與瑟字〉，《出土文獻研究》續集，文物出版社，1989.12

李零〈讀《楚系簡帛文字編》〉，《出土文獻研究·第五集》，北京：中華書局，1999

李零《上博楚簡三篇校讀記》，台北：萬卷樓，2002.3

李零《郭店楚簡校讀記－增訂本》，北京大學出版社，2002.3

李鼎祚《周易集解》，北京：九州出版社，2003

李銳〈《仲弓》補釋〉，孔子 2000 網站 2004.4.18

李銳〈《恆先》淺釋〉，簡帛研究網站 2004.4.23

李銳〈《彭祖》補釋〉，簡帛研究網站 2004.4.19

李銳〈劄記兩則〉：〈《恆先》劄記兩則〉，孔子 2000 網 2004.4.17

李銳《仲弓》續釋，孔子 2000 網站 2004.4.20

李學勤〈上海博物館藏楚竹書《詩論》分章釋文〉，簡帛研究網站 2002.11.16

李學勤〈恆先首章〉：〈楚簡《恒先》首章釋義〉，簡帛研究網站 2004.4.23；《中國哲學史》2004
　　　年第 3 期

李學勤〈釋郊〉，《文史》第 36 輯，1992 年；又收入《綴古集》，上海古籍出版社，1998

周一謀、蕭佐桃《馬王堆醫書考注》，台北：樂群文化事業有限公司，1989.12

周波〈竹書《周易》考釋三則〉，簡帛研究網站 2004.6.6

周波〈考釋三則〉：〈竹書《周易》考釋三則〉，簡帛研究網站 2004.6.6

周鳳五〈郭店「性自命出」「怒欲盈而毋暴」說〉，《新出土文獻與古代文明研究國際學術研討
　　　會》，2002.8

周鳳五〈郭店楚簡識字札記〉，《張以仁先生七秩壽慶論文集》，臺北：學生書局，1999

周鳳五〈說上博楚竹書「從政」（甲篇）札記〉，2003.1.10

周鳳五〈仲弓摘要〉：〈上博三《仲弓》篇重探〉摘要，北京：清華大學「多元視野中的中國
　　　歷史」第二屆中國史學國際會議，2004.8.21-24

孟蓬生〈上博三字詞〉：〈上博竹書（三）字詞考釋〉，簡帛研究網站 2004.04.26

孟蓬生〈字詞考釋〉〈上博竹書（三）字詞考釋〉，簡帛研究網站 2004.4.26

孟蓬生〈彭祖疏證〉：〈《彭祖》字義疏證〉，簡帛研究網站 2005.6.21

季旭昇〈《上博四·逸詩·交交鳴烏》補釋〉，簡帛研究網站 2005.2.15

季旭昇〈仲弓三則〉:〈上博三仲弓篇零釋三則〉,簡帛研究網站 2004.4.23

季旭昇〈意出於生〉:〈《上博三·恆先》「意出於生,言出於意」說〉,簡帛研究網站 2004.06.22;修訂稿將刊於《中國文字》新 30 期,2005

季旭昇〈說朱〉,台灣師大國文系·中研院史語所編《甲骨文發現一百周年學術研討會》論文集,頁 91-110,文史哲出版社,1999.8

季旭昇〈懆三四戶〉:〈《上博三·周易·訟卦》二題:懆、其邑三四戶〉,《中國文字》新三十輯(待刊)

季旭昇〈讀郭店楚墓竹簡札記:卞、絕爲棄作、民復季子〉,《中國文字》新 24 期,1998.12

季旭昇主編《上博一讀本》,台北:萬卷樓圖書股份有限公司,2004.7

季師旭昇〈上博二小議三〉:〈《上博二》小議(三):魯邦大旱、發命不夜〉,簡帛研究網站,2003.5.21

季師旭昇〈古文字中的易卦材料〉《《周易》《左傳》國際學術研討會,中國經學研究會第一屆學術研討會,1999.5.8-9》頁 5-6;修訂稿發表在劉大鈞主編的《象數易學研究》第三輯,四川巴蜀書社,2003

季師旭昇〈何天之逵〉:〈《上博三·周易》簡 23「何天之逵」說〉,簡帛研究網站 2004.4.18

季師旭昇〈周易七則〉:〈《上博三·周易》零釋七則〉,簡帛研究網站 2004.4.24

季師旭昇〈朝三褫之〉:〈《上博三·周易》簡六「朝三褫之」說〉,簡帛研究網站 2004.4.18

季師旭昇〈欽其腓說〉:〈上博三周易簡 26「欽其腓」說〉,簡帛研究網站 2004.5.16

季師旭昇〈需卦說〉:〈《上博三·周易》「需」卦說〉,簡帛研究網站 2004.5.3

季師旭昇《說文新證(下冊)》,台北,藝文印書館,2004.11

季師旭昇《說文新證(上冊)》,台北,藝文印書館,2002.10

尙秉和《周易尙氏學》,北京:中華書局,2003.12

屈萬里《讀易三種》,台北:聯經出版事業公司,1984

林志鵬〈仲弓任季氏宰小考〉,簡帛研究網站 2004.06.06

林素清〈郭店竹簡《語叢四》箋釋〉,《郭店楚簡國際學術研討會論文集》,北京:湖北人民出版社,2000.5

林清源《楚國文字構形演變研究》,東海大學中文所博士論文,1997.12

林澐〈究竟是『翦伐』還是『撲伐』〉,《古文字研究》第 25 輯 115-118 頁,中華書局,2004

金景芳、呂紹綱《周易全解》,吉林大學出版社,1989.6

侯乃锋〈攷析試解〉,《《仲弓》篇"攷析"試解》孔子 2000 網站 2004.4.24,又見簡帛研究網站 2004.5.3

俞敏監修·謝紀鋒編纂《虛詞詁林》,黑龍江人民出版社,1992.5

南懷瑾、徐芹庭註譯《今註今譯》:《周易今註今譯》,台北:台灣商務印書館,2004.5

徐中舒《甲骨文字典》,四川:四川辭書出版社,1989.5

徐在國〈上博竹書(三)札記二則〉,2004.4.26

徐在國〈周易補正〉:〈上博三《周易》釋文補正〉,簡帛研究網站 2004.4.24

徐在國〈釋楚簡「散」兼及相關字〉《「中國南方文明」學術研討會 慶祝中央研究院歷史語言研究所成立七十五週年》,台北:中研院史語所主辦,2003.12.19-20

晁福林〈上博簡序〉:〈上博三仲弓篇簡序調整之一例〉,簡帛研究網站 2004.6.6

晁福林《上博簡〈仲弓〉疏證》,《孔子研究》2005 年第 2 期

秦樺林、淩瑜〈督以不可改也——楚簡《恒先》中有關“語言符號的強制性”的思想〉,簡帛
　　研究網站 2005. 1. 26

秦樺林〈釋“叕”“叕”〉,簡帛研究網站 2004.9.10

袁仲一、劉鈺《秦文字類編》,西安：陝西人民教育出版社,1993.11

馬承源主編《上海博物館藏戰國楚竹書（三）》,上海：上海古籍出版社,2003.12

高亨《古字通假字典》,濟南：齊魯書社,1989

高亨《周易古經今注》,台北：文笙書局,1981.3

張玉金《甲骨文虛詞詞典》,北京：中華書局,1994

張守中、張小滄、郝建文《郭店楚簡文字編》,北京：文物出版社,2000.5

張守中《睡虎地秦簡文字編》,北京：文物出版社,1994.2

張守中撰集《睡虎地秦簡文字編》,北京：文物出版社,1994

張俊新〈說饎〉,簡帛研究網站 2004.5.8

張家山二四七號漢墓竹簡整理小組《張家山漢墓竹簡（二四七號墓）》,北京：文物出版社,
　　2001.11

張桂光〈郭店楚墓竹簡釋註續商榷〉,《簡帛研究 2001》,桂林：廣西師範大學出版社,2001.9

張富海《郭店楚簡〈緇衣〉篇研究》,北京大學碩士論文,2002

曹峰〈自生自為〉:〈從『自生』到『自為』——《恆先》政治哲學探析〉,簡帛研究網站 2004.12.23

曹峰〈恆先編聯〉:〈恆先編聯分章釋讀札記〉,簡帛研究網站 2004.5.16

曹峰〈祥義利巧〉:〈楚簡《恆先》『祥義利巧綵物出於作』解〉,簡帛研究網站 2004.12.26

淺野裕一〈道家特色〉:〈上博楚簡恆先的道家特色〉,北京清華大學「多元視野中的中國歷史」
　　國際研討會,2004.8.22-24

郭剛〈上博楚簡恆先恆氣窺探〉,簡帛研究網站 2004.6.6

郭齊勇〈道法家〉:〈《恆先》--道法家形名思想的佚篇〉,簡帛研究網站 2004.5.8

郭錫良《漢字古音手冊》,北京：北京大學出版社,1986.11

陳炎〈需卦卦名〉:〈竹書《周易》需卦卦名之字試解〉,簡帛研究網站 2004.4.29

陳松長編著,鄭曙斌、喻燕姣協編《馬王堆簡帛文字編》,北京：文物出版社,2001

陳偉〈仲弓詞句〉:〈竹書《仲弓》詞句試解（三則）〉,簡帛研究網站 2005. 8. 15

陳偉〈周易試釋〉:〈楚竹書《周易》文字試釋〉,簡帛研究網站 2004.4.18

陳偉〈讀《魯邦大旱》劄記〉,簡帛研究網站 2003.1.27

陳偉《郭店楚竹書別釋》,武漢：湖北教育出版社,2003.1

陳偉〈郭店楚簡〈六德〉諸篇零釋〉,《武漢大學學報》（哲社版）1999 年第 5 期

陳惠玲《上博三周易研究》,師大國文系教學碩士班碩士論文,2005.8

陳新雄《古音學發微》,台灣師範大學國文研究所博士論文,嘉新水泥公司文化基金會研究論
　　文第一八七種,1972

陳鼓應〈恆先宇宙演化論及異性復欲說〉,台北：第十次簡帛文哲研讀會,2005.9.24

陳劍〈上博竹書《昭王與龔之雎》和《柬大王泊旱》讀後記〉,簡帛研究網站 2005. 2. 15

陳劍〈上博楚簡《容成氏》與古史傳說〉,台北：中央研究院歷史語語研究所主辦「中國南方

文明」學術研討會論文，2003.12

陳劍〈上博簡「子羔」、「從政」篇的拼合與編連問題小議〉，簡帛研究網站 2003. 1. 8

陳劍〈仲弓釋文〉：〈上博竹書《仲弓》篇新編釋文（稿）〉，簡帛研究網站 2004. 4. 18

陳劍〈郭店補釋三篇〉，《古墓新知─紀念郭店楚簡出土十週年論文集》，香港：國際炎黃文化
　　出版社，2003.11

陳劍〈說慎〉，《簡帛研究二○○一（上冊）》，桂林：廣西師範大學出版社， 2001.9

陳廣中〈道家先驅與養生論─彭祖考〉，《安徽大學學報》（哲學社會科學版），1997 年 1 期

陳靜〈宇宙生成的理論──《恆先》在思想史視野下的一種解讀〉，收入《自由與秩序的困惑─
　　淮南子研究》第八章，雲南大學出版社，2004.11

陳麗桂〈互先義理〉：〈上博簡（三）：〈互先〉的義理與結構(初稿)〉，簡帛研究網站 2004.12.19

曾憲通〈楚帛書文字新訂〉《中國古文字研究》第一輯，吉林：吉林大學，1999.6

湯餘惠主編《戰國文字編》，福州：福建人民出版社，2001.12

黃人二、林志鵬〈恆先試探〉：〈上博楚簡第三冊恆先試探〉，簡帛研究網站 2004.5.12

黃人二、林志鵬〈彭祖試探〉：〈上博藏簡第三冊彭祖試探〉，簡帛研究網站 2004.4.29

黃人二·林志鵬〈仲弓試探〉：〈上博藏簡第三冊仲弓試探〉，簡帛研究網站 2004. 4. 23

黃慶萱《周易讀本》，台北：三民書局，2001.3

黃錫全〈上博三數則〉：〈《上博楚竹書（三）》札記數則〉，簡帛研究網站 2004.6.22

黃錫全〈札記數則〉：〈讀上博《戰國楚竹書（三）》札記數則〉，簡帛研究網站 2004.6.22

黃錫全〈劄記六則〉：〈讀上博《戰國楚竹書（三）》劄記六則〉，簡帛研究網站 2004.4.29

黃錫全〈讀上博《戰國楚竹書（三）》札記數則〉，簡帛研究網站 2004.6.22

黃錫全《汗簡注釋》，武漢大學出版社，1990. 8

楊伯峻《春秋左傳注》，北京：中華書局，1981

楊澤生〈二個異文〉：〈周易中的二個異文〉，簡帛研究網站 2004.5.29

楊澤生〈三冊零釋〉：〈上博竹書第三冊零釋〉，簡帛研究網站 2004.4.29

楊澤生〈上博三零釋〉：〈上博竹書第三冊零釋〉，簡帛研究網站 2004.4.29

楊澤生〈竹書《周易》劄記（四則）〉，簡帛研究網站 2004.5.8

楊澤生〈劄記一則〉：〈竹書《周易》劄記一則〉，簡帛研究網站 2004.4.24。

楊懷源〈仲弓四則〉：〈上博仲弓札記四則〉，簡帛研究網站 2004.8.7

葉淑慧《彭祖長壽故事研究》，台中：國立中興大學中文所碩士論文，2003.7

董珊〈恆先初探〉：〈楚簡恆先初探〉，簡帛研究網站 2004.5.12

董珊〈詳宜利巧〉：〈楚簡《恆先》『詳宜利巧』 解釋〉，簡帛研究網站 2004.11.9

裘錫圭、李家浩〈曾侯乙墓竹簡釋文與考釋〉，《曾侯乙墓》上冊，北京：文物出版社，1989.7

裘錫圭、李家浩〈曾侯乙墓鐘、磬銘文釋文與考釋〉，《曾侯乙墓》上冊，北京：文物出版社，
　　1989.7

裘錫圭〈糾正我在郭店《老子》簡釋讀中的一個錯誤──關於「絕偽棄詐」〉，武漢大學中國
　　文化研究院編：《郭店楚簡學術研討會論文集》，湖北人民出版社，2000.5

裘錫圭〈讀上博簡《容成氏》札記二則〉，《古文字研究》第二十五輯，北京：中華書局，2004.10

廖名春：〈上博藏楚竹書《恆先》簡釋〉，簡帛研究網站 2004. 4. 19

廖名春〈上博藏楚竹書《恒先》新釋〉，中研院文哲所「經典文化的形成」第九次讀書會，

　　2004.6.13；修訂後在《中國哲學史》2004 年第 3 期發表

廖名春〈大畜再釋〉:〈楚簡《周易・大畜》卦再釋〉，簡帛研究網站 2004.4.24

廖名春〈仲弓劄記一〉:〈季桓子使仲弓爲宰——楚簡《仲弓》篇劄記之一〉，孔子 2000 網站，
　　2004.04.29

廖名春〈先有司〉:〈先有司——楚簡《仲弓》篇劄記之二〉，簡帛研究網站 2004.5.7

廖名春〈恆先簡釋〉:〈上博藏楚竹書《恒先》簡釋〉（修訂稿），孔子 2000 網站 2004.4.22

廖名春〈校釋記一〉:〈楚簡《周易》校釋記（一）〉，簡帛研究網站 2004.4.23

廖名春〈頤卦試釋〉:〈楚簡《周易・頤》卦試釋〉，簡帛研究網站 2004.4.24

廖名春:《楚簡〈仲弓〉與〈論語・子路〉仲弓章讀記》，《淮陰師範學院學報》2005 年第 1 期

趙平安〈釋𦥑及相關諸字〉，香港大學中文系主辦《第一屆中國語言文字國際學術研討會論
　　文》，2002.3

趙炳清〈仲弓編聯〉:〈上博簡三《仲弓》的編聯及講釋〉，簡帛研究網站 2005.4.10

趙炳清〈彭祖補釋〉:〈上博三《彭祖》補釋〉，簡帛研究網站 2005.1.26

劉信芳〈上博藏竹書恆先試解〉，簡帛研究網站 2004.5.16

劉信芳〈郭店竹簡文字考釋拾遺〉，《江漢考古》2000 年第 1 期

劉信芳〈郭店簡《語叢》文字試解（七則）〉《簡帛研究二〇〇一上冊》，桂林：廣西師範大學
　　出版社，2001.9

劉桓〈讀郭店楚墓竹簡札記〉，《簡帛研究 2001 上冊》，桂林：廣西師範大學出版社，2001.9

劉釗〈利用郭店楚簡字形考金文一例〉，《古文字研究》第 24 輯，中華書局，2002

劉釗〈容成氏釋讀一則（二）〉，簡帛研究網站 2003.4.6

劉貽群〈恆先蠡測〉，簡帛研究網站 2004.5.23

劉貽群〈試論恆先的自生〉，簡帛研究網站 2004.6.13

劉樂賢〈魯邦大旱簡論〉:〈上博簡《魯邦大旱》簡論〉，《文物》2003.5

劉樂賢〈讀楚簡札記二則〉，簡帛研究網站 2004.5.29

鄭玉珊〈讀《上博（三）》劄記〉，簡帛研究網站 2005.4.15

蕭漢明〈釋豐卦〉，簡帛研究網站 2004.9.20

駢宇騫《銀雀山漢簡文字編》，北京：文物出版社，2001

禤健聰〈上博三小札〉:〈上博簡（三）小札〉，簡帛研究網站 2004.5.12

龐樸〈恆先試讀〉，2004.4.22 首發；《中國思想史研究通訊》第二輯

羅福頤《漢印文字徵》，中華書局香港分局，1979.8

蘇建洲〈容成氏譯釋〉，《上海博物館藏戰國楚竹書（二）讀本》，台北：萬卷樓圖書股份有限
　　公司，2003.7

顧史考〈上博竹書恆先簡序調整一則〉，簡帛研究網站 2004.5.8

顧頡剛〈周易卦爻辭中的故事〉，原載《燕京學報》第六期，又收入《古史辨》第三冊

周易隸定及篆字

䷃　蒙亨匪我求童蒙童蒙求我初筮告再三瀆瀆則不告

利貞初六發蒙利用刑人用說桎梏以往吝九二包蒙吉納

婦吉子克家
六晶勿用取女見金夫不又躬亡茴利六四困

六五僮龙吉上九擊龙不利為寇利迎寇 ▨【一】☷享

龙客六五僮龙吉上九…爸吉上九…龙不利為寇

爸爸介五㙥爸吉上九…龙…我…四困

又孚光鄉貞吉利涉大川初九亨于萬利用巠亡咎九二

享于□少又言多吉九晶享于坾至寇至六四孕于血出

【二】
自穴九五需于酒食貞吉上六入于穴有不速之客

【三】訟
又孚懥懥中吉多凶利用

三人來敬之終吉
【三】

見大人不利涉大川初六不出迎事少又言多吉九二不克

訟遝肤丌邑人晶【四】【四】戶亡禧六晶飤舊悳貞礍多吉

或從王事亡成九四不克訟遝即命愈安貞吉九五訟元吉

上九遂賞繻繻冬【五】朝晶𤔔之【六】币貞丈人

吉亡咎初六币出以聿不忥凶九二才币審吉亡咎王晶賜

命六晶币或斁殍凶六四币左宋亡咎六【七】五畋又𢍜

物𣂈晉币𨙻于𣏃斁𤔔貞凶上六大君子又命啓

利執言亡咎長子衛币弟子𤔔殍貞凶

𨚵丞豪父=勿用【八】爲比币備筭元羕貞吉亡咎不窞

方𨓵遂夫凶初六又孚比之亡咎又孚沫缶冬遂又它吉六

二[竹書]五自大吉六晶竹[竹書]不物

比之自內吉六晶比之【九】
非人 六四外敗之亡不利

九五顯比王晶驅遊前含邑人不戒吉上六比亡[竹書]【十】

天有元亨初九无交害匪咎艱則无咎九二大車以載有攸

往无咎九三公用亨于天子小人弗克九四匪其彭[竹書]亡咎[竹書]

六五孚浚女薏女吉上九自天右之吉亡不利[竹書]【十一】

九五入軍汲中書中吉上九自天咎之吉止不物

[竹書]
[竹書]鄉君子又悆初六[竹書]君子甬涉大川吉六二鳴[竹書]頁

吉九三勞謙君子有終吉六四亡

二）亓箸利用戠伐亡不利上六鳴壓可用行帀征邦■〔十

三）𠫔利建医行帀初六鳴𠫔凶六二𣏾于石不冬日

貞吉六晶可𠫔慼辺又慼九四獻𠫔大又㝊母頪塱故走六

五〔十四〕貞疾㱠不死上六橾𠫔成又愈亡咎■〔十五

叄陵■元鄉利貞亡咎初九官又愈貞吉出門交又工六二

係少子遊丈夫六係丈夫遊少子陵求又曼利尻貞九四

係少

陸又

【十六】

工又孚才道巳明可咎九五孚于嘉吉

上六係而敬之從乃之王用亨于西山■

【十七】

■

元鄉利涉大川选甲晶曰逨甲晶曰初六礦父之盡又子

攷亡咎礦多吉九二礦母之盡不可貞九晶礦父之盡少又

【十八】

晦无大咎六四裕父之蠱往見吝六五幹父之蠱

用譽上九不事王侯高尚其事

復亨出入无疾朋來

无咎反復其道七日來復利有攸往初九不遠復无祗悔元

吉六二休復吉六三頻復厲无咎六四

中行獨復六五

復亡愚上六迷

復凶有災眚用行師終有大敗以其國君凶

至于十年不克征　【十九】

亡忘元鄉利貞丌非復又禧

遯亡愚上六迷

不利又鹵進初九亡忘吉六二不㧑而穛不畜之　【餘則利有】

攸往六三无妄之災或繫之牛行【二十】人之旻邑人之

夾九四可貞亡咎九五亡忘又疾勿藥又菜上九亡忘行又

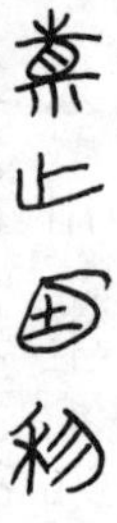

禮亡卣利■【二十一】䷙大埅■利貞不豪而飤吉利涉

大川初九又礪利巳九二車敓復九晶良馬由利堇貞曰班

車戟利又卣造六四僮牛之桲元【二十二】吉六五芬豕

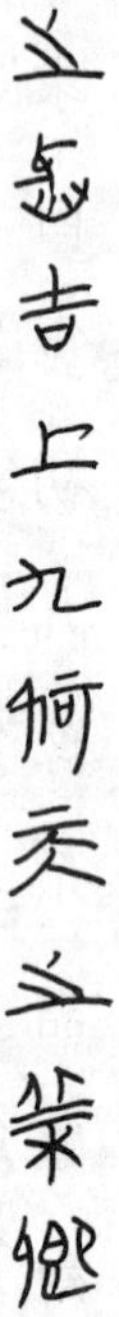

之䍃吉上九䢓天之乗鄉ㄷ【二十三】䷚頤▣貞吉觀頤自

求口實初九豫尒需龜觀我歆頤凶六二日遺頤慭經于北

用亡甾利六四

〔二十四〕

串此囪粉介四

洍征凶六晶慭頤貞凶十年勿

亡卣吉不可涉

遺頤吉虎視轟＝丌猷攸＝亡咎六五慭經尻貞吉不可涉

〔二十五〕

欽亡鄉利

欽亡鄉利

大川上九縣頤礪吉利涉大川

邊盌吉粼身轟＝

〔二十六〕

貞取女吉初六欽元拇六二欽元脊凶尻吉九晶欽元脊執

九四貞吉亡慼僮憧

丌陵吝九四貞吉亡慼僮憧

志九

| 憧往來朋從爾 |

〔二十六〕

五欽丌拇亡悬上六欽頌夾脂▣【二十七】䷟巫▣鄉利

貞亡咎初六歡巫貞凶亡卣利九二悬亡九晶不經丌悳或

承丌懸貞吝九四畋亡禽六五經丌悳貞婦人吉夫【二十

八】子凶上六歡巫貞凶▣【二十九】䷠豚▣鄉少利貞初

六豚丌尾礪勿用又卣進六二戉用黃牛之革莫之勑夋九

晶係豚又疾礪畜臣妾吉九四好豚君【三十】子吉关＝

否九五

否九五嘉豚吉上九肥豚亡不利　⊡
【三十一】　楙　⊡　少

事古初九愚旭＝馬勿由自復見晉人亡咎九二遇宝于蘆

亡咎六晶見車轍丌

【牛攸丌人天虞剿亡初又冬九】
【三十】

二

四楙瓜遇元夫交孚礪亡咎六五愚亡陸宗豐膚牧可

四楙瓜變亓夫交罷丌六五墜宗

二上九楙瓜見豕價坴載

【鬼一車先張之弧後說之弧匪】

咎上九楙瓜見豕價坴載

【三十三】寇昏佝逆遘用勵吉　⊡
【三十四】　訐　⊡　利

西南不利東北利見大人初六　　王臣　　非

今之古九　　反六四　　連九五大　　不　　【三

十五】上六　　碩吉利見大人【三十六】　　利

上六　　物見人

西南亡所　　吉又　　初六　　咎九二敗　　晶

　　吉　　國佰吉　　九二　　晶

西南亡　　貞吉六晶　　至九四　　【三十七】

　　黃矢貞吉六晶

朋至斯孚六五君子維有解吉有孚于小人上六公用射

隼于高墉之上獲之无不利

夬揚于王庭孚號有厲

告自邑不利即戎利有攸往初九壯于前趾往不勝爲咎九

【二】

遇雨女零又礪亡咎九四諆亡膚丌行綫疋忛羊悤亡韻

啻虐莫譽又戎勿卹九晶藏于亣又凶君子夬夬蜀行

【三十八】

言不夌九五莫芙夫二中行亡咎上六志啻中

【三十九】

敏女藏勿用取女初六繫于金柅貞

又凶【　】【三十九】

又凶【　】

吉又（有）鹵（盧）逋見凶，贏豕孚，是蜀（觸）九二，橐又（有）魚，亡咎，不利旁，九晶（三）

誩（？）亡 【四十】

肤（？）丌（其）行緀（？）疋礭（？）亡大咎九四橐亡魚巳（已）凶九

五曰芑橐芷欽章又（有）悳（德）自天上九敏丌（其）角吝亡咎 □ 【四十】

一彡（？）啐 □

王客于宮（？）利見大人鄉利貞用大牲利又（有）鹵（盧）逋

乀个愻物尚用乀料物乀國逡

初六又（有）孚不冬（終）乃戀鹵啐若虛一斛于芙勿屾逋亡咎 【四】

乀乀平不内弓戀亘逡羕一哭于芳勿邔逡乀卵 【四十二】

十二 】

六二引吉无咎孚乃利用龠六三萃如嗟如无攸利

往无咎小吝九四大吉无咎九五萃有位无咎匪孚元永

〔貞悔亡上六齎咨涕洟无咎〕

〓 困亨貞大人吉无咎

有言不信初六臀困于株木入于幽谷三歲不覿九二困于

酒食朱紱方來利用亨〕

〔祀征凶无咎六三困于石據于蒺

藜入于其宮不見其妻凶九四來徐徐困于金車吝有終九

五劓刖困于赤紱乃徐有說〕

利用祭祀上六困于葛藟于

剌[脆]曰迖悬又悬征吉■【四十三】䷯恭■改邑不改

恭亡喪亡旻迲埅恭＝气至亦母龒恭羸丌缾凶初六恭普

不飤舊恭亡翕九二恭浴矤豿隹補【四十四】縷九晶恭

枓不飤爲我心寨可𠂤汲王明並受丌福六四恭𩪵亡咎九

五恭鬻寒澡飤上六恭枓勿寞又孚元【四十五】吉■【四

十六】䷰革■改日卤孚元羕貞利貞晦亡初九巩用黃牛

之
革
六
二
改
日
乃
革
之
征
吉
亡
咎
九
晶
征
凶
革
言
晶
就
又
孚

〔
四
十
七
〕
九
四
悔
亡
有
孚
改
命
吉
九
五
大
人
虎
變
未
占
有

孚
上
六
君
子
豹
變
小
人
革
面
征
凶
居
貞
吉

見
其
人
无
咎
初
六
晨

丌
止
亡
咎
利
艱
貞
六

體
行
廷
不

身
足
陟
陵
丌
心
不
悸
九
晶
晨
丌
瞳
〔
四
十
八
〕

二
晨
丌
足
不
陟
丌
陵
丌
心
不
悸

丌
衛
礪
卷
心
六
四
晨
丌
躬
六
五
晨
丌
頌
言
又
嗇
愿
亡
上
九
敦

卟吉

艮吉【圖】【四十九】

（漸）女遏吉利貞初六鳿漸于鵩少

夫征不復婦孕而【五十】

子礦又言不冬六二鳿漸于隆畬飲蟲＝吉九晶鳿漸于陸

得其桷无咎九五鴻漸于陵婦三歲不孕終莫之勝吉上九

育凶利禦寇六四鴻漸于木或

鴻漸于陸其羽可□

用為儀吉

豐亨王假之勿憂宜

日中初九遇其配主雖旬无咎往有尚六二豐其蔀日中見

斗往得疑疾有孚發若吉

九晶豐丌蔀日中見芙折丌右

拔亡咎九四豐丌蔀日中見斗遇丌巳宇吉六五耂章又慶

愳古上六豐丌茆丌蔀日中見斗遇丌巳宇吉六五耂章又慶

戮丌蔀日中見斗遇丌巳宇吉六五耂章又慶

【五十一】

坿丌豢閨丌屎戤丌亡人晶

戡不覿凶【五十二】

遬圍 少卿遬貞吉初六遬贏＝

鼓丕禪凶 少卿遬貞吉初六遬贏＝

少禦遬与吉巳六遬飝

此丌所取愳六二遬既宋裹丌次旻僅馑之貞九晶遬焚丌

礽大阞取大泣受僅馑上貞九晶遬焚丌

宋喪丌僅馑馑貞＝礽九四遬【五十三】

于處得其資斧我

心不快六五射雉一矢亡終以譽命上九鳥焚其巢旅人先

笑後號咷喪牛于易凶

丗丗〔ancient〕鄉王叚于審利見大人利

涉大川初六〔ancient〕馬藏吉咎亡九二〔ancient〕走〔ancient〕尻咎亡六晶〔ancient〕

九五〔ancient〕丌大〔ancient〕咎〔ancient〕丌尻亡咎上九〔ancient〕丌血欯易出 ▨〔五十〕

丌躬亡咎六四〔ancient〕丌群元吉〔ancient〕〔五十四〕丌丘非咎所思〔五十〕

五〔 〕〔 〕丗丗 小過亨利貞可小事不可大事飛鳥遺之音不宜

其尾无咎六二婦喪其茀勿逐七日得九三高宗伐鬼方三

【五十六】【䷾】既濟亨小利貞初吉終亂初九曳其輪濡

【弋】取皮才坎上六弗遇迲之飛鳥羅之凶是胃亦灾眚

既茂中空上六䷟飛𦤶羅之凶是胃亦灾灾眚

過遇之往厲必戒勿用永貞六五密雲不雨自我西郊公

【君】遇其臣无咎九三弗過防之從或戕之凶九四无咎弗

上宜下大吉初六飛鳥以凶六二過其祖遇其妣不及其

【年克之小人】

勿用六四需又衣祭多日戒九五東箸殺牛

不女西箸之酌祭是受福吉上六需丌首礦【五十七】

禾濟亨小狐汔濟濡其尾无攸利初六濡其尾閵九二㽙丌【悔亡】

輪貞吉利涉大川六晶未凄征凶利涉大川九四貞吉

【震用伐】【五十八】【鬼方三年有賞于大國六五貞吉无悔】

君子之光有孚吉上九有孚于飲酒无咎濡其首有孚失

是

# 仲弓隸定及摹字

季逗子貞中弓爲剹中弓呂告孔=曰季是【一】⋯⋯⋯貞

雔也從於剹夫之遙雔也憧【四】愚志惀虛子願忢叴虛

子而訇孔=曰雔【二六】〔⋯⋯夫〕子又臣堇人道女思

老 丌 豪 夫【三】……愳 昏 之 夫 季 是 河 東 之 城 豪 也 亦【二】

曰 行 壴 爲 之 宗 戲 女 中 弓 曰 敢 昏 爲 正 可 先……【五】中

尼〔曰〕【二八】……老 = 慈 幼 先 又 司 譽 殴 才 慼 怎 愳

辠【七】……辠 正 之 訶 也 中 弓 曰 若 夫 老 = 慈 = 幼 既 昏

命 壴 夫 先 又 司 爲 之 女 可 中 尼 曰 夫 民 安 舊 而 囯 譬【八】景

辠 不 行 妥 員……【一四】……又 城 是 古 又 司 不 可 不 先

…曰…不…中…智…不智…

也中弓曰雔也 不愿唯又殹才弗智墾也敢昏墾才 【九】

女之可中尼〔曰〕 夫殹才不可穿也墾而所智而所不智 【一〇】 中尼

人丌쬻之者中弓曰惑怎聲皐則民可㠯 【一〇】 中尼

〔曰〕 【二八】 山又堋川又溁昌＝星脣獻差民亡不又 【二七】 昏民怎孔＝曰

怎殹者＝… 【一九】 中弓曰敢 【二七】

善才昏虗足㠯孝㐭君 【一五】 …毋自陞也昔三弋之

明王又四海之內獻裁……【一八】

售也弗昏也孔＝曰夫祭至敬之【一六】

不可不斬也夫喪【二三B】至惡之卒也所曰城死也不

可不斬也夫行巽求學……【二三A】型正不戀惪

參不衛中弓曰若此三【一七】者既昏命壹敢昏道民興

孝不悆中弓曰若此三

惪女可孔＝曰連之【一一】備之戀惪而悆放之唯又莽

售女智者中弓酓曰

惠丌⋯⋯【一三】⋯⋯也定不及丌城謂=猷人戀爲從

正孔二【一二】曰雟囿=虔君者曰忠與敬唯丌戀也女

佳曰⋯⋯【二一】⋯⋯卡=相遝曰忠則民懽丞學害□

者不⋯⋯【二二】⋯⋯之百=曰善立所學皆終百=曰

不善立⋯⋯【二四】⋯⋯所學皆崩可不斷虐中弓曰含之君子虔

人不事丌後⋯⋯【二五】⋯⋯丌咎中弓曰含之孝=孝怠

戎所戀曰內諫孔=曰舍之君……【二〇A】……宜作之

至者孝而虐之孝=亡所朕人舍女相夫【一六正】中弓

【一六反】子所深丌青津丌歆者三害近歟矣【二〇B】

【附簡】僉孔曰唯正者正也夫子唯又與女蜀正之幾不

又惺也中

恆先隸定及摹字

亙（恆）先無又（有）樸（樸）寈（靜）虛樸大樸寈大寈虛大虛自獄（厭）不自忍或（域）乍（作）

又（有）或安（焉）又（有）气（氣）气安又又（有）又（有）安又始（始）始安又往者未又

天陛（地）未【一】又乍（作）行出生虛寈（靜）為戈（一）若淐淐夢夢寈（靜）同而

未或明未或茲生气（氣）是自生亙（恆）莫生气（氣）

气（氣）是自生自復（復）亙（恆）气（氣）

之【二】生不蜀（獨）又（有）與也或亙（恆）安（焉）生或者同安（焉）

不寍（寧）求

元所生異
=生異鬼生鬼韋生非
=生韋裘生求慾自復
=

生之生行莊
生墜清
生天
訐神才云
=相

〔三〕正
生天墜焚
=天墜

生訐涅天墜同出而異生因生元所慾糞
=天墜焚
=

〔四〕
多采勿先者
又善又絢無關
又人安又不善關出於

人先
又審安
又外先
又少安
又大先
又矛安
〔八〕又剛先

又園安
又枋先
又晦安
又明先
又喘安
又長天道既載隹一

㠯猶一隹復㠯猶復亙熂之生因【九】復亓所慾明=天

行隹復㠯不瀴智暋而巟思不宊又出於或生出於又音出

於生言出於音名出於【五】言事出於名或非或無胃或

又非又無胃又生非生無胃生音非音無胃音言非言無胃

言名非【六】名無胃名■事非事無胃事恙宜利丂采勿

出於复=安又事不复無事舉天之事自复爲事甬㠯不可

廞也凡

【七】

言名先者又叅惢言之逸者孝比安曌天下

之名虛詛習曰不可改也曌天下之复強者果天下

【十】

之大复

元窺尨不自若＝复＝甬又果與不果兩者不纏

舉天下之為也無夜也無與也而能自為也

【十一】
一
一

舉天下之生同也元事無不遑天下之复也無許曌無非元

舉天下之丕炙之萛與之旡自丕之萛許亞萛旡元

【十二】
尋之

所舉天下之复也無不尋元曌而果述甬或

尋之

甬或遊之譬天下之名無又巒者與天下之明王明君明士

甬又求而不患

▼

【十三】

丕先

【三背（前闕補此）】

彭祖隸定及摹字

狗老昏于彭祖曰句是執心不忘受命恙長臣可執可行而

譬於朕身而誌于帝棠彭祖曰休才乃牲多昏因由乃不遊

厇皮天之道唯互

【一】

……

不智所多狗老曰眊=舍朕

孳未則于天敢昏為人彭祖曰……【三】

言天壂與人若

經與緯若纕與襄昏三迖丌二幾若已彭祖曰于女孳＝專

昏舍告女人緰曰戒之毋喬訢多保裦大箸之夒戁易訦欲

舍〔告女〕【二】……父子兄弟五緒必周唯貧必攸五緒

不工唯福必遊舍告女㭊……【五】……忌＝之母不可

行述惕之心不可長遠慮甬索心白身澤余告女㚊

〔六〕……既只於天或椎於困夫子之憝登矣可丌宗古

君之恋良……〔四〕者不曰多忞者多惎恻者自恻也彭

祖曰一命戈褢氏胃嗌愈一命三褢氏胃自厚三命四褢氏

胃百售之宝一命戈攮氏胃敬吳戈命〔三攮〕氏胃

不長三命四攮氏胃幽縷毋畋膃毋劼毁毋向桓狗老戈拜

旨首曰朕孿不劼既尋昏道忞弗能守〔八〕

國家圖書館出版品預行編目資料

《上海博物館藏戰國楚竹書（三）》讀本／季旭昇主編；

陳惠玲 連德榮 李綉玲合撰. --初版. --臺北市：萬

卷樓, 2005[民 94]

面；　　公分

參考書目：面

ISBN 957-739-543-0 (平裝)

1. 簡牘 - 研究與考訂

796.8　　　　　　　　　　94020580

## 《上海博物館藏戰國楚竹書（三）》讀本

主　　　編：季旭昇

合　　　撰：陳惠玲 連德榮 李綉玲

發　行　人：許素真

出　版　者：萬卷樓圖書股份有限公司

　　　　　　臺北市羅斯福路二段 41 號 6 樓之 3

　　　　　　電話(02)23216565・23952992

　　　　　　傳真(02)23944113

　　　　　　劃撥帳號 15624015

出版登記證：新聞局局版臺業字第 5655 號

網　　　址：http://www.wanjuan.com.tw

E-mail　　：wanjuan@tpts5.seed.net.tw

承 印 廠 商：晟齊實業有限公司

定　　　價：460 元

出 版 日 期：2005 年 10 月初版